Diseño de interfaces para la web actual

De la estructura de la interfaz a la usabilidad

Madrid, 2024

Javier Gómez Delgado

Diseño de interfaces para la web actual

De la estructura de la interfaz a la usabilidad

Septiembre, *2024*

Diseño de interfaces para la web actual: De la estructura de la interfaz a la usabilidad
Javier Gómez Delgado

© 2024, Javier Gómez Delgado
© 2024, ESIC EDITORIAL
Avda. de Valdenigriales, s/n
28223 Pozuelo de Alarcón (Madrid)
Tel.: 91 452 41 00
www.esic.edu/editorial
@EsicEditorial

ISBN: 978-84-1192-096-4
Depósito Legal: M-20345-2024

Diseño de cubierta: Zita Moreno Puig
Maquetación: Santiago Díez Escribano
Lectura: Myriam Mieres
Impresión: Gráficas Dehon

Un libro de

Impreso en España – *Printed in Spain*

Este libro ha sido impreso con tinta ecológica y papel sostenible.

Índice

Material complementario

En el siguiente enlace se encuentra el archivo Diseño_de_interfaces.zip con las figuras de este libro. Son imágenes que se pueden consultar en color o ver con mayor detalle en cualquier dispositivo. Se puede acceder escaneando el Código QR o a través del enlace https://www.esic.edu/media/3353.

Diseñando por el principio

1

Objetivos de aprendizaje:

- Tener una estrategia clara sobre la web a diseñar.
- Establecer una jerarquía visual y diferenciarla de la semántica.
- Crear una guía de estilo o sistema de diseño.
- Manejar la tipografía y el color.
- Utilizar el volumen en el diseño.

Palabras clave: Jerarquía, rejilla, volumen, diseño de baja y alta fidelidad, serifa, codificación HSL.

1.1. Introducción

El diseño de una web es el proceso de creación de componentes visuales con los que el usuario puede interactuar para realizar ciertas tareas en una web, y esto engloba también la estructura, los colores y la tipografía. Sin embargo, el diseño de una web no solo se centra en el estilo y su apariencia; también es necesario considerar la experiencia de usuario y la usabilidad, de manera que se garantiza que los usuarios puedan tener una navegación sencilla y realizar, sin ningún problema, las tareas para las que está diseñada la web. En una web se deben dar tres factores importantes que sea visualmente atractiva, que sea fácil de usar y que cumpla con los requisitos funcionales para los que ha sido concebida.

Si no se crea una buena interfaz de usuario, los usuarios no podrán realizar las tareas para las que se ha diseñado la web.

Una interfaz web bien diseñada hace que el usuario tenga una buena experiencia. Si la web es fácil de navegar, útil y agradable, el usuario volverá a utilizarla.

Fidelidad del usuario

A través del diseño podemos mejorar la accesibilidad de la web, dando acceso a un público más amplio y generando una mejor indexación en los buscadores.

Mejorar la accesibilidad

La coherencia entre el diseño de la interfaz y los valores de la marca que representa será algo que los usuarios podrán percibir al visitar la web. Una web mal diseñada o difícil de usar hace que los usuarios no confíen en la marca que hay detrás. Sin embargo, un sitio atractivo, útil y bien diseñado aumenta la credibilidad de los usuarios.

Representa a una marca

La eficiencia de la interfaz de usuarios hará que la tarea que tiene que efectuar el usuario se pueda completar de forma rápida y efectiva. Si no es así, un potencial cliente puede darse por vencido y no llegar al final del camino.

Tasa de conversión

La gran cantidad de webs existentes hace que la que se tiene entre manos deba tener algo diferenciador. Un diseño eficaz puede ser el primer paso para diferenciarse de otras páginas y atraer a más usuarios. Las tasas de conversión y la imagen de marca serán el reflejo del diseño realizado.

Ventaja competitiva

1.2. Elegir la función

Cuando se comienza a diseñar una nueva idea de web, se puede caer en la tentación de empezar pensando en la barra de navegación o si los elementos de navegación deben estar a la izquierda o la derecha o si el contenido de la página debe estar en un contenedor o a ancho completo o dónde debe estar el logotipo. Empezar por cualquier concepto de diseño puede suponer un error.

Figura 1.1.
¿Por dónde empieza el diseño?

Hay que pensar que una web es una colección de funciones. Antes de diseñar alguna de las funciones que realiza no se suele tener información suficiente para pensar en la navegación, con lo que cualquier intento de pensar en ello puede ser frustrante.

Lo primero que hay que hacer es pensar en la funcionalidad y empezar diseñando la principal. Si pensamos en una web de compra de vuelos, se puede empezar diseñando la búsqueda del vuelo. En la interfaz se necesitará lo siguiente:

- Campo de ciudad de salida
- Campo de ciudad de destino
- Campo de fecha de salida
- Campo de fecha de regreso
- Botón para realizar la búsqueda

Figura 1.2.
Diseñar funciones sin detalle

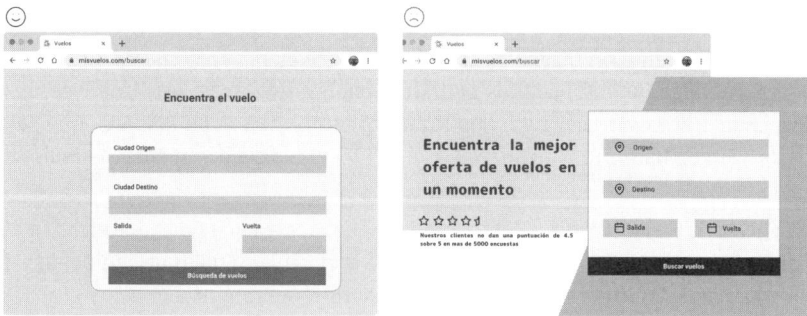

El detalle es el segundo paso

Cuando se empieza a realizar un diseño, es muy importante no preocuparse ni perder tiempo en tomar decisiones de bajo nivel, como la elección de iconos, la tipografía, esquinas redondeadas… Estos detalles tendrán su importancia, pero no cuando comenzamos el diseño.

Hay algunas veces que puede costar mucho ignorar los detalles cuando las herramientas de trabajo que se utilizan permiten llegar a ellos. Lo que se debe hacer es utilizar herramientas que no tengan capacidad de definir ese detalle y utilizando líneas en vez de textos o rectángulos en vez de botones. Con estos trucos se hace imposible fijarse en los detalles, de manera que podemos explorar rápidamente una gran cantidad de ideas y de configuraciones de diseño diferentes.

El color es otro factor que también forma parte del detalle. En los primeros pasos del diseño, el color solo puede frenarnos a la hora de hacer nuestras pruebas de composición. Cuando se diseña en escala de grises, nos vemos obligados a utilizar el contraste, el espaciado y el tamaño para establecer la jerarquía de información.

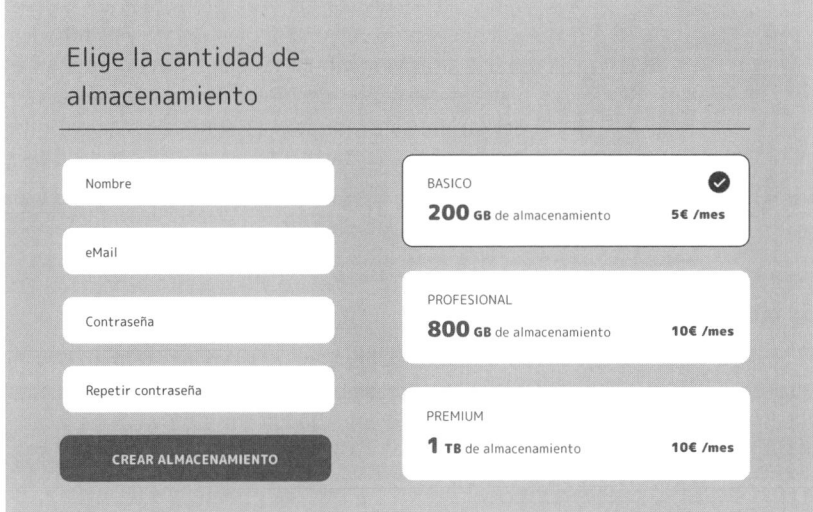

Figura 1.3.
Diseñar con espacios y contrastes

Esto puede resultar más difícil, pero el resultado será una interfaz más clara con una sólida jerarquía que luego resultará mucho más fácil cuando se aplique el color.

Diseñar sin trabajar los detalles es lo que se denomina **diseño de baja fidelidad**. Trabajar de esta manera tiene la finalidad de poder crear algo real lo antes posible. Todos los bocetos, sin haber invertido mucho tiempo en realizarlos, se contrastan con el resto del equipo y con el usuario, y se desechan si no cumplen con los requerimientos, mejorándolos y volviendo a contrastarlos. Sirven para explorar las ideas y, cuando se ha optado por una solución, el resto de las opciones se desechan.

No hay que diseñar todo

No es necesario diseñar todas y cada una de las funciones de una web antes de implementarlas. Resulta mucho más efectivo si no se hace.

Descubrir cómo debería interactuar cada elemento de un proyecto y como debería verse puede resultar muy costoso en un principio, y bastante abstracto, ya que no sabemos cómo se comportará una vez terminado.

Trabajar en ciclos

En lugar de hacer el diseño completo de la web, lo mejor es trabajar en ciclos cortos, comenzando por una versión simplificada de una función de la web.

Una vez que el diseño de esa función se ha realizado, lo ideal es hacerlo realidad creando el HTML y la CSS necesaria para su implementación.

Codificación de pequeños bloques

Seguro que cuando se está trabajando en esa implementación surgen algunas complejidades que se deben solucionar, pero eso es lo que se busca, pues es mucho más fácil encontrar los problemas una vez que se ha desarrollado la solución que intentar imaginar esos problemas de antemano.

Figura 1.4.
Trabajar en ciclos

Una vez solucionados esos problemas de diseño, será necesario volver a implementarlos y probarlos, y así sucesivamente hasta que todos los problemas quedan resueltos. Las decisiones de diseño que se toman en estas iteraciones serán básicas para llevarlas al diseño del resto de las funciones de la web.

Lo siguiente sería trabajar sobre una nueva característica e implementarla.

Es mejor ser pesimista

Si no está claro que alguna funcionalidad se pueda desarrollar en una primera fase, es mejor no contar con ella. El plantear opciones que luego no van a poder desarrollarse puede ocupar un tiempo que evite que lo que sí se va a desarrollar esté bien trabajado.

Si, por ejemplo, pensamos en un sistema de comentarios para una gestión de información y queremos que en un futuro se puedan adjuntar archivos, es mejor realizar un buen diseño de unos comentarios textuales y no trabajar en las capacidades de adjuntar archivos. Es mejor tener un sistema de comentarios sin archivos adjuntos que no tener nada.

Figura 1.5.
No diseñar elementos que no se vayan a crear

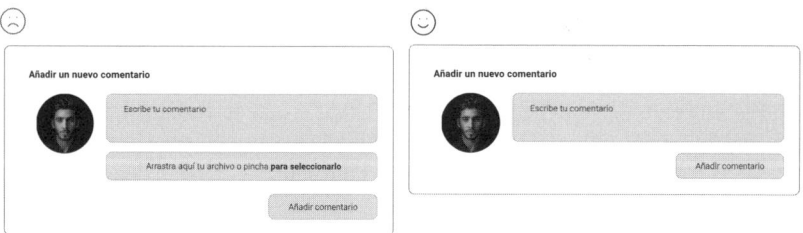

Cuando se está diseñando una nueva interfaz, lo mejor es centrarse en la función básica, ya que trabajar en características «deseables» añade complejidad al diseño y nos puede despistar del objetivo principal. Hay que centrarse en diseñar una versión útil y pequeña en lugar de una más ambiciosa y poco usable.

1.3. Elegir la personalidad

Cada diseño tiene un tipo de personalidad. Una agencia de seguros debe comunicar seguridad y profesionalidad, y una web de moda debe resultar divertida y juguetona.

Figura 1.6.
Diseño serio y divertido

En un principio, dar una personalidad específica a una web puede resultar abstracto, pero no es así. La personalidad de una web está basada en aspectos concretos y sólidos.

Elegir la tipografía

Para muchas personas, la tipografía es desplazarse por el menú desplegable del editor de textos o presentaciones hasta encontrar un tipo de letra (o fuente) bonita. Pero la tipografía es algo más: es el arte y la técnica para organizar los tipos de letras.

No solo es el diseño de letras y caracteres; es la disposición de estas dentro de su contenedor junto con los puntos, la longitud de línea, el espaciado y la separación de párrafos.

Clasificación de tipos

Los dos grupos de tipos principales de clasificación de los tipos se denominan con `serifa` o `sin serifa` (`serif` y `sans serif`). La `serifa` es el adorno que tienen algunas tipografías en las terminaciones de los caracteres.

Figura 1.7.
Times New Roman

Las fuentes con `serifa` más comunes son `Times New Roman`, `Georgia` y `Garamond`. En los libros impresos, lo normal es tener el cuerpo del texto con `serifa`, esto lo hace mucho más fácil de leer, ya que nuestros ojos distinguen más fácilmente las letras.

`Sin serifa`, o `sans serif` ('sans' viene del término francés 'sin') es una tipografía sin ningún tipo de adorno. Las más comunes son **Arial**, **Verdana**, **Futura** y **Roboto**, muy utilizada actualmente. Es muy habitual en el entorno web, ya que a resoluciones bajas se sigue viendo bien.

Figura 1.8.
Arial

Sans Serif

Elegir el tipo de fuente, su tamaño y su aspecto es muy importante a la hora de determinar cómo el usuario ve nuestro diseño.

Si se desea un apariencia elegante o clásica, lo mejor es incorporar una tipografía de letra con `serifa` en el diseño.

Figura 1.9.
Tipografía clásica

Para una apariencia más divertida y moderna, se puede usar una fuente sin `serifa` de estilo redondeado.

Figura 1.10.
Tipografía divertida

Si lo que se busca es una apariencia más sencilla, ofreciendo confianza y seriedad pero sin sofisticación, una fuente `sin serifa` neutral puede ser la mejor solución.

Figura 1.11.
Profesionalidad

Roboto 40pt Bold

El color

Hay muchas investigaciones sobre la psicología del color, pero uno mismo puede ver qué es lo que los propios colores le transmiten.

El **azul** está asociado a lo seguro y familiar. Trabajar con el color azul es garantía de acertar, ya que es el color más extendido en la naturaleza, al formar parte del cielo.

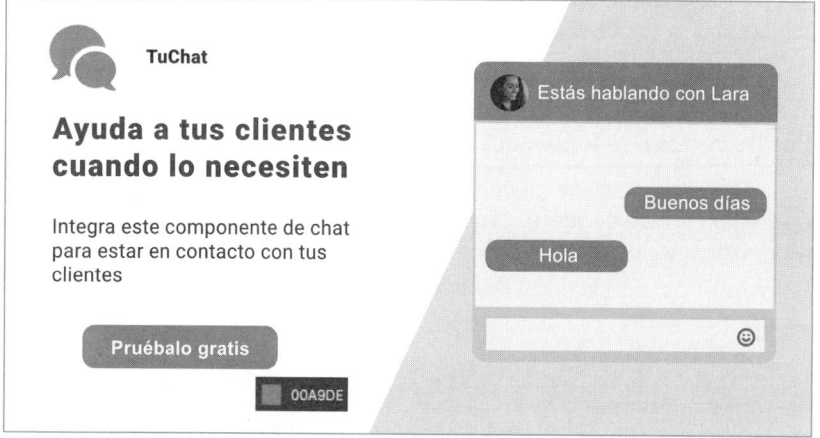

Figura 1.12.
Azul, familiar

El color **oro** indica sofisticación y exclusividad, por lo que se puede utilizar para botones de reserva o procesos de compra.

El **rosa** transmite diversión y aventura, por lo que se puede utilizar para ofrecer al usuario eventos o diferentes retos.

Lo importante no es fijarse en la psicología de los colores a la hora de utilizarlos, sino saber por qué vemos que un color cuadra con nuestro mensaje conociendo esa psicología del color.

Figura 1.13.
Oro, lujo

Figura 1.14.
Rosa, diversión

Bordes rectos o redondeados

Aunque parece un detalle sin importancia, el hecho de redondear las esquinas de un diseño y la medida que tenga pueden suponer un gran impacto en la sensación general de la web.

Un radio de bordes pequeños suele resultar neutral y no marca mucho la personalidad por sí solo.

Figura 1.15.
Esquina poco
redondeada: 3 puntos

Por el contrario, unas divisiones curvadas con un gran radio empiezan a comunicar cierta diversión.

Figura 1.16.
Fronteras curvadas

Si queremos dar un aspecto más serio y formal, tendremos que optar por líneas rectas en la separación de las áreas.

Figura 1.17.
Fronteras rectas

El lenguaje

No podemos considerar el lenguaje como un elemento más de diseño, pero es evidente que las palabras utilizadas tienen una influencia considerable en la personalidad general de la web.

Usar un tono menos personal puede hacer que la web parezca más oficial o profesional.

Si el lenguaje utilizado es más amigable e informal, le da a la web un tono más distendido y cercano.

Figura 1.18.
Lenguaje formal

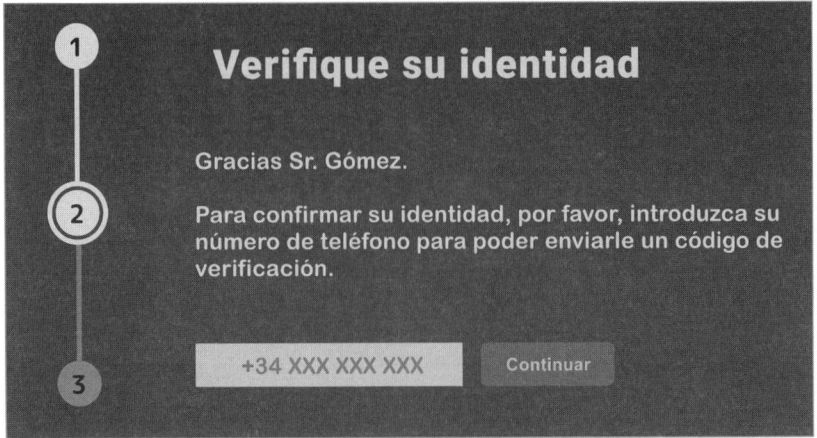

Figura 1.19.
Lenguaje informal

Decidir la personalidad

Si no se tiene clara la personalidad que se quiere dar a la web, una manera práctica de determinarlo es consultando otras webs que tengan el mismo tipo de persona al que se quiere llegar.

Si estas webs son «formales», puede significar que la web que estamos diseñando tiene que respirar formalidad. En caso contrario, si son sitios más divertidos, cercanos e informales, tendremos que adaptarnos a eso. Pero siempre hay que tener precaución de no pedir prestados muchos elementos a los competidores directos, ya que la web se puede convertir en una segunda versión de la de estos competidores y no tener ninguna marca diferenciadora.

1.4. Limitar las opciones

Tener miles de fuentes y de colores donde se puede elegir puede parecer en un principio una ventaja, pero si no se administra adecuadamente, puede volverse en contra del diseño y pasar a ser un elemento paralizante.

Elegir si un texto tiene 12 o 13 px, si la sombra tiene una opacidad del 10 o el 15%, si los iconos son mejores de 24 px de alto en vez de 25 px, si el margen de los títulos debe ser de 18 o 20 px puede hacer que realizar un diseño sea una continua elección de opciones.

Y lo peor de todo es que siempre hay varias opciones correctas, y la elección entre ellas no consiste en decidir cuál es la más adecuada.

Figura 1.20.
Todas opciones válidas

Definición de un sistema

En lugar de tener infinitas opciones, lo mejor es crear un conjunto de opciones limitadas y elegir entre ellas. Si se necesita elegir un tono de azul, se debe elegir entre una lista ya predefinida de 4 o 6 tonos diferentes.

Figura 1.21.
Colores prefijados

Esto mismo que se hace con los colores se tiene que hacer con la tipografía definiendo unos tipos de fuente fijos y unos tamaños ya predefinidos.

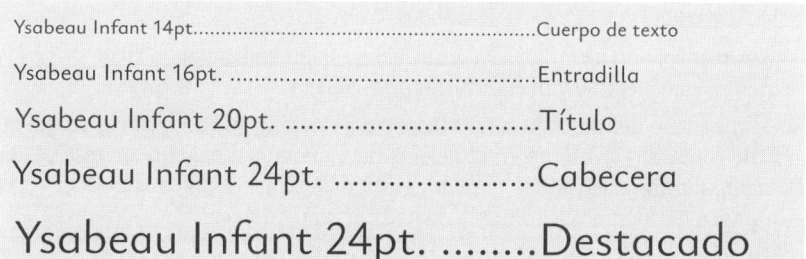

Figura 1.22.
Colores prefijados

Cuando se construye un sistema, solo hay que hacer el trabajo de selección una vez, en lugar de tener que estar tomando estas decisiones en cada elemento del interfaz. Es un poco más de trabajo al principio, pero a la larga ahorrará mucho tiempo y dará coherencia al trabajo.

Diseño por eliminación

Cuando se realiza el diseño apoyado sobre un conjunto restringido de valores, la toma de decisión es más fácil. Si, por ejemplo, se está intentando elegir el tamaño de un icono para un botón y en el sistema tenemos solo cuatro opciones de tamaño, la elección puede ser sencilla y, una vez que la hayamos hecho, la incorporamos a nuestro sistema u hoja de estilo para no tener que volver a pensar en ello la siguiente vez que nos encontremos en el mismo caso.

Figura 1.23.
Elección de tamaño de
iconos

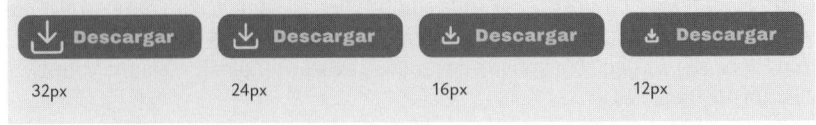

De esta manera, con solo tener estas cuatro opciones, es más fácil descartar las tres opciones que menos cuadran con lo que se busca. En el caso que haya dos opciones que se vean bien, la técnica sería crear una nueva opción con el tamaño medio de las dos elegidas y volverlas a comparar.

Crear un sistema o guía de estilo completa

Cuantos más elementos se incluyan en la guía de estilo, más rápido se puede trabajar y menos tiempo se perderá en la toma de decisiones. Dentro de la guía de estilo se recogen las siguientes características:

- Tipografía (fuente, peso y tamaño de fuente)
- Altura de línea
- Colores
- Márgenes
- Rellenos
- Anchos y altos
- Sombras de caja
- Ancho y radios de borde
- Opacidad

Pero esto es solo un ejemplo, ya que se deben incluir en la guía de estilo todos los elementos que luego se van a reutilizar en el diseño.

No es necesario definir todo con anticipación; solo hay que asegurarse de que la guía de estilo está presente en el diseño, de manera que cuando aparece algún elemento nuevo en la web, se toma la decisión de su aspecto y se introduce en la guía para evitar tener que tomar la misma decisión otra vez.

1.5. Jerarquía de los elementos

Uno de los factores más importantes para que un diseño resulte agradable no está relacionado con su aspecto estético.

El concepto de **jerarquía visual** se refiere a la importancia que tienen los elementos dentro de una pantalla entre sí, y establecer estar jerarquía es una de las tareas que hay que hacer para realizar un buen diseño.

Cuando todo en una interfaz compite por la atención, lo que nota el usuario es ruido y caos: cuando todo es importante, nada es importante.

Cuando se resta importancia a la información secundaria y terciaria y se resaltan los elementos que son más importantes, el resultado resulta más fácil de entender y más agradable, aunque la estructura principal de la página y su funcionalidad sigue siendo la misma.

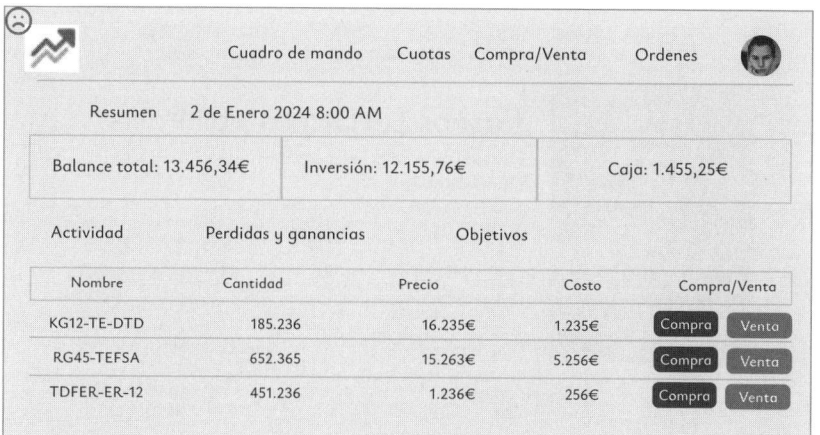

Figura 1.24.
Sin una jerarquía de
información

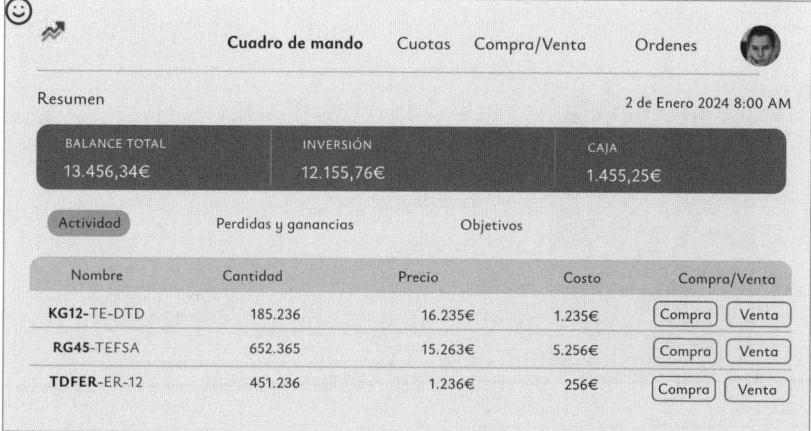

Figura 1.25.
Con jerarquía de
información

A continuación, se comentarán una serie de estrategias específicas que se pueden utilizar para establecer la jerarquía en los diseños.

El tamaño no es lo más importante

Depender demasiado del tamaño de la fuente para controlar la jerarquía no siempre es la mejor solución, ya que nos podemos encontrar con un tamaño de fuente demasiado grande que contrasta con otra que no se puede llegar a leer.

En lugar de dejar todo el trabajo de la jerarquía en manos del tamaño de fuente, se puede usar el peso y el color de la fuente para hacer ese mismo trabajo. Se puede hacer que el elemento principal sea negrita, lo que permite usar una fuente más razonable y comunicar mejor su importancia.

De la misma manera, un color de texto más suave en vez de hacer más pequeña la fuente deja claro que el texto es secundario y se sacrifica menos la legibilidad.

Figura 1.26.
Jerarquía basada en el tamaño de la fuente

Figura 1.27.
Jerarquía basada en el peso y color

Hay que intentar limitarse a dos o tres colores:

- Un color oscuro para el contenido principal (título)
- Un gris para el contenido secundario (fecha de publicación, por ejemplo)
- Un gris más claro para el contenido terciario (información del pie de página)

De igual manera, dos pesos diferentes de fuente suelen ser suficientes para una pantalla:

- Un peso de fuente normal (400) para la mayoría del texto
- Un peso de fuente mayor (700 o negrita) para el texto que se quiera enfatizar

No se debe utilizar pesos inferiores a 400 para una interfaz de usuario: algo tan ligero puede funcionar para grandes titulares, pero puede resultar muy difícil de leer en textos más pequeños. En vez de bajarle peso a un texto para quitarle importancia, es mejor usar un color más claro o un tamaño de fuente más pequeña.

No usar un texto gris sobre fondos de color

Sobre un fondo blanco, poner el texto de un color gris es una buena opción para quitarle jerarquía a esa información, pero esto no funciona igual cuando el fondo tiene color.

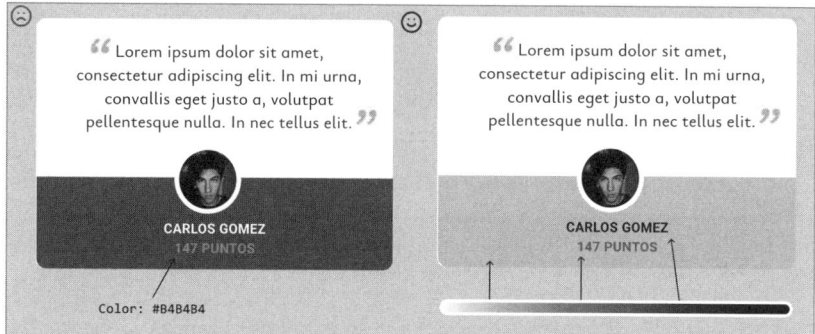

Figura 1.28.
Gris sobre color y sobre gris

Esto se debe que el efecto de prioridad de la información se produce por el contraste entre el blanco y el gris. Hacer que el texto se acerque más al color de fondo es lo que le resta importancia y no el que sea gris.

Otra opción podría ser utilizar un texto blanco y reducir la opacidad. Con este efecto se reduce el contraste produciendo un texto descolorido, pero se corre el riesgo de que a través del texto se muestren los detalles del fondo dentro de la letra.

Si lo que queremos es colocar un texto sobre un fondo de color y ajustar su jerarquía, se debe elegir el mismo tono y ajustar la saturación y la luminosidad.

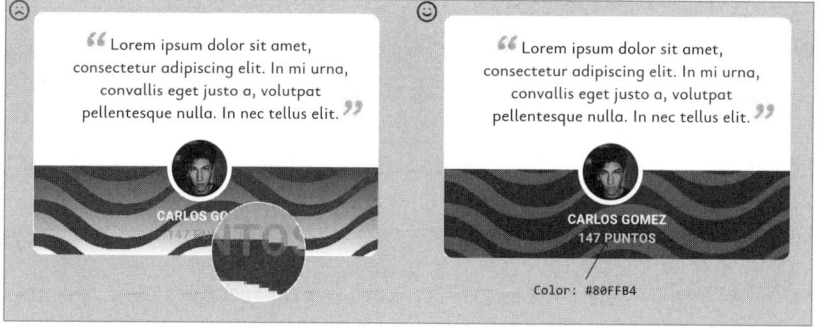

Figura 1.29.
La transparencia deja ver la trama. Se soluciona cambiando la luminosidad y la saturación

Enfatizar quitando énfasis

Es posible encontrarse situaciones en donde el elemento principal de la interfaz no destaca lo suficiente, pero no hay nada que se pueda agregar para darle más énfasis.

Si nos fijamos en los elementos de navegación queremos que el elemento activo destaque dándole un color diferente, esto no hace que destaque respecto al resto de los elementos.

En esta situación, lo mejor es no intentar enfatizar aún más el elemento que queremos que llame la atención y restar importancia al resto de los elementos que compiten con él.

Figura 1.30.
El cambio de color no
es suficiente. Hay que
quitar importancia
a los elementos
secundarios

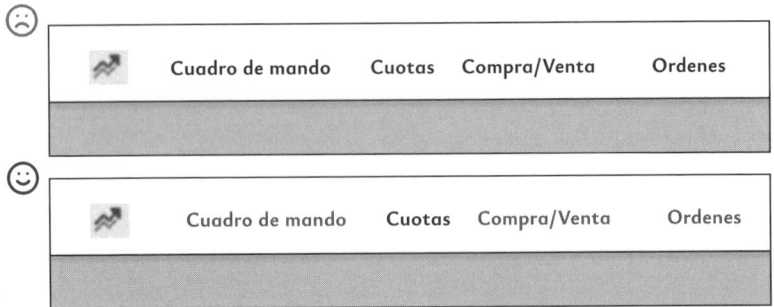

Esta misma forma de actuar se puede aplicar a zonas más grandes de la interfaz. Si nos encontramos con una barra lateral que está compitiendo con su área de contenido principal, lo mejor es no colocarlo en un panel, dejando que el contenido esté en el fondo de la página.

Figura 1.31.
Misma relevancia
los dos paneles y
eliminación del panel

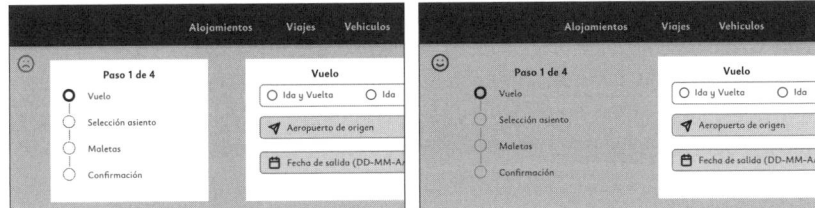

Evitar colocar etiquetas

Cuando se presentan datos al usuario, es fácil caer en la tentación de mostrar etiquetas para identificar el dato que se está mostrando.

En este caso, resulta difícil presentar los datos con algún tipo de jerarquía, pues los datos tienen la misma importancia.

En muchas ocasiones no hace falta poner ninguna etiqueta para saber de qué tipo de dato se trata. Por ejemplo, maría@ejemplo.com sabemos perfectamente que es un correo electrónico. Y con +34 456 987 586 resulta evidente que se está hablando de un número de teléfono.

Cuando el formato no es suficiente, el contexto suele serlo. Si se ve la frase «Directora de Ventas» debajo del nombre de una persona, se entiende perfectamente que se trata del cargo que ocupa en la empresa y resulta innecesario poner una etiqueta para decir que significa.

Cuando se presentan los datos sin etiqueta, es mucho más fácil enfatizar la información importante, lo que hace una interfaz más atractiva y fácil de entender.

Figura 1.32.
Utilizar o no etiquetas

Combinando etiquetas y valores

Es posible que se encuentren casos en donde el dato no está totalmente claro sin una etiqueta. Aun así, se puede evitar añadir una etiqueta agregando un texto aclaratorio.

Por ejemplo, si es necesario mostrar la cantidad de productos que hay en el almacén en un comercio electrónico, en vez de utilizar «Stock: 15» se puede utilizar «Quedan 15 en el almacén».

Figura 1.33.
Utilizar frases en vez de etiquetas

Si lo que se está creando es una web de apartamentos o pisos, se puede sustituir «Dormitorios: 3» por simplemente «3 dormitorios».

Figura 1.34.
Utilizar iconos en vez de etiquetas

Cuando se pueden combinar iconos, etiquetas y valores en un solo elemento, es mucho más fácil dar un estilo propio a cada elemento sin perder la claridad del diseño.

Las etiquetas son secundarias

Hay veces que es realmente necesario utilizar una etiqueta; esto ocurre cuando se muestran varios datos similares dentro de un panel y por su valor no es fácil distinguir su significado.

En estas situaciones se agrega una etiqueta, pero es importante tratarla como contenido de apoyo. Los datos tienen más importancia y la etiqueta solo está ahí para dar mayor claridad a la información.

Figura 1.35.
La información es lo importante

Hay que quitar importancia a la etiqueta haciéndola más pequeña, reduciendo el contraste, usando una fuente más ligera o cualquier combinación de los tres criterios mencionados antes.

Enfatizando etiquetas

Si se está diseñando una web en donde se sabe que el usuario va a buscar una etiqueta concreta, tiene sentido dar más peso a esta etiqueta en lugar de a los datos.

Este es el caso de páginas con mucha información, como pueden ser, por ejemplo, las especificaciones técnicas de algún producto.

Si un usuario intenta saber el tamaño de un teléfono inteligente, el usuario buscará una etiqueta que diga *largo* o *ancho*, en vez de una medida concreta, como «163,4 milímetros».

Figura 1.36.
Destacar las etiquetas

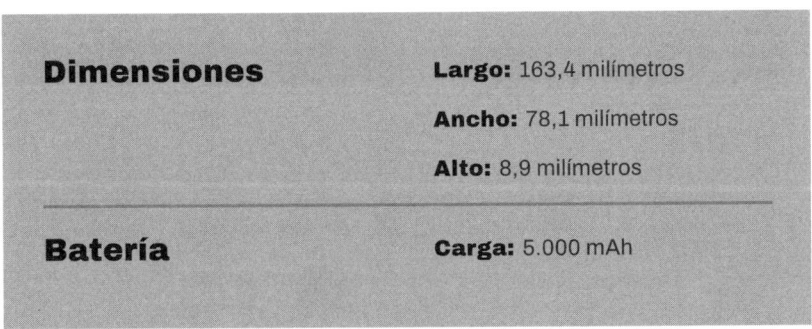

En este caso es importante no restar importancia a estas etiquetas, pues es información del mismo valor que su contenido. Para destacarlo puede bastar con utilizar un color más oscuro para la etiqueta y un color más claro para el valor.

Jerarquía visual y jerarquía semántica

Es importante utilizar el marcado semántico al crear la web, lo que significa que a menudo se utilizarán etiquetas de encabezado como `<h1>`, `<h2>` o `<h3>` si se decide agregar un título a una parte de una interfaz.

De forma predeterminada, los navegadores web asignan tamaños de fuente progresivamente más pequeños a los elementos de encabezado, por lo que un `<h1>` es bastante grande y un `<h6>` es muy pequeño. Esto puede resultar útil para contenido en forma de documento, como artículos o documentación, pero puede fomentar algunas malas decisiones en las interfaces gráficas de las aplicaciones.

Usar una etiqueta `<h1>` para agregar un título a una página tiene mucho sentido semánticamente, pero, como estamos entrenados para creer que los elementos `<h1>` deben ser grandes, es fácil caer en la trampa de hacer esos títulos más grandes de lo que realmente necesitan ser.

En la mayoría de las ocasiones, los títulos de las secciones actúan más como etiquetas que como verdaderos encabezados, pues se comportan como contenido de apoyo y no deberían captar la atención del usuario.

Lo habitual es que el contenido de esa sección sea el foco y no el título. Esto significa que muchas veces los títulos deben ser pequeños.

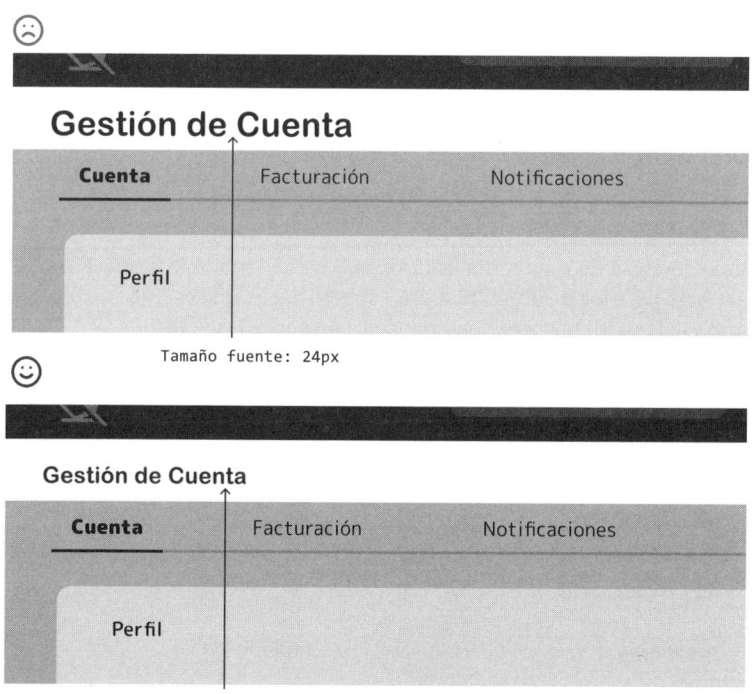

Figura 1.37.
Jerarquía visual y semántica

Esto se puede exagerar todo lo necesario. Es posible que dentro de la maquetación se incluyan títulos de secciones en formato `<h1>`, pero por razones de accesibilidad y diseño, ocultarlos visualmente por completo, ya que el contenido es suficientemente significativo.

No se debe permitir en un diseño que un elemento por su significado semántico pueda influir en la jerarquía visual. No hay ningún problema en desvincular estos dos tipos de jerarquías, ya que tienen finalidades diferentes.

Equilibrio entre el peso y el contraste

La razón por la que un texto en negrita se percibe con más importancia en comparación con el texto normal es porque el texto en negrita cubre más superficie, en la misma cantidad de espacio; se utilizan más píxeles lo que le da un aspecto más pesado.

Figura 1.38.
Densidad de puntos

La relación entre el área de superficie y la jerarquía puede tener implicaciones con otros elementos de la interfaz de la web.

Usar el contraste para compensar el peso

Una de las ocasiones donde es importante comprender esta relación es cuando se está trabajando con iconos.

Al igual que el texto en negrita, los iconos, y sobre todo los sólidos, son generalmente más pesados y cubren una gran superficie. Esto hace que cuando colocas un icono junto a un texto, el icono tiende a verse más resaltado.

Figura 1.39.
Iconos muy densos Se puede rebajar el peso de los iconos

Como se puede ver, cuando hay un icono y un texto del mismo color, es el icono el que recibe todo el peso. Para equilibrarlo, hay que bajar varios tonos. Reducir el contraste funciona como contrapeso, haciendo que los elementos más pesados parezcan más ligeros aunque el peso no haya cambiado.

Uso del peso para compensar el contraste

Reducir el contraste ayuda a restar énfasis a los elementos pesados. Igualmente aumentar el peso es una excelente manera de agregar más énfasis a los elementos de bajo contraste.

Esto es útil cuando elementos como bordes de 1 px son demasiados sutiles al usar un color suave, pero oscurecer el color hace que el diseño parezca áspero y ruidoso.

Figura 1.40.
Muy pesado, muy ligero o equilibrado

No dejarse condicionar por la semántica

Cuando hay múltiples acciones en una interfaz gráfica que el usuario puede realizar, parece evidente diseñar estas acciones teniendo en cuenta solo la semántica.

Figura 1.41.
Jerarquía semántica y de diseño

Cuando se hace el diseño de los botones, hay que tener en cuenta su semántica, es decir, son botones que el usuario debe diferenciar y que tienen un efecto sobre el elemento contenedor. Pero, aunque todos los botones semánticamente son iguales, no lo son en la jerarquía del diseño.

Cada acción que hay en una página se encuentra en un nivel de importancia propio. La gran mayoría de las páginas solo tienen una acción primaria, otra o un par de ellas secundarias de menos importancia y en algún caso hay una acción terciaria que rara vez se utiliza.

Al diseñar estas acciones, es importante colocarlas en el nivel de jerarquía que les corresponde.

- **Las acciones primarias deben ser perfectamente visibles.** Deberían tener fondos sólidos y con un alto contraste.

- **Las acciones secundarias deben ser claras pero no muy llamativas.** Los estilos de contorno o los colores de fondo deben tener menos contraste.

- **Las acciones terciarias deben ser reconocibles pero discretas.** Lo normal es diseñar estas acciones como enlaces.

Cuando se diseña pensando en la jerarquía y no en la semántica, la página resulta mucho menos densa y permite comunicar con más claridad lo importante.

Figura 1.42.
Opciones de jerarquía
de botones

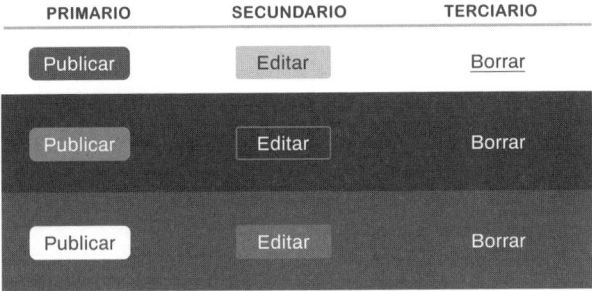

Acciones destructivas

Si en el diseño nos encontramos con un elemento que es destructivo o muy severo, no significa que automáticamente deba ser un botón grande, rojo y en negrita.

Si una acción destructiva no es la acción principal en la página, la mejor opción sería darle un tratamiento de botón secundario o terciario.

Figura 1.43.
Acciones destructivas

PRIMARIO	SECUNDARIO	TERCIARIO
Borrar	Borrar	Borrar

Ahora, en el caso que tengamos una ventana cuya acción principal es la destructiva, y esta conviva con una acción de marcha atrás, como son las ventanas de confirmación, aquí si se puede utilizar el botón grande y rojo.

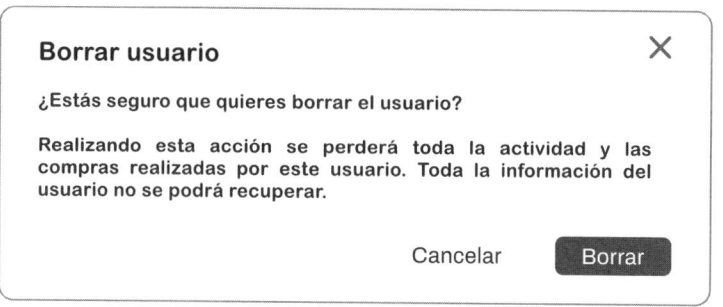

Figura 1.44.
Ventanas de
confirmación

1.6. Espacios y diseño

Una de las fórmulas más sencillas para generar un diseño limpio es darle más espacio a cada elemento para que pueda respirar.

Figura 1.45.
Diseño sin espacios y
con espacios

Los espacios en blanco se deben eliminar y no añadir

Al diseñar una web, suele ser muy habitual agregar los espacios en blanco una vez que ya están los elementos sobre la pantalla. Si algo parece demasiado estrecho, se agrega un poco de margen o relleno hasta que se vea mejor.

El problema de esta manera de trabajar es que solo se les da el mínimo espacio para que no se vea mal. Para verse mejor, habitualmente se necesita más espacio en blanco. La mejor forma de llegar a un buen trabajo es comenzar dando mucho espacio para luego eliminarlo.

Figura 1.46.
Añadiendo espacios

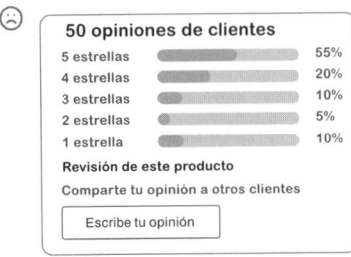

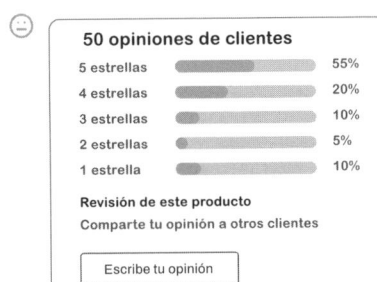

Figura 1.47.
Borrando espacios

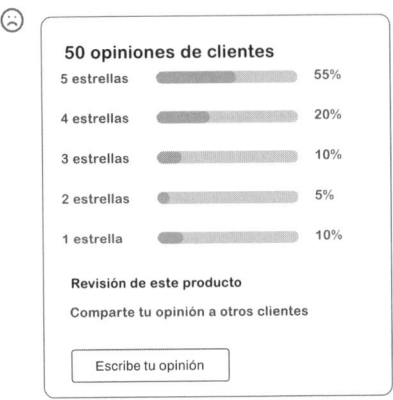

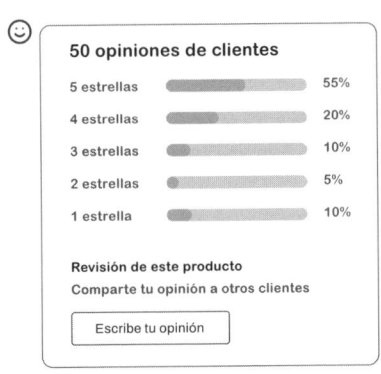

Se podría pensar que se terminaría con demasiado espacio en blanco de esta manera, pero en la práctica lo que podría parecer «demasiado» cuando se centra en un elemento individual, termina siendo más cercano a «lo suficiente» en el contexto de una interfaz de usuario completa.

Las webs con mucha densidad de información tienen su sitio

Si bien es cierto que las páginas con mucho espacio para que sus componentes respiren siempre parecen más limpias y simples, hay situaciones en las que tiene sentido un diseño más compacto.

En el caso de que se esté diseñando algún tipo de tablero donde exista una gran cantidad de datos que debe ser visible en la misma pantalla, lo mejor es empaquetar esa información para que entre en la página, aunque el diseño parezca más ocupado.

Lo importante es diseñar los espacios como una decisión que se toma y no como una opción para hacer más usable el diseño. Como se ha dicho antes, es mucho mejor eliminar los espacios en blanco que tener que añadirlos.

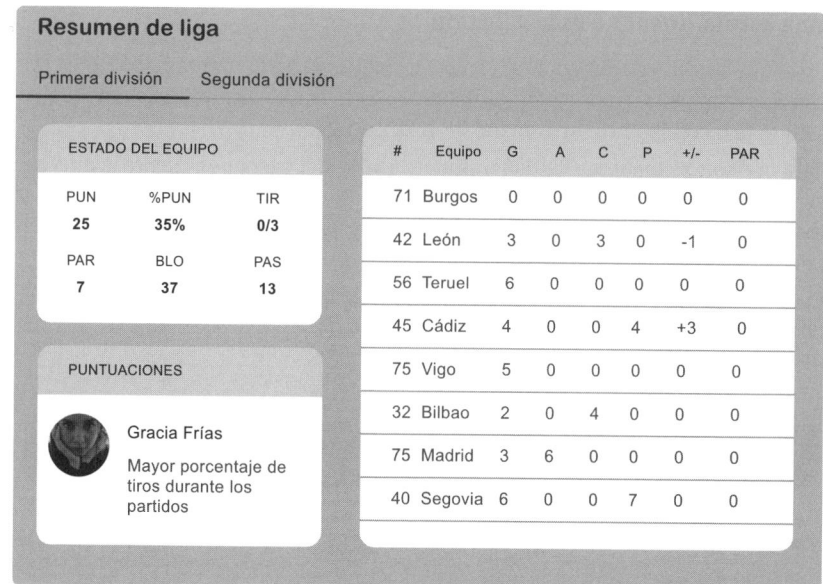

Figura 1.48.
Páginas densas

Establecer un sistema de tamaño y espaciado

No se debería tener ningún problema en tomar la decisión de determinar el tamaño de un elemento entre 120 px o 125 px, pero tener que tomar decisiones cada vez que se crea un elemento, como poco, hará mucho más lento el proceso de diseño, y a lo peor, puede llevar a crear diseños inconsistentes.

Figura 1.49.
Espacios sin criterio

En vez de improvisar el espacio según se diseña, es mejor tener unos valores ya predefinidos de antemano.

Una escala lineal no es la solución

Crear un sistema o una guía de estilo sobre el espaciado y el tamaño no es tan simple como pensar, por ejemplo, que todo sea múltiplo de 5 px. Este enfoque no facilita la elección entre un tamaño de 120px o 125px.

Para que este sistema sea verdaderamente útil, se debe tener en cuenta la diferencia relativa entre los valores consecutivos. Esto quiere decir que, en vez de trabajar con un valor absoluto en el salto de tamaño o espaciado, se debe trabajar con un porcentaje.

En el ejemplo anterior, entre 120 px y 125 px solo ha variado 5 px, que supone menos de un 5%, mientras que saltar de 12 px a 16 px, aunque solo son 4 px, supone un aumento del 33%.

Figura 1.50.
Proporciones en tamaños pequeños

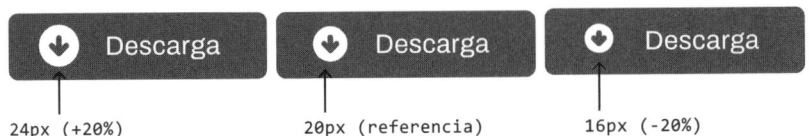

Y si esto lo llevamos al ancho de una ficha o el área principal de una pantalla, un par de píxeles son básicamente imperceptibles. Si estamos hablando de una tarjeta de 500 px o 520 px, la diferencia entre estos valores es solo de un 4%, ocho veces menos significativa que el salto entre 12 px a 16 px.

Figura 1.51.
Proporciones en tamaños grandes

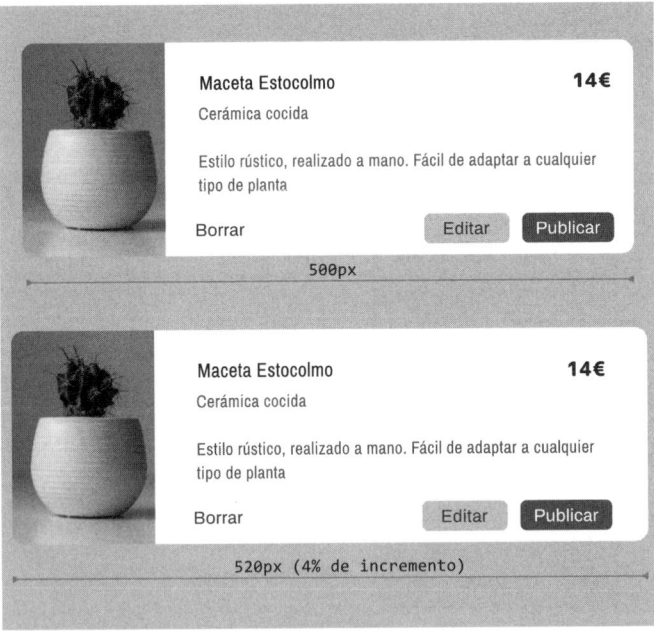

Para que una guía de estilo o sistema pueda facilitar las decisiones sobre el tamaño, dos valores de la escala no deben de estar nunca más cerca del 25% aproximadamente.

Definiendo la guía de estilo o el sistema

Al igual que no se quiere dar valores de dimensiones o espaciados entre elementos de forma arbitraria, tampoco se debe construir una escala de tamaños sin ningún criterio definido.

Una forma de comenzar es tener un valor base y, a continuación, construir una escala usando múltiplos o divisores de este valor.

Un tamaño base muy adecuado es 16 px, ya que divide bien y es el tamaño de fuente predeterminado para los principales navegadores.

Los diferentes valores de la escala, cuando estos son pequeños, deben estar bastante juntos e ir distanciándose progresivamente a medida que avanza la escala y los valores son mayores.

Un ejemplo podría ser la siguiente:

Figura 1.52.
Escala de tamaños y espacios

Usando la guía de estilo o sistema

Una vez que ya está definido el sistema de espaciado y tamaños, se puede comprobar que es mucho más rápido el diseño. Teniendo los tamaños determinados numéricamente, se puede utilizar el propio editor para introducir esos valores en vez de estar pinchando y arrastrando para ajustar los tamaños y los espacios.

Si se necesita agregar un espacio debajo de un elemento, se pone uno definido en la guía; si no es suficiente, se pasa al siguiente valor.

La ventaja no solo está en que el trabajo se pueda realizar más rápidamente, sino también en que se comenzará a notar una coherencia en los diseños, que serán más homogéneos y limpios.

Figura 1.53.
Aplicando la guía de estilo

No es necesario ocupar toda la pantalla

No hace tanto tiempo, el ancho de las pantallas era de 640 px o 960 px; hoy en día es impensable pensar en esa cantidad de puntos en un dispositivo de sobremesa.

Por lo tanto, es normal que, cuando se empieza un diseño, se configure la herramienta de diseño a alta resolución, con 1.200 o 1.400 pixeles de ancho. Tener mucho espacio no significa que se necesita usarlo.

Figura 1.54.
Ocupar el espacio

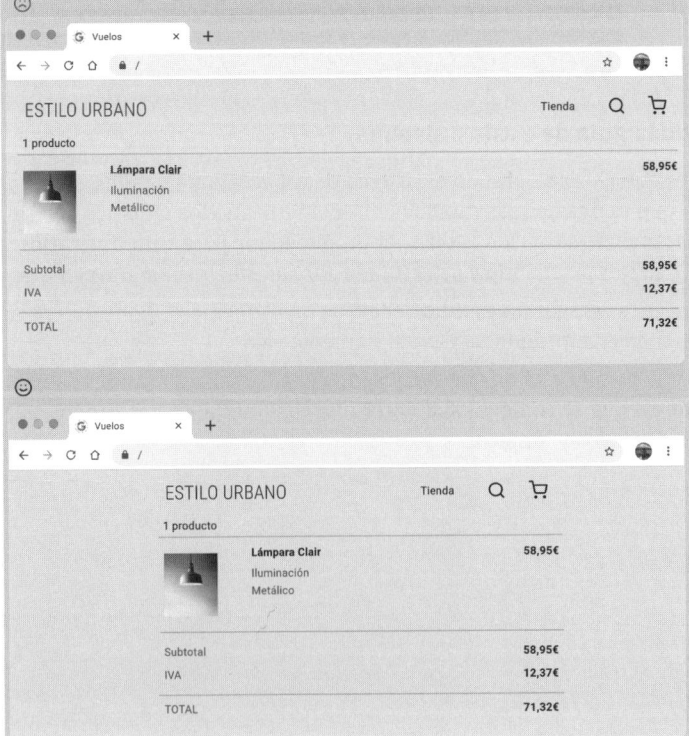

Si solo se necesitan 600 px, es mejor usar solo esos 600 px. Extender las cosas o hacerlas innecesariamente anchas solo sirve para que la pantalla sea más difícil de entender. El diseñar dejando espacio en los márgenes no es molesto.

Este criterio también se aplica a las secciones o partes de una web. El hecho de que una parte de la interfaz tenga el ancho completo no significa que todos los componentes de esa pantalla tengan que ocupar lo mismo.

Figura 1.55.
Ocupar el espacio necesario

A cada elemento hay que darle el tamaño que necesita y no se debe forzar el tamaño solo por que tenga que coincidir con otro componente, pues eso solo puede empeorar el diseño.

Reducir el lienzo

La mejor forma de diseñar una interfaz pequeña es hacerlo sobre una pantalla pequeña.

Cuando se está creando una web responsiva, es decir, que necesitamos que se adapte a resoluciones de un teléfono móvil y también a una pantalla de un ordenador de sobremesa, lo mejor es comenzar diseñando para una pantalla pequeña, que puede ser de 400 px.

Figura 1.56.
Diseñar en pantalla pequeña

Cuando ya se tiene el diseño para el dispositivo pequeño, se puede pasar a una pantalla de mayor tamaño, ajustando todo aquello que se considere que se ha realizado para que entre en esa pantalla pequeña. Cuando se realiza este ejercicio, uno se da cuenta de que no es necesario cambiar tantas cosas.

Figura 1.57.
Ajustar a pantalla más grande

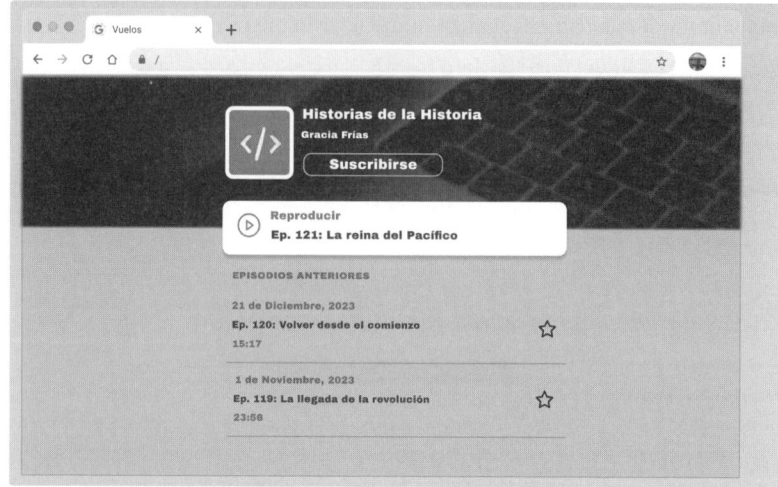

Pensando en columnas

Hay pantallas que necesitan un diseño estrecho, pero pueden estar desequilibradas con el contexto de la pantalla, que es muy amplia. Para solucionar esto se puede dividir en columnas en vez de crear componentes más anchos.

Figura 1.58.
En una columna o dos columnas

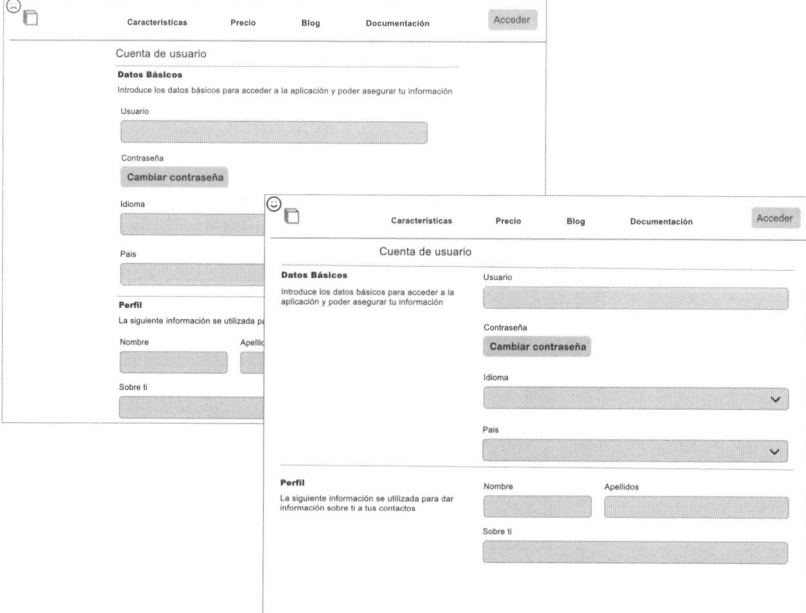

Esto hace que el diseño sea más equilibrado y coherente con el ancho completo de la pantalla.

Así como no se debe intentar llenar toda la pantalla con elementos, tampoco hay que meter toda la información en un área innecesariamente pequeña. Si se necesita más espacio, se debe utilizar, pero no hay que llenarlo de forma innecesaria.

Uso de las rejillas, cuadrícula o grid

Una buena forma de simplificar las decisiones de diseño y dar una sensación de orden en el diseño es optar por trabajar con una rejilla o cuadrícula.

El uso de la rejilla es muy recomendable, pero nos debe servir de guía para ordenar los componentes, y en ningún caso debe suponer una imposición, ya que eso también puede perjudicar al diseño.

No todos los elementos deben ser fluidos

Un sistema de rejilla viene definido por una **cantidad de columnas** con un ancho fijo, un espacio entre estas columnas o **medianil** y un posible **margen al inicio** y **al final** de la página. Una vez que están definidos estos parámetros fijos, los diferentes tamaños de los dispositivos pueden hacer que se conviertan en proporciones entre ellos.

Si nos fijamos en el ejemplo anterior, de una rejilla de 12 columnas, cada columna tiene un ancho de 8,33% incluyendo el medianil.

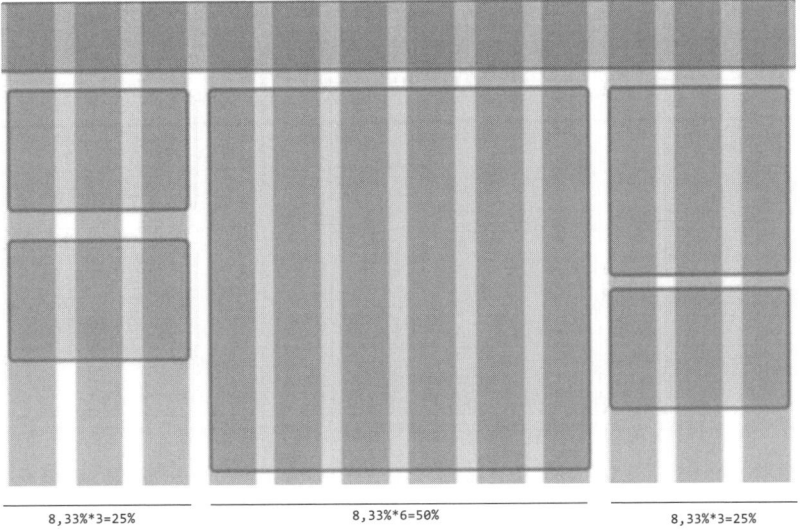

Figura 1.59.
Proporciones de la grid

8,33%*3=25%   8,33%*6=50%   8,33%*3=25%

Si nos sentimos obligados a utilizar la rejilla en todo momento, hay muchas situaciones en las que tiene mucho más sentido que un elemento tenga un ancho fijo en lugar de un ancho relativo.

Por ejemplo, si se considera un diseño de barra lateral de navegación (menú en el lado izquierdo), con una rejilla de 12 columnas, se le puede dar un 25% del ancho a este componente.

Figura 1.60.
Menú lateral
a 3 columnas – 25%

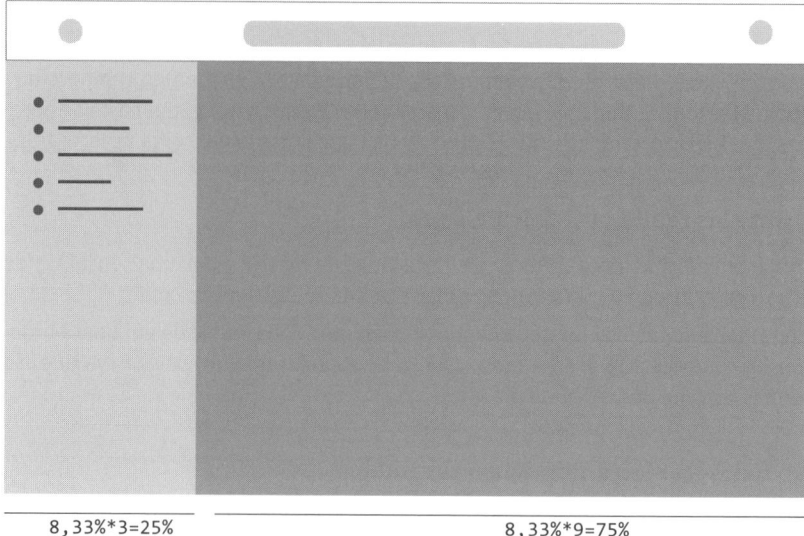

8,33%*3=25%   8,33%*9=75%

Esta configuración es totalmente correcta, pero también hay que pensar qué ocurre cuando el ancho de la pantalla cambia.

Si se amplía el ancho de la pantalla, la barra lateral también se ensancha, y eso puede hacer que la barra de navegación ocupe más espacio del necesario, quitando espacio al contenido principal.

Figura 1.61.
Menú lateral
demasiado ancho

8,33%*3=25%   8,33%*9=75%

En el caso de que se estreche la pantalla, la barra lateral puede reducirse demasiado, de manera que los textos que están dentro se ajusten indebidamente o se trunquen.

Para evitar estas situaciones, lo que tiene todo el sentido es darle a la barra lateral un ancho fijo optimizado a su contenido, permitiendo que el área principal ocupe el resto de espacio disponible por el ancho de la pantalla.

Esto también se aplica a componentes individuales que no interesa que cambien de tamaño aunque la pantalla sea más ancha.

Figura 1.62.
Menú lateral
demasiado estrecho

8,33%*3=25%   8,33%*9=75%

Figura 1.63.
Menú lateral con
ancho fijo

Ancho fijo

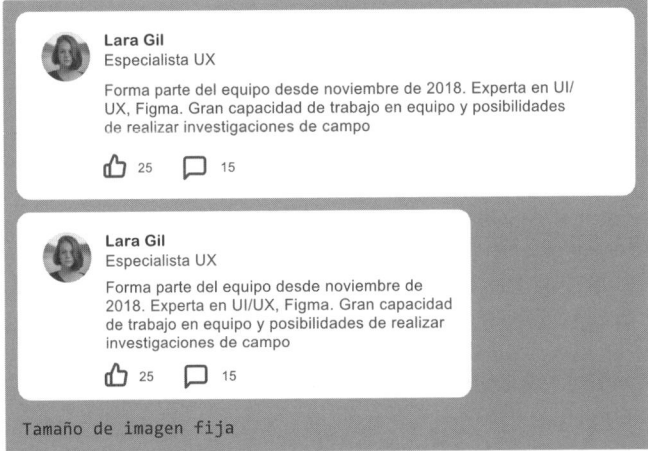

Figura 1.64.
Elementos con tamaño
fijo

Tamaño de imagen fija

No reducir los elementos hasta que sea necesario

Cuando diseñamos una pantalla de conexión para un ordenador sobre una rejilla de doce columnas, podremos ocupar las seis columnas centrales (50%), dejando tres por cada lado.

En un dispositivo más pequeño, puede ocurrir que se vea demasiado estrecha, con lo que tendremos que cambiar la dimensión de manera que ocupe ocho columnas, dejando dos por cada lado.

Lo que nos damos cuenta es que, al tener anchos fluidos, es decir, que pueden tener todos los valores intermedios posibles, hay un rango de anchos de pantalla en donde la ventana de inicio de sesión es más ancha en resoluciones pequeñas que en pantallas más grandes.

Figura 1.65.
Ventana más pequeña en una resolución más grande

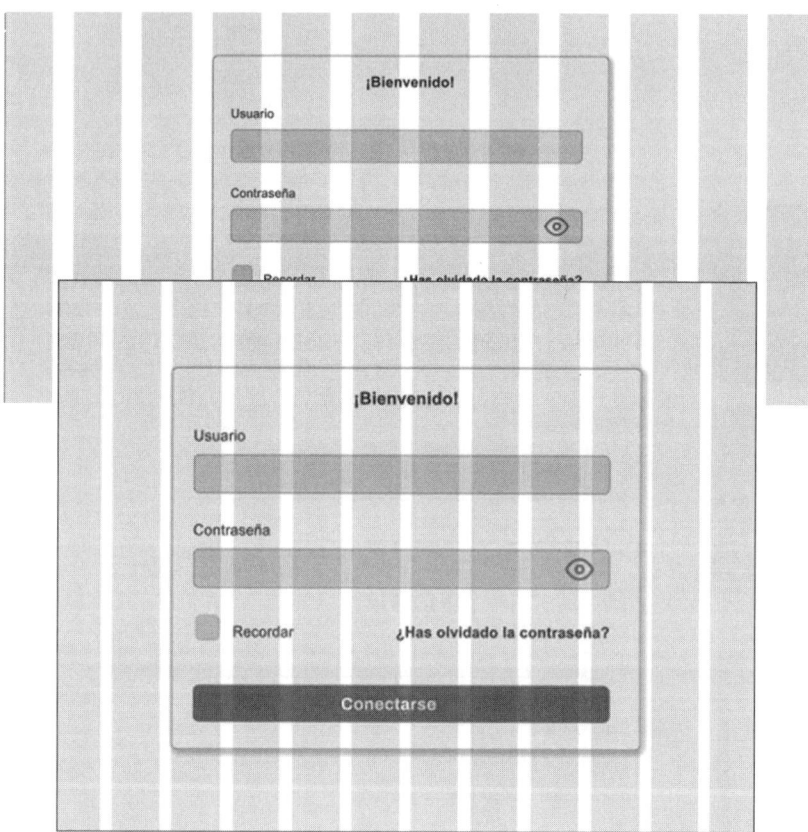

La mejor solución para este problema es determinar cuál es el mejor ancho para visualizar esta ventana. Si se determina que 500 px es el ancho óptimo, nunca deberá ser más pequeño que esto si hay espacio para ello.

En lugar de dimensionar elementos basándose en la rejilla, en este caso lo mejor es dar un ancho máximo para que no crezca demasiado, y solo se reduce el tamaño cuando la pantalla sea más pequeña que ese ancho determinado, nunca bajando del ancho mínimo.

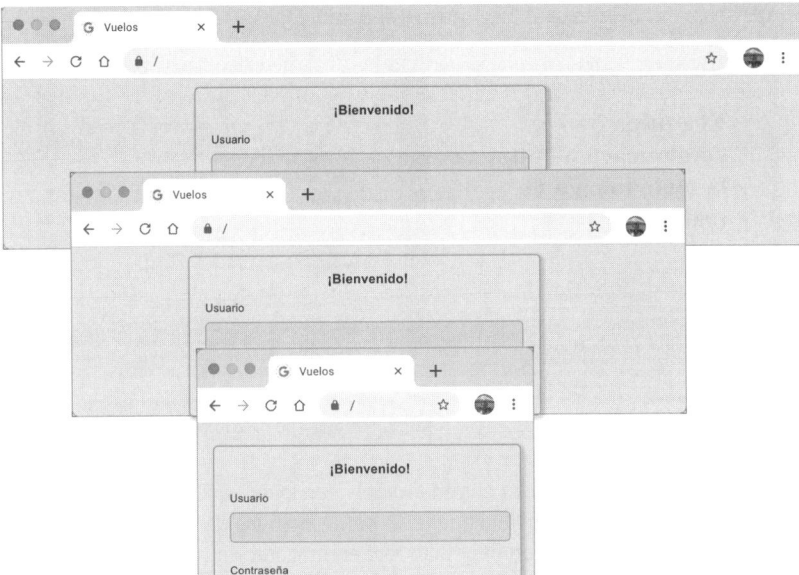

Figura 1.66.
Manteniendo el
tamaño

Precauciones en el diseño con tamaños de fuente relativos

Cuando se trabaja a varias resoluciones, hay que tener cuidado con los tamaños relativos. Si, por ejemplo, estamos diseñando un artículo en un tamaño de pantalla grande, el cuerpo base del texto es de 18 px y los titulares los queremos a 45 px, lo habitual sería codificar el título a un tamaño de 2,5 em. Esto significa que es 2,5 veces más grande que el tamaño de texto base. (45 = 18 * 2,5)

Figura 1.67.
Tamaño de fuente
relativo

El equipo de comunicación optimiza la metodología de trabajo.

Lorem ipsum dolor sit amet, consectetur adipiscing elit. Quisque sit amet tortor sed orci pharetra malesuada non eget nibh. Praesent a ullamcorper diam, non maximus neque.

Duis congue tellus in ipsum efficitur, ac ornare sem interdum. Pellentesque rutrum, tortor quis tempus vulputate, purus justo pulvinar libero, sit amet pulvinar tortor eros sit amet purus. Cras a lacinia lorem. Morbi a accumsan orci, eu luctus dolor.

La utilización de unidades relativas es una buena práctica, pero lo que se pueda ver bien en una pantalla grande puede ser un problema en pantallas pequeñas.

Si en una pantalla pequeña se reduce el tamaño base de la fuente a 14 px, esto hace que los titulares a 2,5 em pasen a un tamaño de 35 px. Esto es una fuente muy grande para un dispositivo pequeño.

El mejor tamaño de titular para pantalla pequeñas oscila entre 20 px y 24 px.

Figura 1.68.
Titular a tamaño
óptimo

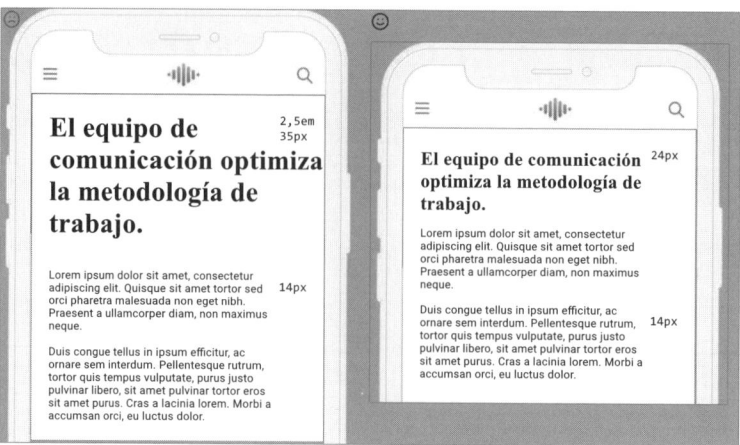

Eso es solo entre 1,5 y 1,7 veces el tamaño del cuerpo del texto de 14 píxeles, una relación totalmente diferente a la que tenía sentido en las pantallas de escritorio. Esto indica que no hay ningún beneficio real en intentar definir el tamaño de un titular con relación al tamaño del cuerpo del texto.

Como regla general, los elementos que son grandes en pantallas grandes deben reducirse más rápido que los elementos que ya son bastante pequeños; la diferencia entre elementos pequeños y elementos grandes debería ser menos extrema en tamaños de pantalla pequeños.

Relaciones dentro de los elementos

La idea de que las cosas deben escalarse de forma independiente no solo se aplica al tamaño de elementos en diferentes tamaños de pantalla; también se aplica a las propiedades de un solo componente.

Se ha diseñado un botón con una fuente de 16 px, 16 px de margen horizontal y 12 de margen vertical. Su aspecto sería el siguiente:

Figura 1.69.
Botones con márgenes

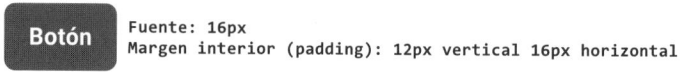

Puede resultar tentador que el tamaño del relleno se defina en términos del tamaño de la fuente utilizada. De esa manera, si se quiere un botón más grande o pequeño, solo se necesita cambiar el tamaño de fuente y el relleno se actualizará automáticamente.

Como vemos en la imagen, los botones aumentan o disminuyen de tamaño y conservan las mismas proporciones. En cuanto al aspecto, el botón grande no se ve como un botón verdaderamente grande y el pequeño sigue pareciendo más grande de lo que queremos.

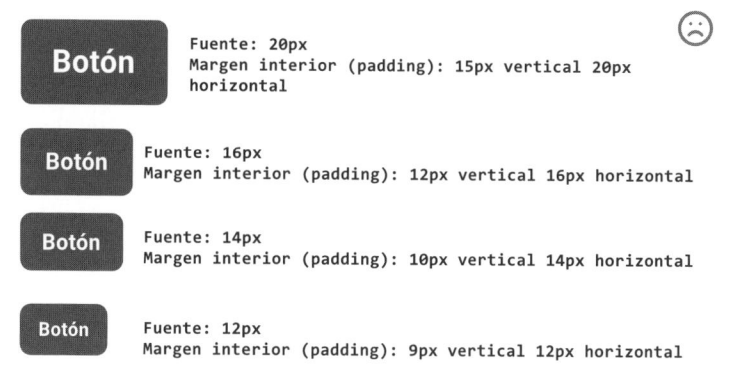

Figura 1.70.
Botones
proporcionales

Debemos hacer un ajuste manual y no proporcional para que el botón grande se vea grande en realidad y el pequeño también se vea pequeño. No debe parecer que hemos aplicado un zoom a cada una de las imágenes, sino que se debe ajustar a las necesidades.

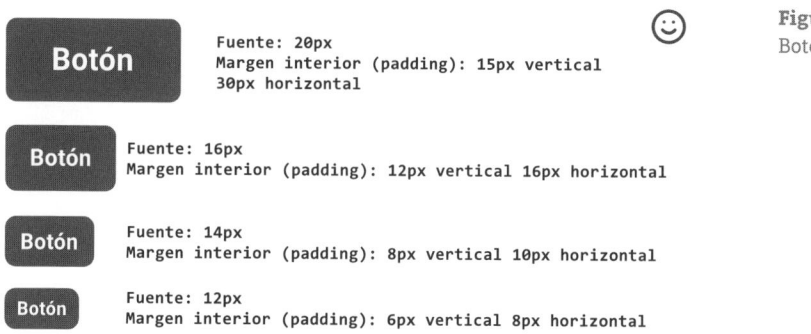

Figura 1.71.
Botones ajustados

Hay que dejar de lado la idea de que todo debe aumentar proporcionalmente. Poder tener la libertad de ajustar los elementos de forma independiente hace que sea muchísimo más fácil diseñar para múltiples contextos.

Evitar espacios ambiguos

Cuando los grupos de elementos están separados por algún detalle, como puede ser un color de fondo o un borde, el usuario sabe perfectamente a qué grupo pertenece la información. El problema aparece cuando no hay un separador visible.

Si estamos diseñando un formulario con etiquetas y campos de entrada apilados, si el margen debajo de la etiqueta es el mismo que el margen debajo de la entrada, los elementos en el grupo de formulario no estarán conectados visiblemente.

En el mejor de los casos, el usuario tiene que trabajar más para interpretar la interfaz de usuario y en el peor, esto significa colocar accidentalmente datos incorrectos en el campo incorrecto.

La solución es aumentar el espacio entre cada grupo de formulario para que quede claro qué etiqueta corresponde a qué entrada.

Figura 1.72.
Espaciado sin
diferenciar y
diferenciado

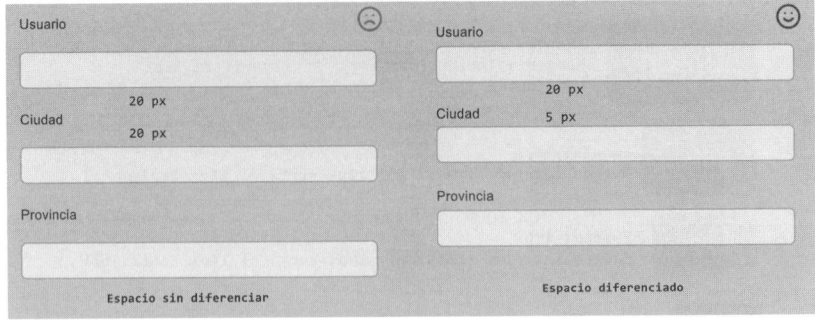

Este mismo problema puede aparecer en otros tipos de pantallas, como en los artículos, si no hay suficiente espacio entre los títulos de las secciones.

Figura 1.73.
Diferenciando el
espaciado

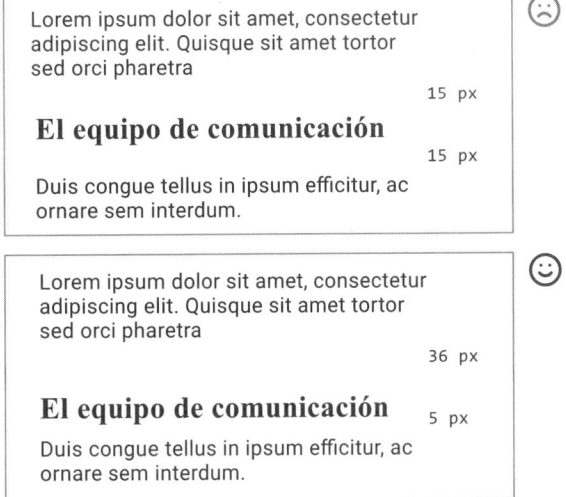

1.7. Diseñar el texto

Cuando no se tiene una guía de estilo o sistema que establezca los tipos y los tamaños de las fuentes que se van a utilizar en el diseño, se producen bastantes incoherencias en las tipografías de las páginas y se ralentiza el flujo de trabajo.

Figura 1.74.
Tamaños de fuente
diversos

Elegir una escala

Al igual que hemos comentado antes con el espaciado o con el tamaño de los elementos, una escala lineal no funciona tampoco con las fuentes. Un salto pequeño de 12 px a 14 px si puede funcionar, pero entre 44 px y 46 px para un título grande no se nota la diferencia.

Otra forma de realizar esta escala es a través de un multiplicador (el doble de fuente en cada paso) o una proporción (4:5 o 2:3), pero esto nos puede llevar a obtener valores demasiados grandes o hasta con decimales.

Lo mejor es crear esta escala manualmente, teniendo un control sobre los tamaños que se van a necesitar dentro de la web.

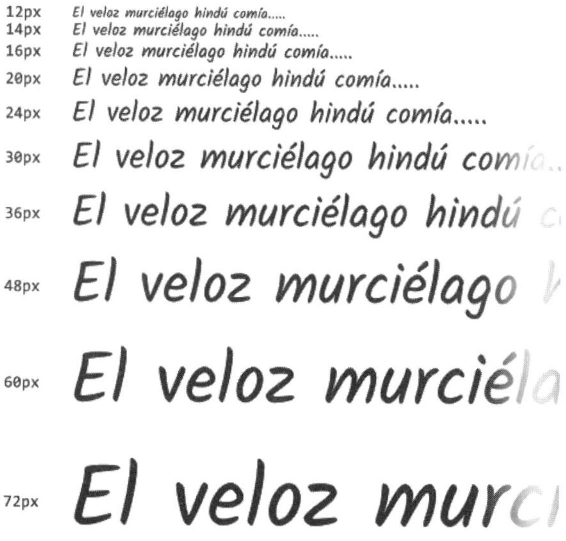

12px El veloz murciélago hindú comía.....
14px El veloz murciélago hindú comía.....
16px El veloz murciélago hindú comía.....
20px El veloz murciélago hindú comía.....
24px El veloz murciélago hindú comía.....
30px El veloz murciélago hindú com...
36px El veloz murciélago hindú c
48px El veloz murciélago
60px El veloz murciéla
72px El veloz murc

Figura 1.75.
Tamaños de fuente
diversos

Esta escala de tipografía está suficientemente limitada para tomar decisiones de manera rápida, pero no tanto como para echar en falta ningún tamaño.

Figura 1.76.
Diseño con fuentes
establecidas

Las unidades en em

No siempre es recomendable utilizar **em** para definir los tamaños de las fuentes. Estas unidades son relativas al tamaño de la fuente actual, de manera que, si la fuente por defecto son 16 px, 2 em, será una fuente de 32 px. Si se utiliza una escala en em, esta no cuadrará con la escala definida y tendremos una cantidad de tamaños de fuentes que no podremos controlar, ya que la fuente por defecto puede cambiar por navegador o dispositivo.

Lo mejor es establecer la escala en píxeles o en puntos para tener un control total.

Elegir la fuente

Entre toda la gran cantidad de fuentes que existen, puede resultar muy difícil seleccionar la adecuada para nuestro trabajo.

Figura 1.77.
Tipos de fuente

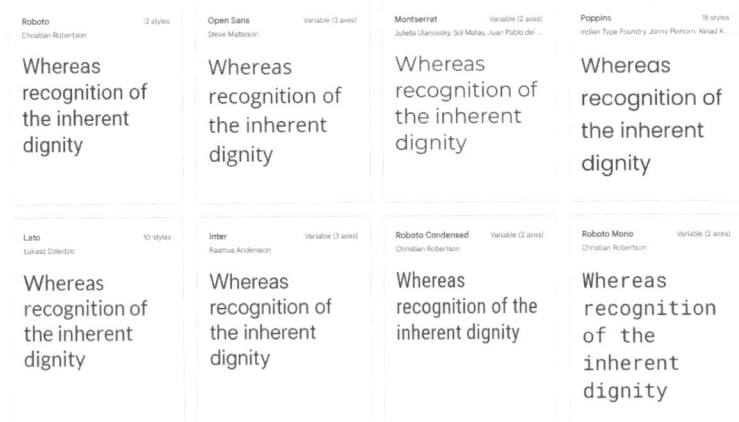

Hacerse experto en tipografía para poder ver los detalles diferenciadores de cada tipo de fuente no es algo que se consiga en poco tiempo, con lo cual lo mejor es seguir una serie de pautas que determinen cuál puede ser la mejor fuente para la web.

No arriesgar

Para una interfaz gráfica en la web, lo más seguro es utilizar una fuente `sans-serif,` como una Helvética. Y una buena opción es confiar en la lista de fuentes del sistema:

```
apple-system, Segoe UI, Roboto, Noto Sans, Ubuntu, Cantarell,
Helvetica Neue;
```

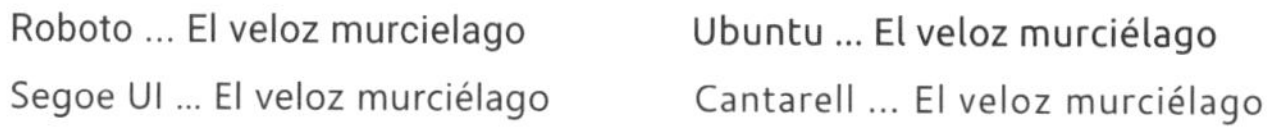

Roboto … El veloz murcielago   Ubuntu … El veloz murciélago

Segoe UI … El veloz murciélago   Cantarell … El veloz murciélago

Figura 1.78.
Fuentes sans-serif

Fuentes bien desarrolladas

Si una fuente tiene muchos tamaños predefinidos, esto puede denotar que ha sido trabajada y que todos sus elementos van a estar bien realizados. En varios directorios de fuentes como **Google Fonts** (https://fonts.google.com/) tienen un criterio de búsqueda que permite filtrar por fuentes que tengan una cantidad mínima de estilos definidos. Si ponemos este filtro para que tengan más de 10, de manera que tenga como mínimo 5 normales y 5 cursivas, elimina el 85% de las fuentes disponibles y nos deja con unas 50 fuentes `sans-serif` para elegir.

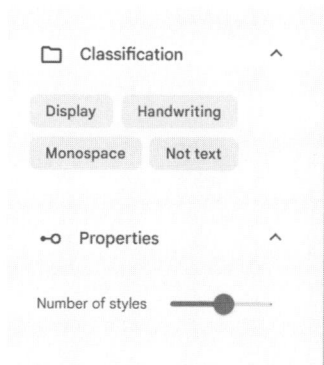

Figura 1.79.
Número de estilos definidos

Optimizar la legibilidad

Las fuentes, cuando son diseñadas, suelen tener un propósito específico. Las fuentes que están pensadas para titulares suelen tener un espacio entre letras más ajustado y letras minúsculas más cortas, mientras que las fuentes destinadas a tamaños más pequeños tienen un espacio entre letras más grande y minúsculas más altas.

Figura 1.80.
Espacio entre letras y altura de minúsculas diferentes

Usar lo probado

Si una fuente es popular, lo mas normal es que sea una buena fuente. Ordenar por popularidad los directorios de fuentes para elegir la preferida es una buena opción para no equivocarse. Esto es especialmente útil cuando se busca un tipo de letra neutro. Si buscamos una fuente con `serifa` que tenga cierta personalidad puede resultar más difícil.

Inspirarse en otras webs

Para que nos resulte sencillo tomar una decisión sobre qué fuente utilizar, se puede averiguar qué fuente utilizan otras webs que nos resultan atractivas.

Segundo apellido
div#apel2 355.61 × 78
Color #000000
Font 18px Oswald, sans-serif
ACCESSIBILITY
Name
Role generic
Keyboard-focusable
Fecha alt
dd/r

Figura 1.81.
Ver la fuente de otra web

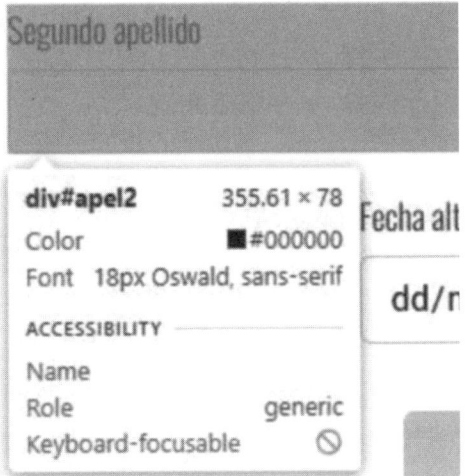

Longitud de las líneas

Es importante no intentar ajustar el texto al diseño y preocuparse por crear una buena experiencia de lectura.

Las líneas demasiado largas dificultan la lectura de un texto. Para obtener una mejor experiencia de lectura, los párrafos deberían tener entre 45 y 75 caracteres por línea. En este caso sí es útil utilizar las unidades `em` para dimensionar la caja donde está el texto, ya que esta unidad es relativa al tamaño de fuente que contiene.

~120 caracteres
Lorem ipsum dolor sit amet, consectetur adipiscing elit. Mauris dui tellus, semper aliquam ipsum nec, finibus pulvinar risus. Sed mattis risus at nisi pretium, in scelerisque metus accumsan.
~55 caracteres
Lorem ipsum dolor sit amet, consectetur adipiscing elit. Mauris dui tellus, semper aliquam ipsum nec, finibus pulvinar risus. Sed mattis risus at nisi pretium, in scelerisque metus accumsan.
~75 caracteres
Lorem ipsum dolor sit amet, consectetur adipiscing elit. Mauris dui tellus, semper aliquam ipsum nec, finibus pulvinar risus. Sed mattis risus at nisi pretium, in scelerisque metus accumsan.

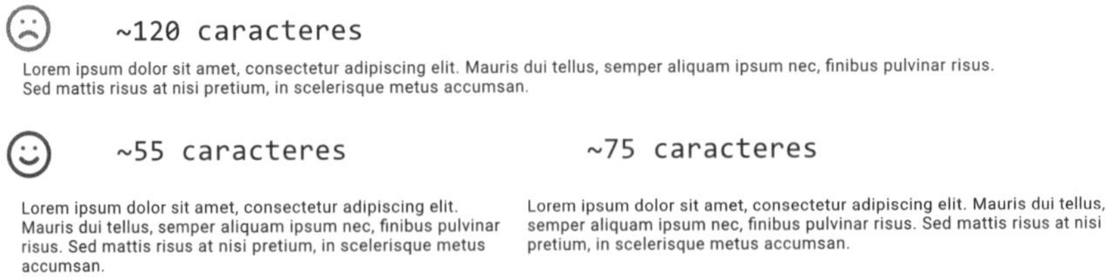

Figura 1.82.
Longitud de la línea

Mezclar texto e imagen

Cuando se combinan imágenes con texto en una misma página, se debe limitar el ancho del párrafo para poder acomodar y equilibrar bien los elementos.

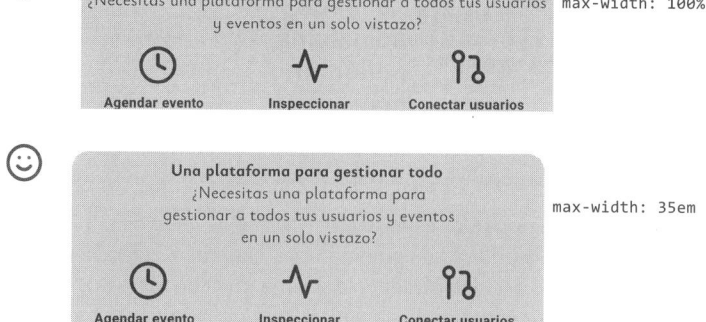

Figura 1.83.
Longitud de la línea

Puede resultar extraño tener que utilizar diferentes anchos de línea dentro de un mismo componente, pero, gestionando las líneas de esta manera, resulta más fácil para leer.

Línea base del texto

Es posible que en una sola línea se necesiten mezclar diferentes tamaños de fuente. Esto puede ocurrir cuando estamos diseñando una ficha en donde tenemos un título y en la parte derecha tenemos acciones.

Para alinear el texto entre estas dos diferentes tipografías tenemos tres opciones:

- Centrar el texto (`align-items:center`): Si hay espacio entre los dos textos, lo veremos bien, pero si están cerca, notaremos que no está bien equilibrado.
- Alinear en el margen superior (`align-items:top`): Puede resultar bien si la diferencia entre fuentes es bastante y queremos diferenciarlo.
- Alinear en el margen inferior (`align-items:baseline`): En este caso aprovechamos la misma sensación de la lectura sobre un texto escrito.

Figura 1.84.
Alineación entre líneas

Altura de la línea

La medida habitual por defecto es tener una altura de la línea de 1,5 veces el tamaño de la fuente. Esto es un buen punto de partida para obtener una buena legibilidad.

Figura 1.85.
Espacio entre líneas

Este criterio es válido, pero también hay que tener en cuenta otros aspectos.

La razón por la que agregamos espacio entre líneas de texto es para que al lector le resulte más fácil encontrar la siguiente línea cuando el texto llega al final. Si alguna vez se ha leído accidentalmente la misma línea de texto dos veces o se ha saltado una línea por error, significa que la altura de la línea probablemente era demasiado corta. Cuando las líneas de texto están demasiado espaciadas, es fácil terminar de leer una línea de texto en el borde derecho de una página y luego saltar con la vista hasta el borde izquierdo solo por no estar seguro de que es la línea siguiente.

Este problema se magnifica cuando las líneas de texto son largas. Cuanto más tengan que saltar los ojos horizontalmente para leer la siguiente línea, más fácil será perder el lugar.

Esto significa que la altura de la línea y el ancho del párrafo deben ser proporcionales: el contenido estrecho puede usar una altura de línea más corta, como 1,5, pero el contenido ancho puede necesitar una altura de línea de hasta 2.

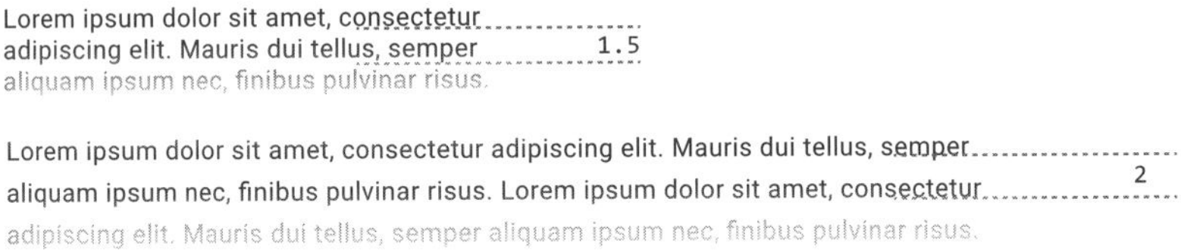

Figura 1.86.
Espacio entre líneas
depende de la longitud
de estas

Lorem ipsum dolor sit amet, consectetur
adipiscing elit. Mauris dui tellus, semper 1.5
aliquam ipsum nec, finibus pulvinar risus.

Lorem ipsum dolor sit amet, consectetur adipiscing elit. Mauris dui tellus, semper ....
aliquam ipsum nec, finibus pulvinar risus. Lorem ipsum dolor sit amet, consectetur 2
adipiscing elit. Mauris dui tellus, semper aliquam ipsum nec, finibus pulvinar risus.

Influencia del tamaño de la fuente

Aparte de la longitud de la línea, el tamaño de la fuente es un factor importante a la hora de determinar la altura de la línea.

Cuando el texto es pequeño, un espacio entre líneas más grande es beneficioso, ya que hace que sea mucho más fácil para los ojos encontrar la siguiente línea.

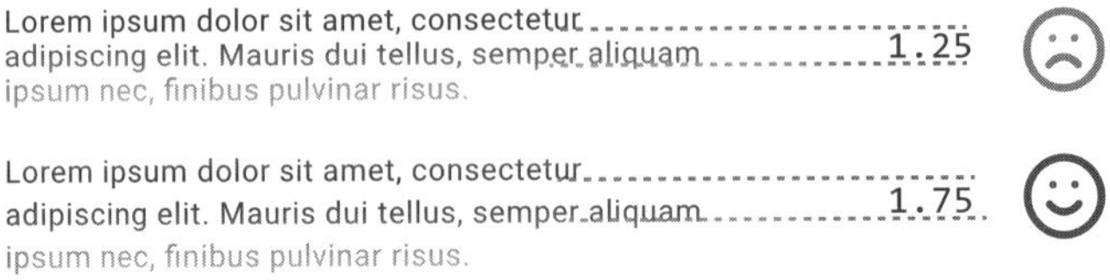

Figura 1.87.
Tamaño de la fuente
y espacio entre líneas

Lorem ipsum dolor sit amet, consectetur ....
adipiscing elit. Mauris dui tellus, semper aliquam 1.25
ipsum nec, finibus pulvinar risus.

Lorem ipsum dolor sit amet, consectetur ....
adipiscing elit. Mauris dui tellus, semper aliquam 1.75
ipsum nec, finibus pulvinar risus.

Pero a medida que el texto aumenta, los ojos no necesitan tanta ayuda. Esto significa que para textos de titulares grandes no será necesario incrementar el interlineado estándar.

La tipografía en los enlaces

Cuando se introducen enlaces en nuestro diseño, es importante asegurarse de que el usuario lo va a reconocer para que pueda hacer clic en él.

Si este enlace está dentro de un párrafo, la manera mas sencilla es utilizar la opción de subrayado y un pequeño cambio de color a azul.

Lorem ipsum dolor sit amet, consectetur adipiscing elit. Mauris dui tellus, semper aliquam ipsum nec, finibus pulvinar risus. Lorem ipsum dolor sit amet, consectetur adipiscing elit. Mauris dui tellus, semper aliquam ipsum nec, finibus pulvinar risus.

Figura 1.88.
Tipografía en los enlaces

Pero cuando se está diseñando una interfaz donde casi todo son enlaces, usar un tratamiento de subrayado y cambio de color puede sobrecargar bastante la interfaz. En su lugar es mejor enfatizar los enlaces de manera mas suave simplemente usando una fuente más gruesa o un color más oscuro.

Figura 1.89.
Muchos enlaces concentrados

Es posible que algunos enlaces ni siquiera necesiten resaltarse de forma predeterminada. Si hay enlaces en la pantalla que son auxiliares y no forman parte de la ruta principal que toma un usuario a través de la aplicación, se debe considerar agregar un subrayado o cambiar el color solo al pasar el ratón por encima. Seguirán siendo visibles para cualquier usuario, pero no competirán por la atención con acciones más importantes en la página.

Alineación del texto

Por norma general, el texto debe estar alineado en consonancia con el idioma en el que está escrito. Para gran cantidad de idiomas (el español incluido), el texto debe estar alineado a la izquierda.

Alinear el texto de otra manera puede ser muy útil, pero hay que tener ciertas precauciones.

No centrar los textos largos

La alineación central funciona bien en textos cortos, pero en textos largos, de dos o tres líneas, se verá mejor alineado a la izquierda.

Figura 1.90.
Centrado de textos

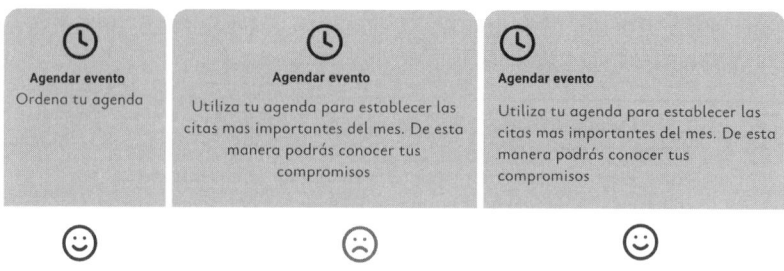

Si hay diferentes párrafos, unos más cortos y otros más largos, y se quiere centrar, la mejor solución es reescribir el párrafo largo.

Alineación de los números

En nuestro idioma, el texto se alinea a la izquierda, pero cuando hablamos de números, estos se alinean a la derecha, y si tenemos números decimales, lo mejor es que todos tengan la misma cantidad de decimales, de manera que las unidades estén todas en la misma columna.

Figura 1.91.
Alineación de números

PRECIO	CAPITAL	VALOR		PRECIO	CAPITAL	VALOR
152,45 €	5.684,25 €	4.256,56 €		152,45 €	5.684,25 €	4.256,56 €
568,56 €	5.875,89 €	1.256,85 €		568,56 €	5.875,89 €	1.256,85 €

Texto justificado

El texto justificado se ve muy bien impreso y puede funcionar bien en la web cuando buscas una apariencia más formal, pero, sin un cuidado especial, puede crear muchos espacios incómodos entre las palabras.

Para evitar esto, cuando se justifiquen los textos, se debe habilitar la separación entre palabras con guiones para mejorar el aspecto.

Figura 1.92.
Problemas con el texto justificado

La disciplina científica denominada microelectromagnetismo **se dedica a estudiar y analizar de fenómenos** electromagnéticos a nivel microscópico, utilizando herramientas avanzadas como el ultramicroscopio para observar estructuras a una escala extremadamente pequeñas

La disciplina científica denominada microelectromagnetismo se dedica a estudiar y analizar de fenómenos electromagnéticos a nivel microscópico, utilizando herramientas avanzadas como el ultramicroscopio para observar estructuras a una escala extremadamente pequeñas

El texto justificado funciona mejor en situaciones en las que intenta imitar una apariencia impresa, tal vez para una revista o un periódico en línea. Incluso entonces, el texto alineado a la izquierda también funciona muy bien, por lo que en realidad es solo una cuestión de preferencia.

Espacio entre letras

Cuando se diseña un texto, uno se preocupa de configurar el color, el tamaño y el peso de la tipografía, pero es fácil olvidar que el espacio entre letras se puede modificar.

Lorem ipsum dolor sit amet, consectetur adipiscing elit. Sed consequat quam vel mi commodo, vitae fermentum arcu tristique. Fusce vel purus euismod, ultricies neque ac, accumsan elit. Aliquam erat volutpat. Sed et felis eget libero tristique gravida. Vivamus vel ultrices arcu.

Espaciado: -0.05em

Lorem ipsum dolor sit amet, consectetur adipiscing elit. Sed consequat quam vel mi commodo, vitae fermentum arcu tristique. Fusce vel purus euismod, ultricies neque ac, accumsan elit. Aliquam erat volutpat. Sed et felis eget libero tristique gravida. Vivamus vel ultrices arcu.

Espaciado: 0em

Lorem ipsum dolor sit amet, consectetur adipiscing elit. Sed consequat quam vel mi commodo, vitae fermentum arcu tristique. Fusce vel purus euismod, ultricies neque ac, accumsan elit. Aliquam erat volutpat. Sed et felis eget libero tristique gravida. Vivamus vel ultrices arcu.

Espaciado: 0.05em

Figura 1.93.
Diferentes espaciados

Como regla general, se debe confiar en el diseñador tipográfico y dejar de lado el espacio entre letras. Dicho esto, cuando hablamos de titulares podremos hacer algún ajuste para mejorar el diseño.

Cada fuente tipográfica tiene un propósito. Una familia como **Open Sans** está diseñada para ser muy legible incluso en tamaños pequeños, por lo que el espaciado entre letras incorporado es mucho más amplio que el de una familia como **Oswald**, que está diseñada para titulares.

Comunicación activa
Open Sans

Comunicación activa
Owsald

Comunicación activa
Open Sans

Comunicación activa
Open Sans: espaciado -0.05 em

Figura 1.94.
Open Sans vs. Oswald y Open Sans como titular

Si se desea utilizar una familia con un espacio entre letras más amplio para titulares o títulos, a menudo puede tener sentido disminuir el espacio entre letras para imitar el aspecto condensado de una familia especialmente diseñada para titulares.

Sin embargo, lo contrario no funciona; las fuentes de los titulares rara vez funcionan bien en tamaños pequeños, ni siquiera si se aumenta el espacio entre letras.

Legibilidad en mayúsculas

El espaciado entre letras en la mayoría de las familias de fuentes está optimizado para texto normal, con una mayúscula seguida del resto en minúsculas.

Las letras minúsculas tienen mucha variedad visual. Letras como n, v y e encajan completamente dentro de la **altura x** de un tipo de letra; otras letras como y, g y p tienen descendentes que sobresalen por debajo de la **línea base** y letras como b, f y t tienen ascendentes que se extienden hacia arriba.

Figura 1.95.
Estructura de las
minúsculas

Por otro lado, el texto en mayúsculas no es tan diverso. Dado que cada letra tiene la misma altura, el uso del espaciado predeterminado puede generar un texto que es más difícil de leer porque hay menos características distintivas entre las letras.

Por esta razón, a menudo tiene sentido aumentar el espacio entre letras del texto en mayúsculas para mejorar la legibilidad.

Figura 1.96.
Más espaciado con
todas mayúsculas

1.8. Trabajar con colores

El formato RGB es el más común a la hora de representar los colores en la web. Está compuesto por la combinación de los componentes del color, rojo (**red**), verde (**green**) y azul (**blue**). El problema que tiene esta codificación es que no tiene nada que ver con el color que estamos visualizando.

El formato HSL, tono (**hue**), saturación (**saturation**) y luminosidad (**lightness**), soluciona este problema representando los colores mediante atributos que percibe el ojo humano: tono, saturación y luminosidad.

Figura 1.97.
Codificación de colores

El **tono** es la posición en la rueda de color y es el atributo que nos permite identificar el color, como lo consideramos (azul, por ejemplo), aunque no sean iguales.

El tono se mide en grados, donde el 0° es el rojo, el 120° el verde y el 240° el azul.

La **saturación** es la cantidad de color en un tono determinado. El 0% es el gris y el 100% es intenso.

Sin saturación, el tono no influye. Si no hay color, da igual el color que tenga.

La **luminosidad** es la cantidad de luz que tiene el color: el 0% es el negro y el 100% el blanco. El 50% es la luminosidad de un color puro.

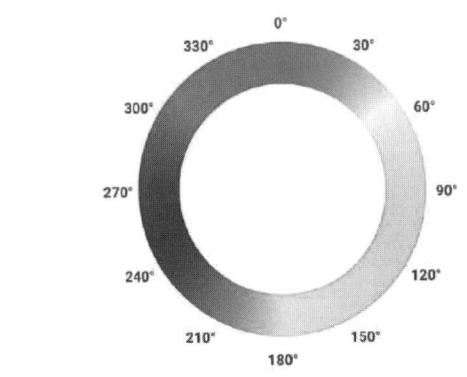

Figura 1.98.
Rueda de color

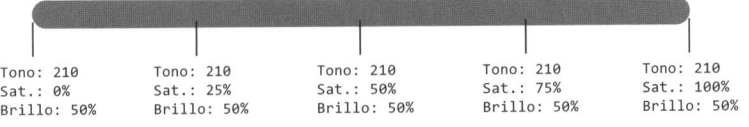

Figura 1.99.
Saturación

```
Tono: 210      Tono: 210      Tono: 210      Tono: 210      Tono: 210
Sat.: 0%       Sat.: 25%      Sat.: 50%      Sat.: 75%      Sat.: 100%
Brillo: 50%    Brillo: 50%    Brillo: 50%    Brillo: 50%    Brillo: 50%
```

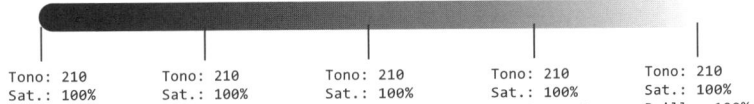

Figura 1.100.
Brillo

```
Tono: 210      Tono: 210      Tono: 210      Tono: 210      Tono: 210
Sat.: 100%     Sat.: 100%     Sat.: 100%     Sat.: 100%     Sat.: 100%
Brillo: 0%     Brillo: 25%    Brillo: 50%    Brillo: 75%    Brillo: 100%
```

Colores necesarios

Es posible que en algún momento hayamos pensado en una combinación de colores que puede resultar aparentemente atractiva. El problema lo encontramos cuando los combinamos en nuestra web y encontramos este tipo de interfaz.

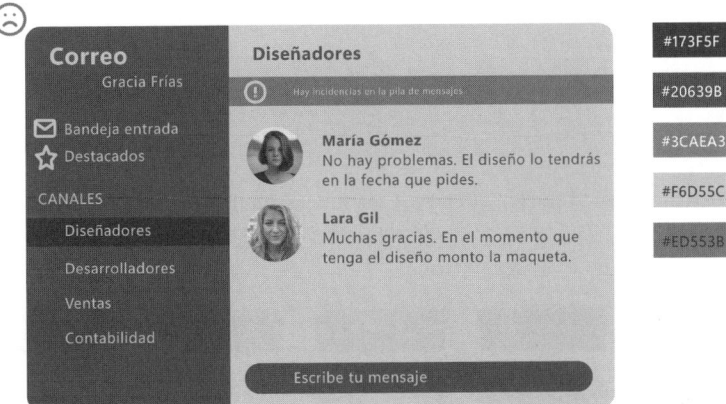

Figura 1.101.
Paleta incorrecta

No se puede construir nada con cinco colores básicos; para construir algo mas armonioso, se necesita un conjunto más amplio de colores con diferentes matices para que los contrastes sean mucho mas suaves y resulte mas agradable a la vista.

Figura 1.102.
Paleta correcta

Grises

Cuando se está diseñando una web, aunque no lo parezca, los colores grises son los protagonistas y aparecen en los textos, fondos, paneles… Casi todos los elementos tienen gris.

Figura 1.103.
Protagonismo de los grises

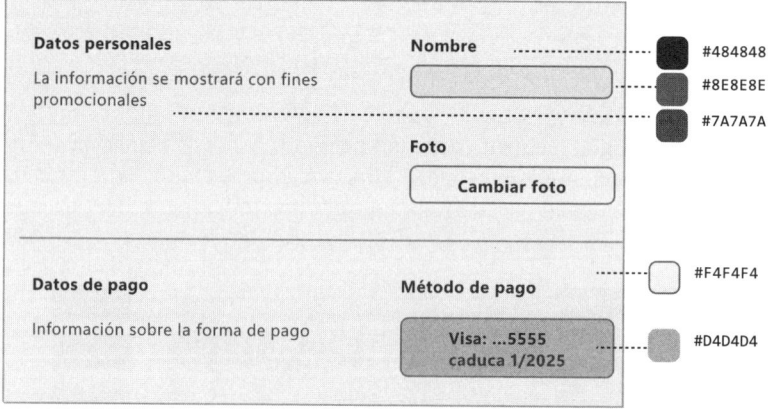

Aunque tres o cuatro tonos pueden parecer suficientes, poco a poco, se irán necesitando más tonos hasta tener una colección de, como poco, ocho diferentes.

Figura 1.104.
Gama de grises

Tanto el color negro (#000000) como el color blanco (#FFFFFF) son colores que cuando se utilizan resultan antinaturales, con que lo normal es empezar con un gris muy oscuro e ir avanzando hasta un gris muy claro.

Colores primarios

En la mayoría de las webs se necesitan uno o, como mucho, dos colores que se utilizan para las acciones principales y que van a determinar el aspecto general de la web. Este color es el que se determina como **color primario**. En algunos casos, el color primario se corresponde con el identificador de la marca, de manera que el propio aspecto de la web refuerza la presencia de esta.

Al igual que con los grises, se necesitan una variedad de 4 o 5 tonos de este mismo color para producir contrastes. Los tonos claros pueden ser utilizados como fondos y los más oscuros para tipografía.

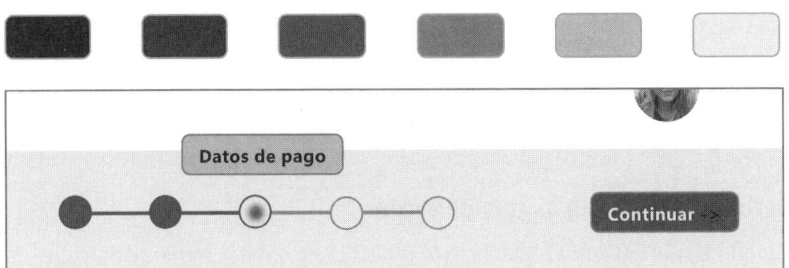

Figura 1.105.
Gama de color primario

Color de acento

Además de los colores primarios, cada web necesita otros colores que contrasten y que puedan comunicar acciones diferentes a los usuarios.

Se pueden utilizar colores llamativos como verdes, amarillos o rosas para resaltar una característica.

Figura 1.106.
Color de acento

Es posible que también se necesiten colores para enfatizar diferentes estados semánticos, como rojo para confirmar una acción destructiva, amarillo para mensajes de advertencia o verde para resaltar tendencias positivas.

Si se está creando algo en lo que se necesita usar color para distinguir o categorizar elementos similares (como líneas en gráficos, eventos en un calendario o etiquetas en un proyecto), es posible que se precisen incluso más colores de acento.

No es raro necesitar hasta tres o cuatro colores diferentes con unos cuatro o cinco tonos cada uno para crear una interfaz de usuario compleja.

Figura 1.107.
Enfatizar acciones

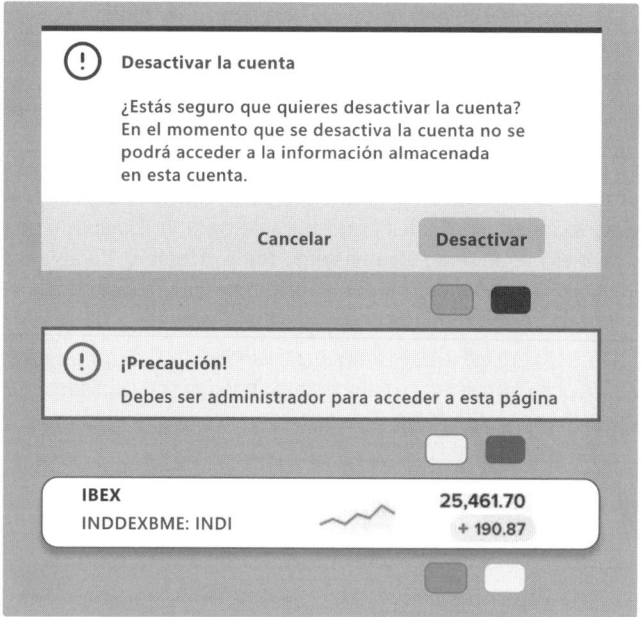

Figura 1.107.
Enfatizar acciones

Definir los tonos en la guía de estilo

Cuando se necesite crear una variación más clara o más oscura de un color en la paleta de colores, no se debe usar funciones de CSS para aclarar u oscurecer sobre la marcha. De esta manera se termina con gran cantidad de tonos que no somos capaces de diferenciar con la vista.

En su lugar, lo mejor es definir un conjunto de tonos desde un principio para solo tener que usarlo en la maquetación.

Figura 1.108.
Definir tonos

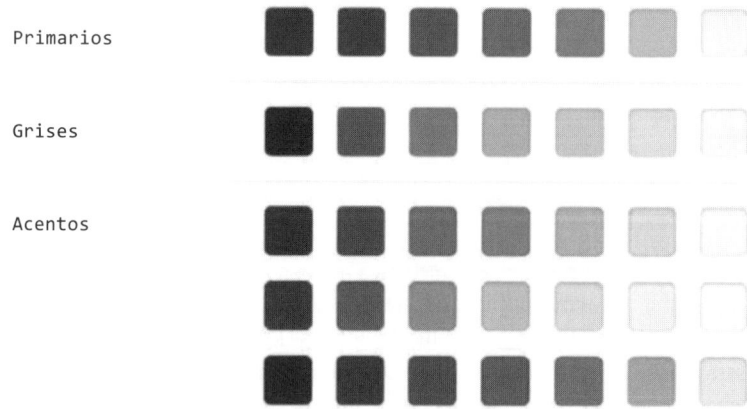

Crear una paleta de colores

Lo primero que se debe pensar es en el color primario, exactamente en el color medio, en el que se basan los tonos más claros y oscuros.

Una forma de elegir este color es escoger un tono que funcione bien como fondo de botón.

Figura 1.109.
Definir color primario

No hay ningún método científico para determinar cuál es el mejor tono; hay que confiar en nuestros propios ojos para determinarlo.

Una vez que creamos los tonos, habitualmente el tono mas oscuro se reserva para el texto, mientras que el tono mas claro se utiliza para el fondo de los elementos.

Un componente de alerta simple es un buen ejemplo que combina ambos casos de uso, por lo que puede ser un excelente lugar para elegir estos colores.

La forma de ajustarlo es comenzar con un color que sea el tono del color base y a continuación ajustar la saturación y la luminosidad hasta que se vea correctamente.

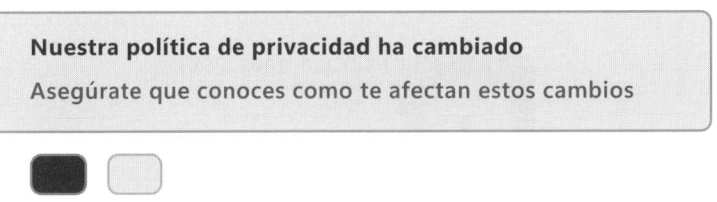

Figura 1.110.
Definir tonos del color primario

Una vez que se tengan los tonos del color base, el más oscuro, el más claro y el central, solo queda establecer el resto de los tonos que podemos necesitar para ese color base.

Figura 1.111.
Definir tonos del color primario

Un enfoque sistemático, como el descrito anteriormente, es un buen comienzo, pero no hay que temer hacer algún ajuste si es necesario.

Cuando se comience a usar colores en los diseños, es casi inevitable que se quiera ajustar la saturación de un tono o aclarar u oscurecer un par de tonos.

Hay que confiar en los ojos, no en los números.

Solo hay que tratar de evitar agregar nuevos tonos con demasiada frecuencia; si no se crea una paleta finita, es posible que no exista ningún sistema de color definido y manejable.

Cambiar el brillo girando el tono

Habitualmente, cuando se desea cambiar la claridad de un color, se ajusta el componente de luminosidad del formato HSL.

Figura 1.112.
Crear tonos cambiando luminosidad

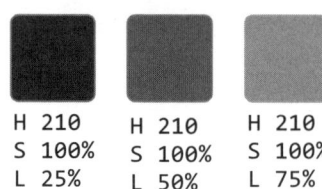

Hay veces que utilizando este método se pierde intensidad del color; el color se parece mas al blanco o al negro y no al mismo color mas claro o más oscuro.

Para evitar esto, se pueden utilizar las diferentes las percepciones que tenemos de los colores. A una misma luminosidad, un color claro es percibido con mas brillo que un color oscuro, con lo cual podemos cambiar de tono para que no se vaya el color hacia el gris oscuro o claro.

Figura 1.113.
Crear tonos cambiando color

Esto puede resultar realmente útil al intentar crear una paleta para un color claro como el amarillo. Al rotar gradualmente el tono hacia un tono más naranja a medida que disminuye la luminosidad, los tonos más oscuros se sentirán cálidos y ricos en lugar de opacos y marrones.

También se pueden combinar los dos enfoques obteniendo parte del brillo mediante el ajuste del tono y la luminosidad a la vez.

Figura 1.114.
Creando tonos de colores claros

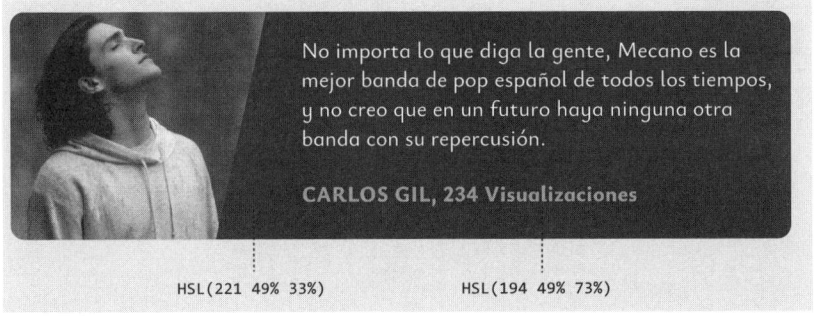

Figura 1.115.
Ajuste de tono y luminosidad

Si bien esta es una excelente manera de cambiar el brillo de un color sin afectar a su intensidad, funciona mejor en pequeñas dosis. No se debe girar el tono más de 20 o 30° o se verá como un color totalmente diferente en lugar de simplemente más claro o más oscuro.

Grises que no son grises

Por definición, los grises tienen una saturación del 0%. Esto quiere decir que no tienen color real.

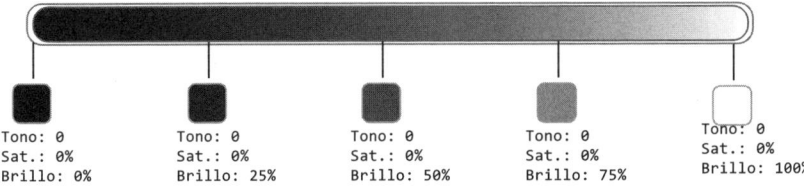

Figura 1.116.
Tonos de grises

Pero cuando se utilizan en la práctica, muchos de los colores que se ven como grises tienen algo de color.

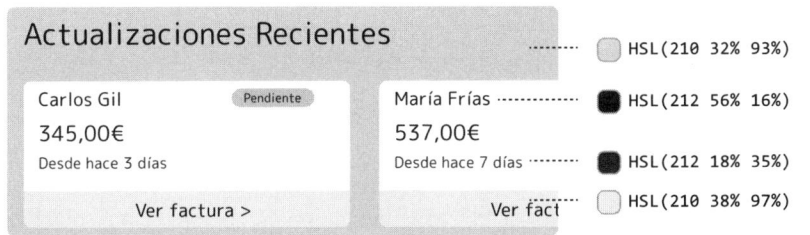

Figura 1.117.
Grises no puros

Dando saturación a los grises se pueden conseguir niveles de calidez. Al igual que con la luz, que podemos tener luz cálida y luz fría, la saturación de los grises en una interfaz de usuario funciona del mismo modo.

Si se quiere que los grises se sientan fríos, se saturan con un poco de azul. Si, por el contrario, se quiere que sean cálidos, se saturan con amarillo o naranja.

Figura 1.118.
Diferentes
temperaturas de grises

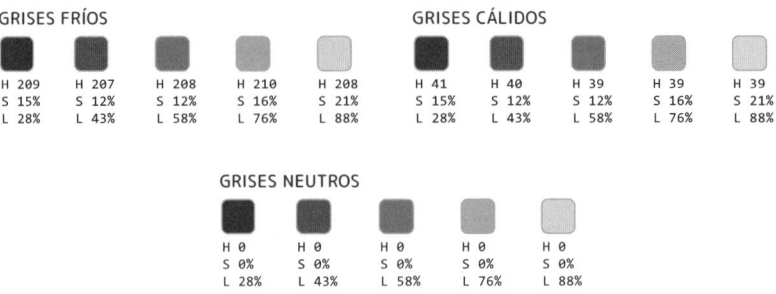

Para mantener la temperatura constante, hay que aumentar la saturación de los tonos más claros y oscuros. Si no se aumenta, esos colores se verán descoloridos en comparación con grises con un 50% de luminosidad.

Accesibilidad y estética

Según las normas de accesibilidad, resulta muy importante que los textos peque-ños, de menos de 18 px, tengan un contraste respecto a su fondo de **4,5:1**, mientras que en las tipografías grandes la relación de contraste es de al menos **3:1**. Se puede utilizar la web https://appuad.ua.es/apps/contraste para realizar el cálculo de contraste entre colores y ver su aspecto.

Figura 1.119.
Accesibilidad con
fondo blanco

	COLOR	CONTRASTE	
Textos pequeños	HSL(0 0% 54%)	3,45:1	MAL
Textos pequeños	HSL(0 0% 42%)	5,41:1	AA
Textos pequeños	HSL(0 0% 33%)	7,57:1	AAA
Texto grande	HSL(0 0% 59%)	2,96:1	MAL
Texto grande	HSL(0 0% 54%)	3,45:1	AA
Texto grande	HSL(0 0% 42%)	5,41:1	AAA

Cuando se escribe un texto oscuro sobre un fondo claro, cumplir esta recomenda-ción es bastante sencillo, pero esto se vuelve mas complicado cuando se comienza a trabajar con color.

Esto puede crear problemas con la jerarquía de la información, ya que estos elementos no deben ser el foco de la página y, si se oscurece el fondo, captarán la atención del usuario.

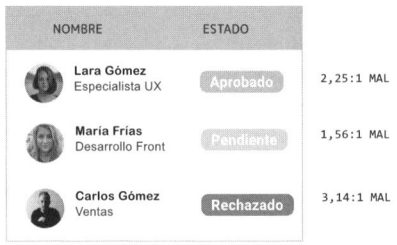 

Figura 1.120.
Accesibilidad con fondo de color

Este problema se puede resolver invirtiendo el contraste. En lugar de utilizar texto claro sobre fondo oscuro, se utiliza un texto oscuro sobre un fondo de color claro.

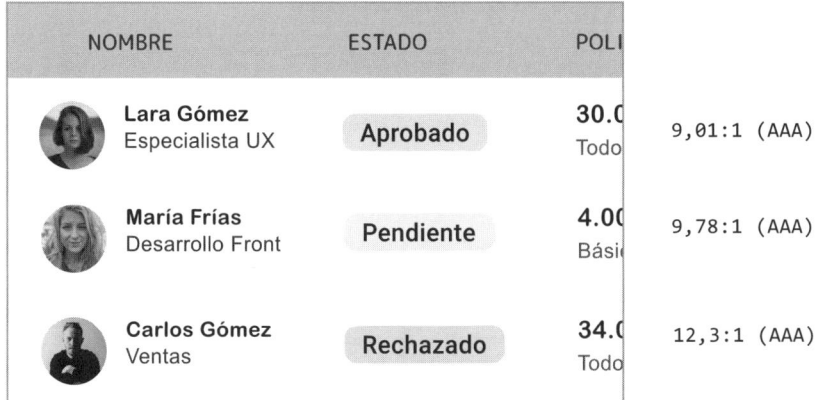

Figura 1.121.
Textos con fondo de color

El color está presente para ayudar a dar semántica al texto, pero es mucho menos directo y no interfiere en la jerarquía de información.

Aún más difícil que el texto blanco sobre un fondo de color es el texto de color sobre un fondo de color. Esta situación ocurre cuando se intenta elegir un color para algún texto secundario dentro de un panel de color oscuro.

Si se comienza tomando el color de fondo y simplemente se ajusta la luminosidad y la saturación, será difícil alcanzar la relación de contraste recomendada sin acercarse mucho al blanco puro.

Si no se quiere que el texto principal y secundario tengan el mismo aspecto, se pueden utilizar otros colores que por su naturaleza son mas brillantes. De esta manera se puede aumentar el contraste sin acercarse al blanco. Se puede girar el color del texto hacia el cian, magenta o amarillo.

Figura 1.122.
Párrafos con fondo y
texto de color

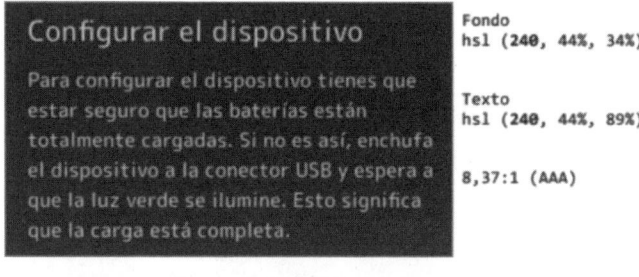

Figura 1.123.
Cambio de color entre
texto y fondo

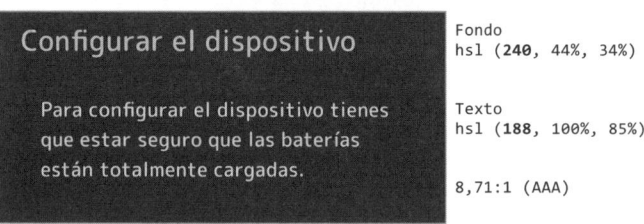

No confiar solo en el color

El color puede ser una manera fantástica de mejorar la información y hacerla más
fácil de entender, pero hay que tener cuidado de no confiar en él o los usuarios
daltónicos tendrán dificultades para interpretar la interfaz de usuario.

Figura 1.124.
Utilización del color
para decir si es
positivo o negativo un
valor

Visto por un daltónico

Solución de color e
icono

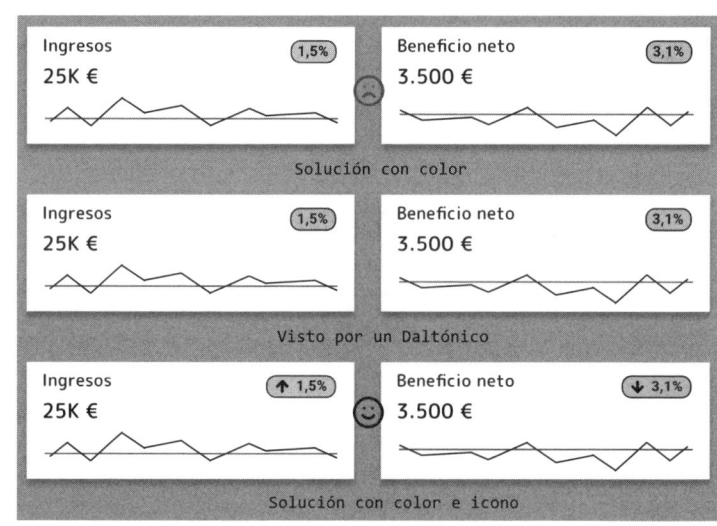

1.9. Luces y sombras. Dando volumen

Se puede ver en varias páginas web como en la interfaz se aprecian elementos que
parecen estar elevados por encima de la página, mientras que otros se ven como
si estuvieran hundidos en esta.

Para crear este efecto, hay que tener una serie de reglas claras.

Figura 1.125.
Efecto de un elemento
elevado o hundido

La luz viene desde arriba

Cuando se observa un elemento real que está elevado, habitualmente la luz viene desde arriba, lo que hace que los bordes superiores son más claros, mientras que los bordes inferiores son mas oscuros, ya que están en un ángulo donde reciben menos luz.

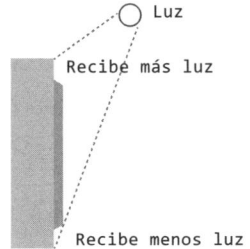

Figura 1.126.
Elementos elevados

Cuando vemos paneles que están insertados, lo que estamos apreciando es que hay una sombra en la parte superior que indica que el borde está bloqueando la luz y el borde inferior es más claro, lo que indica que está recibiendo más luz.

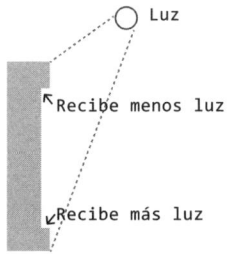

Figura 1.127.
Elementos incrustados

Elementos elevados

Debido a que los bordes superior e inferior son planos, sería imposible verlos a ambos al mismo tiempo. Las personas generalmente miran un poco hacia abajo, hacia sus pantallas, por lo que, para obtener una apariencia más natural, será necesario revelar un poco el borde superior y ocultar el borde inferior.

Dado que el borde superior mira hacia arriba, hay que hacerlo un poco más claro que la cara inferior, generalmente usando un borde superior o una sombra de cuadro insertada con un ligero desplazamiento vertical.

Se elige el color más claro en lugar de usar un blanco semitransparente para obtener mejores resultados.

A continuación, se debe tener en cuenta el hecho de que un elemento elevado impedirá que parte de la luz llegue al área situada debajo del elemento.

Esto se hace agregando una pequeña sombra con un ligero desplazamiento vertical (solo hasta que la sombra aparezca debajo del elemento).

No hay que dejarse llevar por el radio de desenfoque, pues un par de píxeles es suficiente. Este tipo de sombras deberían tener bordes bastante nítidos; esto se puede ver en el mundo real viendo la sombra proyectada por la parte inferior de un enchufe o el marco de una ventana.

Figura 1.128.
Elevando elementos

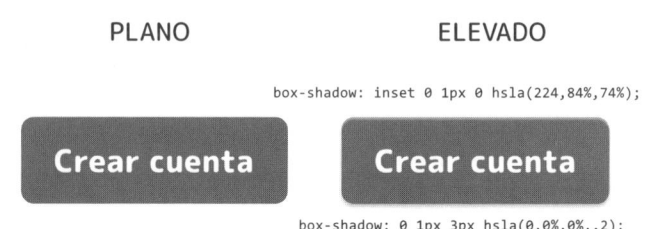

Elementos insertados

Supongamos que se está diseñando un componente que simule que está hundido en la página.

Mirando ligeramente hacia abajo, solo sería visible el borde inferior. Este borde tendrá un color ligeramente más claro usando un borde inferior o una sombra insertada con un desplazamiento vertical negativo.

El borde superior debe bloquear parte de la luz para que no llegue a la parte superior del panel hundido, así que hay que agregar una pequeña sombra oscura con un ligero desplazamiento vertical positivo para asegurarse de que no sobresalga en la parte inferior.

Figura 1.129.
Hundiendo elementos

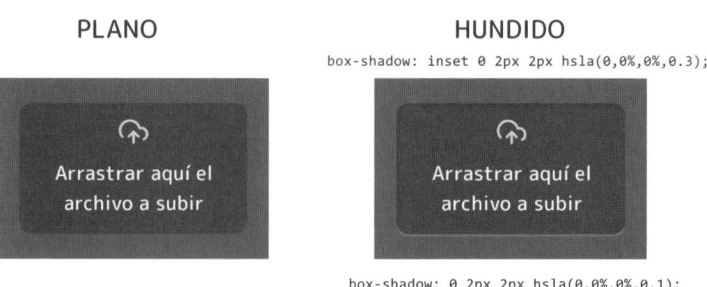

Sombras para transmitir elevación

Las sombras pueden ser más que un simple efecto llamativo: si se usan con cuidado, te permiten colocar elementos en un eje z virtual para crear una sensación significativa de profundidad.

Las sombras pequeñas con un radio de desenfoque estrecho hacen que un elemento se sienta ligeramente elevado del fondo, mientras que las sombras más grandes con un radio de desenfoque más alto hacen que un elemento se sienta mucho más cerca del usuario

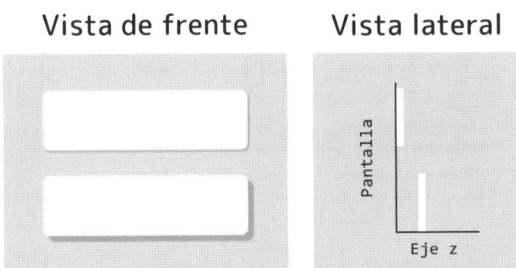

Figura 1.130.
Diferentes
profundidades

Cuanto más cerca se sienta algo del usuario, más atraerá su atención. Se puede usar una sombra más pequeña para algo como un botón, donde se quiere que el usuario lo note, pero no se quiere que domine la página. Con uno o dos píxeles de desplazamiento es suficiente.

Las sombras medias son útiles para cosas como menús desplegables, elementos que deben ubicarse un poco más por encima del resto de la interfaz de usuario.

Las sombras grandes son excelentes para los diálogos modales, donde realmente deseas captar la atención del usuario.

Figura 1.131.
Botón, desplegable y
ventana emergente.
Profundidades
diferentes

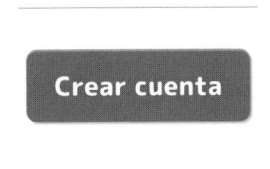

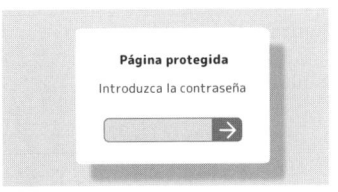

box-shadow: 0 2px 2px hsla(0,0%,0%,0.1);   box-shadow: 0 4px 4px hsla(0,0%,0%,0.1);   box-shadow: 0 15px 35px hsla(0,0%,0%,0.25);

Establecer un sistema de elevación

Al igual que con el color, la tipografía, el espaciado y el tamaño, definir un conjunto fijo de sombras acelerará el trabajo y mantendrá la coherencia en el diseño.

No se necesita una gran cantidad de sombras diferentes: cinco, como máximo serán suficientes.

Interacciones y sombras

Las sombras nos pueden servir no solo para destacar elementos, sino también para dar señales visuales al usuario mientras interactúa con algún elemento.

En el caso de que tengamos una lista de elementos en donde el usuario puede hacer clic y arrastrarlos para ordenarlos, se puede agregar una sombra en el momento en que se detecte el evento clic y este aparezca por encima de los demás de la lista, dejando claro al usuario que puede arrastrarlo.

Figura 1.132.
Sombras e interacción

Título	Grupo	
Dónde estabais	La Unión	3:45
Highway to Hell	AC/DC	4:15
Hijo de la luna	Mecano	4:15
Esos ojos negros	Duncan Dhu	3:25

Las partes de una sombra

Las sombras más reales no se crean con una sola sombra, sino que es la combinación de dos sombras. La primera sombra es más grande y suave, con un desplazamiento vertical considerable y un radio de desenfoque grande. Simula la sombra proyectada detrás de un objeto por una fuente de luz directa.

La segunda sombra es más densa y oscura, con menos desplazamiento vertical y un radio de desenfoque más pequeño. Simula el área sombreada situada debajo de un objeto donde ni siquiera llega la luz ambiente.

Usar las dos sombras proporciona más control del resultado, pues se puede tener la sombra más grande y sutil y al mismo tiempo hacer que en los bordes sea una sombra más definida.

Figura 1.133.
Combinación de sombras

Según un objeto se aleja de la superficie, la sombra pequeña y oscura creada por la falta de luz ambiente desaparece lentamente. Si se utiliza esta técnica de dos sombras, hay que asegurarse de hacer esta sombra más sutil para los elementos que se quieren más altos y más definida y oscura en los elementos que queremos que estén pegados a la pantalla.

Creando profundidad con el color

Se denominan *diseños planos* aquellos que no usan sombras. En estos diseños planos también se puede dar sensación de profundidad.

En general, y sobre todo si hablamos del mismo color, los objetos más claros se aprecian más cerca del usuario, mientras que los más oscuros parecen más lejanos.

Haciendo un elemento más claro que el fondo, parece que está más elevado que otro que sea más oscuro que el fondo, que parecerá que está hundido.

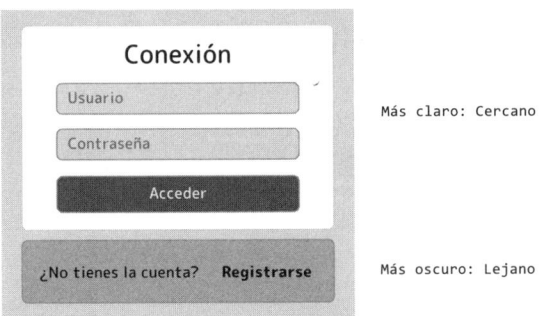

Más claro: Cercano

Más oscuro: Lejano

Figura 1.134.
Profundidad sin sombras

Esto también se puede utilizar en diseños no planos, usando el color como otra herramienta para transmitir distancia.

Superponer elementos para crear capas

Una de las formas más utilizadas para crear profundidad es superponer diferentes elementos para que parezca que el diseño tiene varias capas.

Por ejemplo, en vez de contener una ficha completamente dentro de otro elemento, se puede poner encima de dos elementos y esto da sensación de que está por encima. También se puede crear un elemento mas grande que su contenedor y que se sobrepase sus límites.

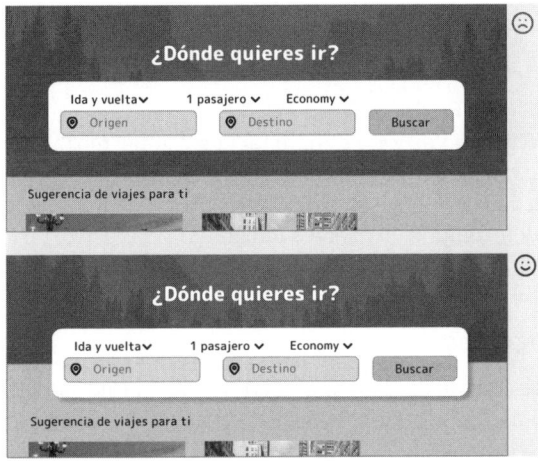

Figura 1.135.
Capas superpuestas

Esta técnica también funciona bien con las imágenes, pero hay que tener en cuenta que pueden tener conflicto entre ellas por similitud de tonos. Un truco sencillo para evitar esto es darles a las imágenes un borde que no coincida con el fondo (el blanco puede ser un buen color) para que siempre haya un pequeño espacio entre las imágenes.

Figura 1.136.
Imágenes
superpuestas

1.10. Imágenes

Unas malas fotos pueden arruinar todo un diseño incluso si todo lo demás se ve bien.

Figura 1.137.
Malas fotos

Si el diseño necesita fotos y no es un fotógrafo con talento, hay dos opciones: o contratar los servicios de un profesional que pueda ajustar bien la iluminación, la composición y el color o, si son necesidades más genéricas, hay varios recursos donde se pueden comprar excelentes fotografías de archivo, o sitios como **Unsplash** (www.unsplash.com) que ofrecen fotografías de forma gratuita.

Textos y fotografías

Cuando se coloca un titular sobre una fotografía, por mucho que se cambie el color del texto, en la mayoría de las ocasiones es difícil de leer. El problema no está en el texto, sino en la fotografía.

Una foto se puede componer con algunas áreas claras y otras oscuras. El texto blanco se ve muy bien sobre áreas oscuras, pero se pierde en las áreas claras y lo mismo ocurre con el texto negro sobre zonas oscuras.

Para resolver este problema, es necesario reducir la dinámica de la imagen de manera que el contraste entre la imagen y el texto sea más consistente.

La forma de aumentar el contraste del texto es poner una capa semitransparente a la imagen del fondo. Una capa negra atenuará las zonas claras y ayudará al que un texto claro contraste sobre él. También se puede optar por una capa blanca para que las áreas oscuras reciban luz y pueda destacar un texto oscuro.

Figura 1.138.
Capa sobre la foto para contrastar el texto

fondo: hsla(0,0%,0%,0.55);

Otra forma de solucionar el problema es aclarar u oscurecer toda la imagen. Si se quiere poner el texto en color oscuro, se puede bajar el contraste de la propia imagen.

Al reducir el contraste, cambia la claridad de la imagen en general, con lo que hay que asegurarse de ajustar el brillo para compensar.

Otra forma de ayudar a que el texto destaque es colorear la imagen. Para realizar esto se añade un relleno sólido del color o se satura la imagen eliminando alguna capa de color. Se puede aprovechar este color para resaltar la identidad de marca.

Por último, si se quiere conservar más la dinámica de la imagen, una sombra en el texto puede ayudar a aumentar el contraste. Lo que se intenta hacer es que sea más un brillo sutil que una sombra real. Esto se puede conseguir utilizando un radio de desenfoque grande.

Figura 1.139.
Ajustar coloreando la imagen, quitando contraste y dando brillo y poner una sombra

Tamaño de los iconos

Cuando tenemos imágenes de mapa de bits y aumentamos el tamaño, lo que vamos a ver es que esas imágenes pierden definición y se ven borrosas.

Cuando esto lo hacemos con imágenes SVG, podemos pensar que, al ser vectoriales y no perder nitidez, podemos hacerlas crecer todo lo que queramos.

Si bien es cierto que la calidad de las imágenes vectoriales no se degradará cuando aumentes su tamaño, los iconos que se dibujaron entre 16 y 24 píxeles nunca se verán muy profesionales cuando los amplíes hasta tres o cuatro veces su tamaño previsto. Carecen de detalles y siempre se ven desproporcionadamente «gruesos».

Si lo único que se tiene son iconos pequeños, se pueden encerrar dentro de otra forma con color de fondo.

Figura 1.140.
Ajustando iconos

Así como los iconos dibujados para usarse en 16 px se ven gruesos cuando los amplías, los iconos destinados a usarse en tamaños más grandes se ven entrecortados y borrosos cuando los reduces.

El ejemplo más extremo de esto son los `favicons`, esos pequeños iconos que ves junto al título de la página en una pestaña del navegador.

Si intentas reducir un logotipo dibujado a 128 px al tamaño de un `favicon`, todo se vuelve papilla cuando el navegador hace todo lo posible para representar todos esos detalles en un pequeño cuadrado de 16 px.

Un mejor enfoque es volver a dibujar una versión supersimplificada del logotipo en el tamaño objetivo para controlar el escalado en lugar de dejarlo en manos del navegador.

Figura 1.141.
Ajustando iconos

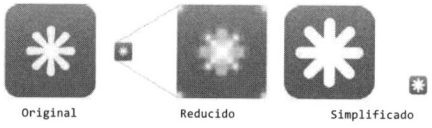

Contenido subido por el usuario

Cuando se depende de las imágenes cargadas por el usuario, no se va a poder ajustar el contraste ni los colores ni recortar el marco perfecto.

Si bien hasta cierto punto siempre se está a merced de tus usuarios, hay algunas cosas que se pueden hacer para asegurarse de que el contenido no estropee por completo el diseño.

Controlar forma y tamaño es una de las primeras acciones que se pueden hacer.

Figura 1.142.
Control de tamaño

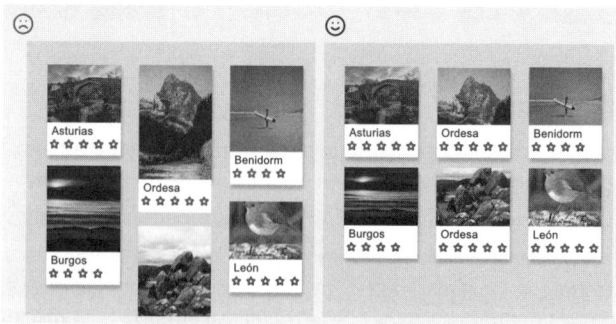

Otro problema que se puede encontrar cuando el usuario sube una foto, es que el fondo de esa foto empaste con el color de fondo de la pantalla, es decir, que sea similar a este.

Esto se puede resolver con un borde, pero se puede ser más sutil dando una sombra interior. Si no gusta el aspecto hundido que se obtiene con la sombra, se puede poner un borde interior semitransparente.

Figura 1.143.
Imágenes cuyo fondo coincide con la página

1.11. Últimos retoques

Modificar los elementos por defecto

Si el diseño incluye una lista con viñetas, para dar más dinamismo a la página se pueden reemplazar las viñetas por iconos, como los **checks** o las flechas, aunque también se puede utilizar algo más específico al contenido.

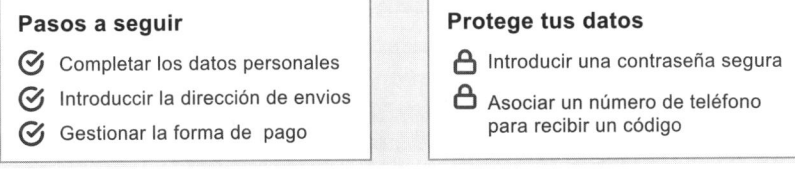

Figura 1.144.
Introducir iconos en vez de viñetas

Si se tiene que realizar una cita literal, se puede sustituir las comillas normales, aumentando la fuente y cambiando de color para destacar mas la cita.

También los enlaces, que por defecto aparecen con un subrayado, se pueden modificar con un cambio de color y con el peso de la fuente.

Si se está trabajando en un formulario, los **checks** y los **radio buttons** pueden personalizarse.

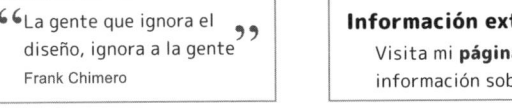

Figura 1.145.
Resaltar citas, enlaces, *checks* y *radio buttons*

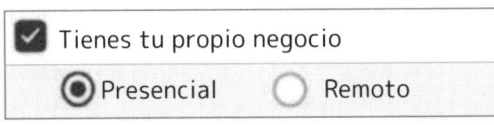

Añadir bordes con contraste

Un truco simple para añadir un toque de diseño a una interfaz de usuario es agregar un borde colorido en algún elemento de la página: puede ser en la parte superior de una ficha, debajo de un elemento de navegación o en la parte lateral de un mensaje de alerta.

Figura 1.146.
Utilizando bordes con contraste

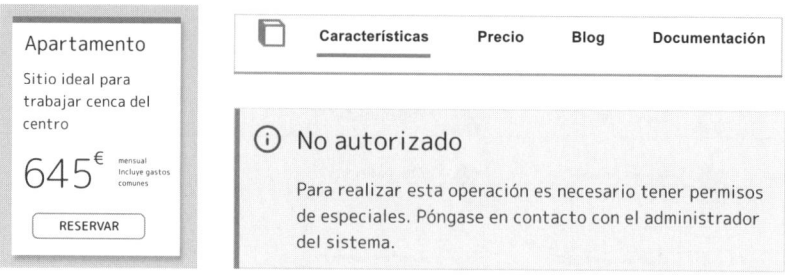

Cambiar el color de fondo

Incluso si haces un gran trabajo con la jerarquía, el espaciado y la tipografía, a veces un diseño seguirá pareciendo demasiado sencillo.

Una excelente manera de romper la monotonía sin alterar drásticamente el diseño es agregar algo de emoción a algunos de los fondos.

Se puede cambiar el color del fondo y de esta manera se enfatiza una ficha individual. Este cambio de fondo se puede hacer hacia un color sólido, pero también puede funcionar un degradado, siempre y cuando los colores no estén separados más de 30°.

Figura 1.147.
Fondos de color

Espacios vacíos

Muchas veces, cuando se hace un diseño de una web, se concibe cuando está llena de información, perfectamente colocada y simétrica. Hay que tener en cuenta que la primera vez que se utiliza una aplicación puede haber varias pantallas que no tengan datos, ya que dependen del usuario y todavía no ha empezado a añadirlos. Además, esto ocurre la primera vez que el usuario entra y todavía está evaluando la validez y la calidad de nuestra web.

Si se está diseñando algo que depende del contenido generado por el usuario, el estado vacío debería ser una prioridad, no una ocurrencia tardía.

Hay que intentar incorporar una imagen o ilustración para captar la atención del usuario y enfatizar la llamada a la acción para animarlo a dar el siguiente paso.

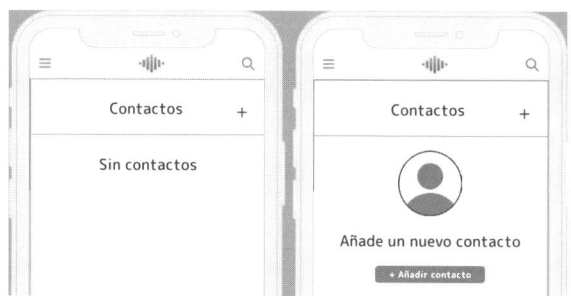

Figura 1.148.
Espacios vacíos

Si se está trabajando en una interfaz con pestañas, filtros u opciones que tienen utilidad solo cuando hay datos, se debe considerar ocultar estas opciones por completo cuando no hay datos. No tiene sentido presentar varias opciones que no tienen utilidad hasta que el usuario haya creado algún contenido.

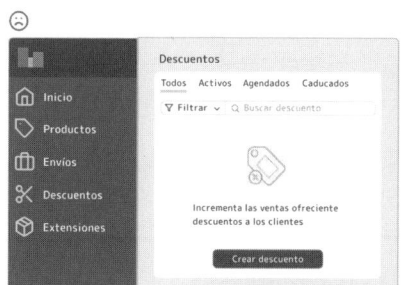

Figura 1.149.
Eliminar elementos

Menos líneas de separación

Cuando se necesite crear una separación entre dos elementos, hay que tratar de resistirse a colocar inmediatamente un borde.

Si bien los bordes son una excelente manera de distinguir dos elementos entre sí, no son la única manera, y usar demasiados puede hacer que su diseño parezca abarrotado y desordenado.

Las sombras hacen un gran trabajo al delinear un elemento como lo haría un borde, pero pueden ser más sutiles y lograr el mismo objetivo sin distraer tanto.

Dar a los elementos adyacentes colores de fondo ligeramente diferentes suele ser todo lo que necesita para crear distinción entre ellos.

Separar más las cosas es una excelente manera de crear distinción entre grupos de elementos sin introducir ninguna interfaz de usuario nueva.

Figura 1.150.
No hay que abusar
de las líneas de
separación

1.12. Ejercicios de la unidad

Ejercicio 1.1: Rediseñar estas opciones de menú y el menú desplegable incorporando colores, iconografía, información añadida. Aplicar todo lo aprendido.

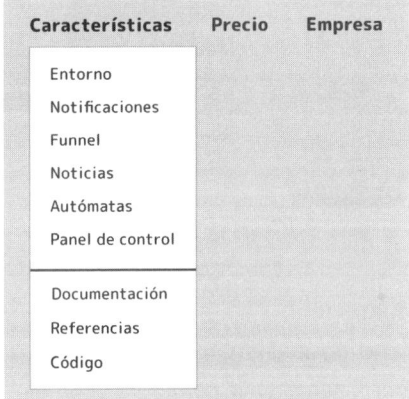

Ejercicio 1.2: Crear un panel de información de un usuario (nombre, email, teléfono y foto) que parezca que está por encima del fondo.

Ejercicio 1.3: Realizar el diseño detallado de la siguiente interfaz.

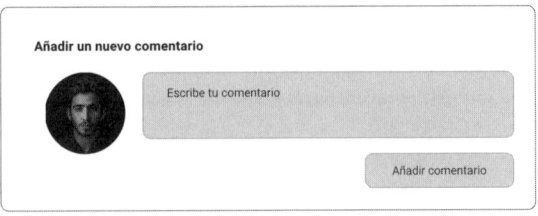

Ejercicio 1.4: Adecuar la foto y el texto para que se puedan ver perfectamente

Ejercicio 1.5: Dar color y volumen a la siguiente interfaz

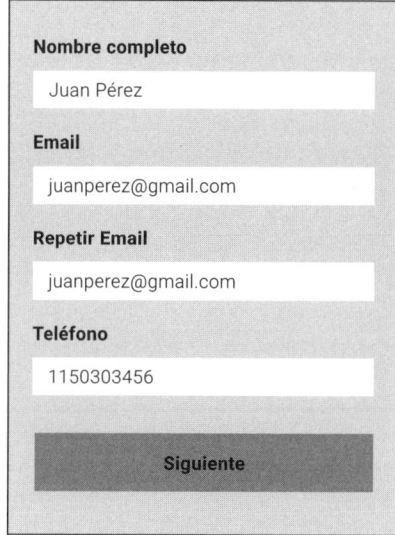

Ejercicio 1.6: Cambiar la tipografía con serifa y dar color y volumen

Ejercicio 1.7: Diseñar una pantalla con un mensaje de error que comunique al usuario que no se ha podido dar de alta porque la contraseña es errónea y que vuelva a introducirla o solicite una nueva en un enlace que está sobre esa pantalla. Diseñar ese mensaje para la web de una notaría.

Ejercicio 1.8: Diseñar el mismo mensaje del ejercicio anterior para una web de pegatinas para niños.

Ejercicio 1.9: Diseñar el mismo mensaje del ejercicio anterior para una web de música reguetón.

Ejercicio 1.10: Crear una pantalla de móvil de ajustes con modo oscuro y volumen.

Estructura de la interfaz gráfica

2

Objetivos de aprendizaje:

- Construir el mapa de navegación de una web.
- Crear la guía de estilo con elementos y componentes reutilizables.
- A partir del mapa de navegación, crear un `wireframe` interactivo con `Figma`.
- Conocer y manejar las etiquetas de HTML.
- Elaborar un formulario con diferentes tipos de datos de entrada.

Palabras clave: Retícula, rejilla o `grid`, `wireframe`, HTML semántico, etiqueta, atributo.

2.1. Mapa de navegación

Un mapa de navegación es una representación visual de la estructura, la jerarquía y las relaciones de las páginas de una web. En esta representación se incluyen todas las páginas tanto públicas como privadas. Este mapa visual se crea como parte del proceso diseño y su función es mostrar cómo las páginas de la web están vinculadas y organizadas entre sí y proporcionar una visión general de ella. Esta herramienta ayuda a pensar en los contenidos y su categorización para cubrir todos los aspectos funcionales que se quieren implementar y cómo se relacionan con los usuarios.

Importancia de crear un mapa de navegación

Un mapa se crea en las etapas iniciales del desarrollo, cuando se está realizando la planificación.

Su valor radica en ayudar a ordenar la información que se ha recopilado hasta ese momento y permite comenzar a estructurar el recorrido que debe hacer un usuario en la web para alcanzar el objetivo deseado. Un ejemplo puede ser conocer en una web de comercio por qué pantallas tiene que pasar el usuario desde que le interesa un producto hasta que finaliza la compra de este.

Pensando en el equipo de trabajo, un mapa de navegación es importante para lograr la aceptación de aquellas personas que toman la decisión sobre la creación de la web. Ayuda a comunicar y hacer entender la web como una herramienta útil para el negocio, y permite confirmar las funcionalidades. Una vez que tenemos un mapa acordado, el resto de los equipos implicados en el desarrollo se basan en él como punto de referencia; ayuda a los equipos a llegar a un entendimiento común de lo que se espera en el producto que se va a desarrollar.

Finalmente, y no menos importante, un mapa de navegación ayuda a la planificación de los recursos para la creación de la web, ya sea en tiempo, dinero y personas necesarias.

Cómo se crea un mapa de navegación

Se pueden seguir unas reglas simples para crearlo:

1. Identificar el contenido

Para empezar, se debe tener un recopilatorio de todo el contenido que se desea que incluya la web que se está diseñando, cuáles son sus principales secciones y qué tipo de información se necesita tener.

Estas funciones las podemos plasmar usando notas adhesivas o simplemente creándolas de forma desordenada sobre las herramientas que luego vamos a utilizar para crear el mapa definitivo.

Figura 2.1.
Identificar las
funciones de la web

2. Organizar las páginas

El mapa de navegación comienza con la página de inicio. Esta es la primera que ve el usuario cuando entra en la web. En una web privada, será una pantalla de conexión o **login**, mientras que en una web pública entrará en la pantalla principal desde donde puede acceder a toda la web.

A la hora de pintar cada pantalla no es necesario dar mucho detalle. Cada pantalla en un mapa de navegación consiste en un título significativo de la página y un pequeño rectángulo con algunas zonas sombreadas que indica aproximadamente la estructura de la página.

A partir de esta página de inicio, se comienza a organizar el resto del sitio web de acuerdo con su lugar en la jerarquía y la secuencia del uso de las funciones representadas. Las páginas primarias son aquellas a las que se accede directamente desde la página de inicio; debajo de ellas están las secundarias. El enlace entre las páginas se realiza con una línea. En algunos casos se puede asociar un texto a esta línea para aclarar qué función ha realizado el usuario que ha provocado esta navegación.

Resulta útil, si ya lo sabemos, identificar qué pantallas se visualizarán como ventana emergente, información muy útil para contrastar y compartir con el equipo de desarrollo y negocio.

Al final de este paso hay que comprobar que en la estructura estén todas las páginas relacionadas entre sí en orden óptimo. También se puede ver si hay espacio para futuras versiones y cambios que suponga una mejora de la web.

Hay que tener en cuenta que desde páginas secundarias puede haber enlaces a otras primarias. Lo que no se representa es la vuelta atrás de cada una de las pantallas, ya que esto haría que el mapa se llenase de líneas y resultaría confuso de entender.

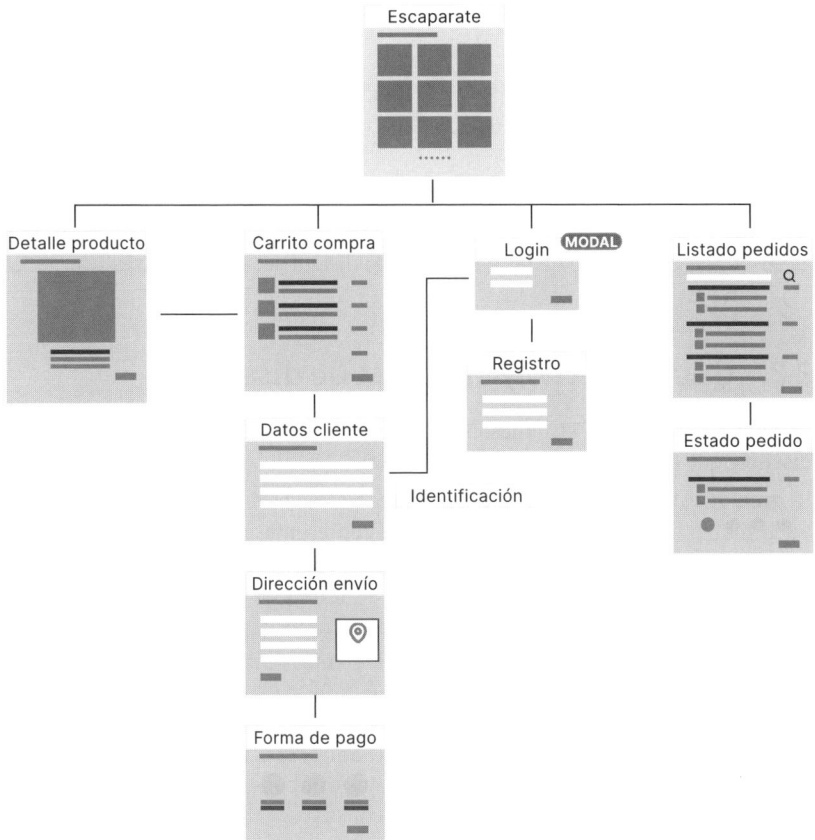

Figura 2.2.
Mapa de navegación

3. Probar los casos de uso

Una vez finalizado el mapa de navegación, se debe comprobar, por cada una de las funcionalidades de la web, qué pasos y por qué pantallas debe pasar el usuario para completarla. Esto dará información sobre si todas las necesidades funcionales tienen una respuesta en la web.

Otra prueba que se debe hacer es invitar a alguna otra persona del equipo o del negocio a revisar el mapa con la intención de obtener sus comentarios sobre la estructura y las relaciones entre las pantallas y comprobar si falta algo o hay elementos que se pueden eliminar.

Según el resultado de todas estas pruebas, se crearán nuevas versiones del mapa de navegación hasta llegar a una versión final.

Beneficios de tener un mapa de navegación

Un mapa de navegación, al realizarse en las primeras etapas del proceso de creación de la web, ofrece una serie de beneficios significativos:

- Entender perfectamente el propósito de la web.
- Visualizar la estructura de la web para ayudar a los diseñadores de UX a decidir sobre la estructura y la jerarquía de las páginas.

- Comprender mejor el recorrido de los usuarios y detectar errores, callejones sin salida o páginas duplicadas o innecesarias.

- Planificar y utilizar los recursos del proyecto de manera más eficiente.

- Demostrar la funcionalidad del sitio web a las partes interesadas para obtener su aprobación.

- Mejorar la colaboración y la comunicación entre los equipos de diseño y desarrollo.

- Crear un registro de las decisiones de diseño para ayudar a realizar mejoras en el futuro.

2.2. Guía de estilo y sistemas de diseño

La guía de estilo y los sistemas de diseño son dos conceptos muy comunes en diseño y que están muy relacionados entre sí.

La **guía de estilo** marca la línea gráfica que tendrá la web derivada de los valores de la marca a la que representa. Define la representación visual de una marca y establece su voz y tono. Es un documento en donde se definen los colores, el protagonismo del logo y el tono de comunicación. Es todo lo que se ve, se lee o se recuerda sobre una marca.

Un **sistema de diseño** es una colección de elementos funcionales reutilizables que permiten al diseñador crear una experiencia unificada, ya que todos los componentes de la web son homogéneos. Estos elementos están fundamentados en la línea gráfica marcada por la guía de estilo; de ahí su relación. La guía de estilo dice cómo tiene que ser la web y el sistema crea los componentes y las pautas concretas para los elementos que necesita la web.

En la práctica, estos documentos están unificados de manera que, en una rápida consulta, se pueden ver las líneas gráficas de la guía de estilo y utilizar los componentes del sistema de diseño.

Formando parte de la guía de estilo y el sistema de diseño, será necesario definir:

Logotipos

No solo es necesario establecer el logotipo de la empresa; también se necesita aplicar a este logotipo a diferentes tamaños, colores de fondo y hasta hacerlos monocromáticos.

Fuentes

Especificar las fuentes elegidas, su tamaño y su peso, detallando en qué situaciones se deben aplicar

Elementos visuales como fotografías, imágenes prediseñadas e iconografía

Todos los elementos gráficos que forman parte de la web deben ser especificados. Si no se sabe qué imágenes serán, se debe especificar su tamaño, formato y resolución. Si se utiliza iconografía, se debe tener el conjunto de iconos que se van a utilizar a los diferentes tamaños que serán necesarios, de manera que el diseñador solo tenga que copiar y pegar el elemento en su diseño.

Paleta de colores

Hay que especificar los colores primarios y secundarios con todas sus tonalidades, determinando en qué condiciones se pueden usar.

Voz y tono del lenguaje utilizado

Es necesario especificar el tipo de lenguaje que se va a utilizar en la web y que debe estar en consonancia con los valores de marca. Como ejemplo, la web de una notaría utilizará un lenguaje muy formal y tratará de usted, mientras que una web de música tratará de tú a los usuarios y se puede permitir utilizar frases coloquiales.

Componentes

Son las piezas de la interfaz de usuario, como botones, tarjetas, listas, tablas, campos de entrada, etc. El componente es una parte de la interfaz que permite a los diseñadores utilizarlo en diferentes pantallas.

Tiene que estar diseñado para ser reutilizable, de manera que debe tener una coherencia visual que permita usarse en múltiples páginas y situaciones sin tener que rediseñarlos cada vez.

También un componente debe ser modular, de manera que se pueda combinar con otros para crear un nuevo componente.

Patrones

Es la biblioteca de combinaciones de componentes reutilizables. Estos patrones representan las mejores prácticas para organizar diversos componentes que resuelven las necesidades más habituales de la web que estamos diseñando. Un patrón típico es una ficha de usuario o un componente de búsqueda que contiene campos de entrada, botones y tabla de resultados.

Sistema de retícula (rejilla o *grid*)

Este elemento nos sirve para dar soporte al diseño de la web y definir una estructura fija en las diferentes páginas.

Las cuadrículas no solo ayudan a organizar visualmente los elementos de diseño, sino que también sirven como vehículo para mejorar la experiencia del usuario al mejorar la legibilidad, aclarar la arquitectura de la información y proporcionar un marco para el diseño responsivo.

Proporciona una estructura para el diseño y la organización visual al mismo tiempo que ofrece un marco que los desarrolladores pueden seguir para garantizar que el diseño se comporta según lo previsto independientemente del dispositivo utilizado.

Ejemplo de guía y sistema de diseño

Una guía de estilo y sistema de diseño es un documento muy extenso; a continuación, se muestra una parte muy esquemática de sus componentes:

Logotipos

Figura 2.3.
Aplicación del logo

Fuentes

Figura 2.4.
Tipografía

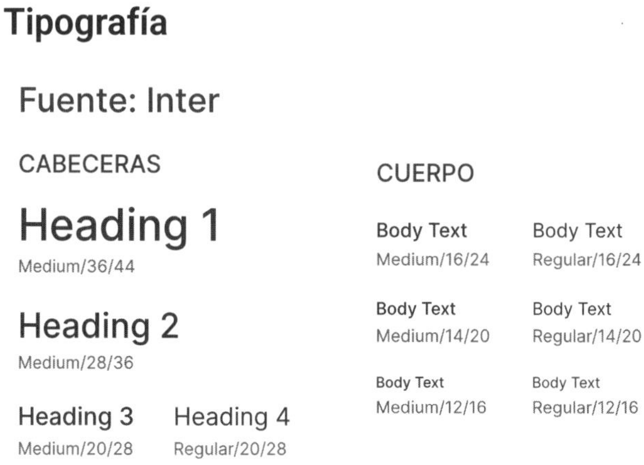

Tipografía

Fuente: Inter

CABECERAS

Heading 1
Medium/36/44

Heading 2
Medium/28/36

Heading 3
Medium/20/28   ### Heading 4
Regular/20/28

CUERPO

Body Text
Medium/16/24   Body Text
Regular/16/24

Body Text
Medium/14/20   Body Text
Regular/14/20

Body Text
Medium/12/16   Body Text
Regular/12/16

Iconos y fotos

Figura 2.5.
Tipografía

Iconos

Agenda	Estado	Comparativas
Salidas	Estadística	Estadísticas
Documentación	Incidencias	Volver

Imágenes

Ficha de cliente: Circular rádio 100px

Imágen en escaparate. 200×200px   Detalle de imágen. 300×300px

Colores

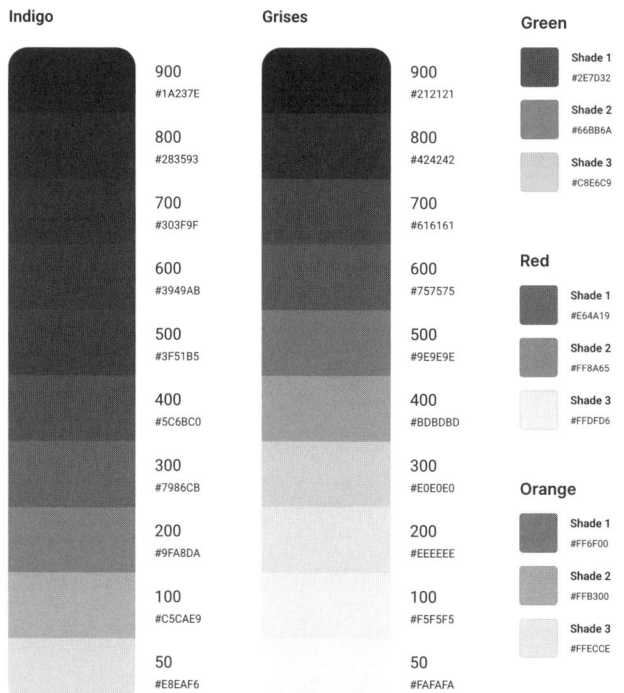

Figura 2.6.
Colores

Voz y tono del lenguaje

Ser conciso:

- Utilizar la menor cantidad de palabras posible. Evitar información innecesaria y redundante.
- Centrarse en los objetivos del usuario; asegurarse de crear contenido para un caso de uso real.
- Evitar grandes bloques de texto. Evitar oraciones largas y complejas.

Ser conversacional:

- Utilizar un lenguaje conversacional natural con un tono amigable y optimista.
- Se pueden utilizar contracciones.
- Escribir desde la perspectiva de los usuarios para ayudarlos a realizar tareas.
- Evitar la terminología técnica, a menos que esté escribiendo para un desarrollador.

Ser directo:

- Utilizar un español sencillo, hablando de tú. Evitar las palabras de moda, la jerga y las palabras que no diría en persona.
- Utilizar voz activa y evitar estructuras verbales complejas.

- Hacer referencia a los elementos de la interfaz de usuario por sus nombres literales, no por sus variaciones (p. ej., «haga clic en "Enviar"» en vez de «… guárdalo»).

Componentes

Figura 2.7.
Componentes

Componentes (Botones)

Patrones

Patrones (ventanas modales)

Figura 2.8.
Patrones

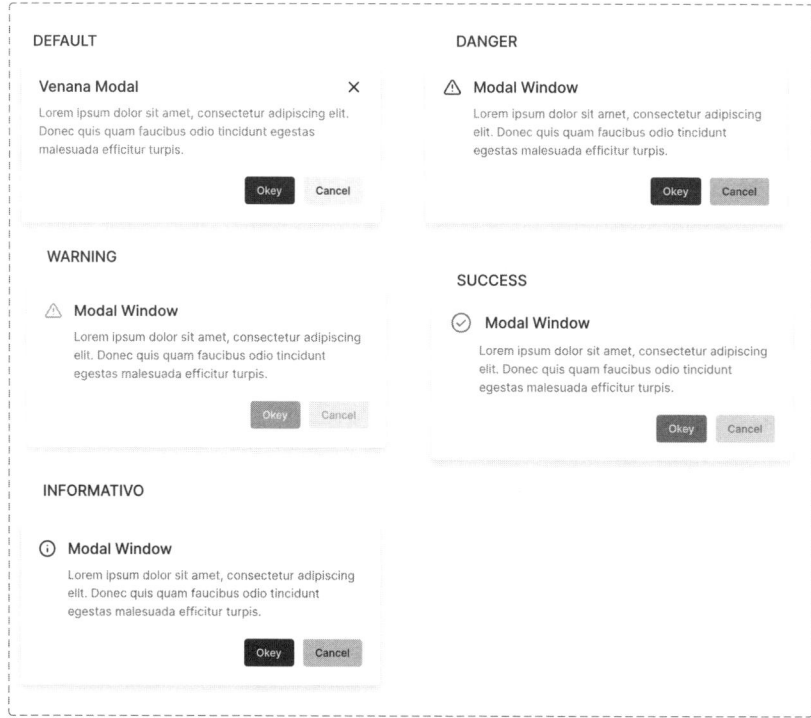

Retícula

Ordenador
1200 px - 12 columnas de 80 px - medianil de 20 px y márgenes de 10 px

Figura 2.9.
Retícula

Móvil
640 px - 5 columnas de 110 px - medianil de 20 px y márgenes de 5 px

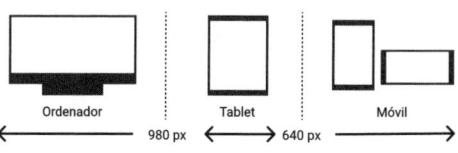

2.3. Prototipado. Creación de `wireframe`

Crear un `wireframe` es un paso importante para todo trabajo de diseño web y creación de prototipos. Un `wireframe` brinda una descripción general de la estructura, la funcionalidad, el diseño, el flujo de información y el posible comportamiento del usuario al interactuar con un producto.

El prototipado es una herramienta que permite a todos los miembros del equipo evaluar y comprobar cómo va a ser la web. Durante las etapas iniciales del proceso de desarrollo del producto, los diseñadores utilizan los `wireframes` para explorar el proyecto, probar el alcance y adaptarlo a las necesidades del negocio.

La fidelidad de un `wireframe` se refiere al nivel de detalle. Hay de baja y de alta fidelidad. El tipo que se utiliza depende de las necesidades del proyecto.

En términos sencillos, un `wireframe` de baja fidelidad se presentará como una ilustración básica del diseño previsto de un producto y las navegaciones de la web, mientras que un diseño de alta fidelidad se verá lo más parecido posible al producto terminado dentro de las limitaciones de la herramienta de diseño UX que se está utilizando.

Figura 2.10.
Wireframe de baja fidelidad

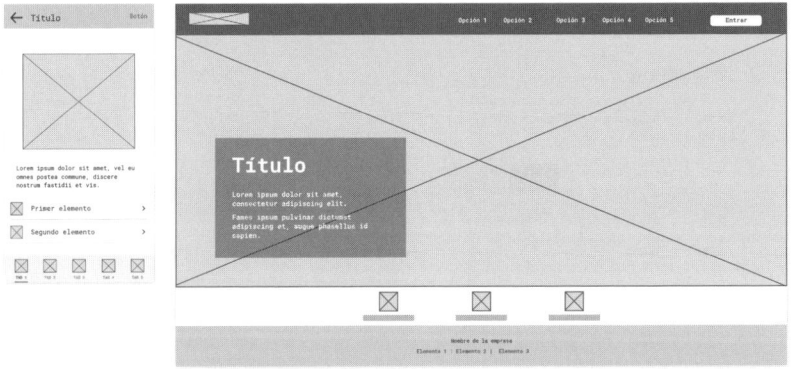

Los prototipos no solo consisten en crear el aspecto de todas las pantallas. Lo importante es reflejar las interacciones que han quedado diseñadas en el mapa de navegación de manera que, cuando se visualice, el usuario pueda realizar esa navegación como si el producto ya estuviese desarrollado.

Figura 2.11.
Wireframe de alta fidelidad

2.4.   Introducción a `Figma`

`Figma` es una herramienta de diseño gratuita que permite crear prototipos interactivos de baja y alta fidelidad de forma cooperativa. También es una herramienta de diseño vectorial, lo que significa que se pueden crear ilustraciones detalladas capaces de cambiar de tamaño sin perder calidad.

Con esta herramienta se pueden crear rápidamente **wireframes** y diseños de aplicaciones web y móviles utilizando una sencilla interfaz de arrastrar y soltar.

Es especialmente adecuada para diseñadores de UI porque puede pasar de **wireframes** de baja fidelidad a prototipos multidispositivo en los que se pueden hacer interacciones sin escribir ningún código. Con esta misma herramienta se pueden crear iconos, logotipos y presentaciones.

`Figma` cuenta con muchas características de otras herramientas de diseño populares como Sketch o Adobe XD, pero hay algunos beneficios únicos que hacen que destaque.

En particular, `Figma` es la única herramienta de diseño que funciona en cualquier plataforma incluidas Mac, Windows, Linux y Chromebooks. Esto la hace muy accesible, especialmente entre equipos tecnológicos más grandes con diferentes perfiles de personas que utilizan diferentes dispositivos.

`Figma` también es conocida por sus funciones de colaboración. Los diseños se pueden compartir, revisar y trabajar de forma colaborativa sin problemas (incluso para usuarios que no son de `Figma`), lo que proporciona flujos de trabajo fluidos entre los equipos de un proyecto.

Configurar tu cuenta en `Figma`

Comenzar en `Figma` es tan sencillo como ir a la dirección www.figma.com, y hacer clic en «*No account? Create one*» e introducir un correo electrónico y una contraseña. Una vez hecho esto, aparece otra pantalla que pregunta por la profesión del usuario y cuál es el uso que se va a dar a `Figma`.

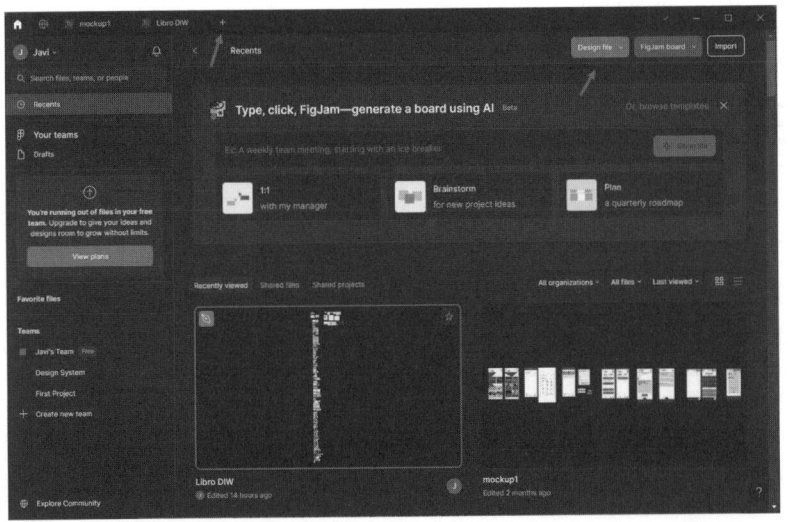

Figura 2.12.
Pantalla principal Figma

En ese momento sale ya el panel principal en donde se pueden ver todos los trabajos realizados (si es la primera vez, no se verá ninguno). Para trabajar con esta herramienta se puede hacer de dos maneras: a través del navegador, que es la pantalla que acaba de aparecer, o se puede descargar la aplicación de escritorio. No hay diferencias entre estas dos maneras de trabajar y pueden combinarse en cualquier momento.

Interfaz de `Figma`

La apariencia de la interfaz de **Figma** es bastante sencilla con solo unas pocas áreas principales.

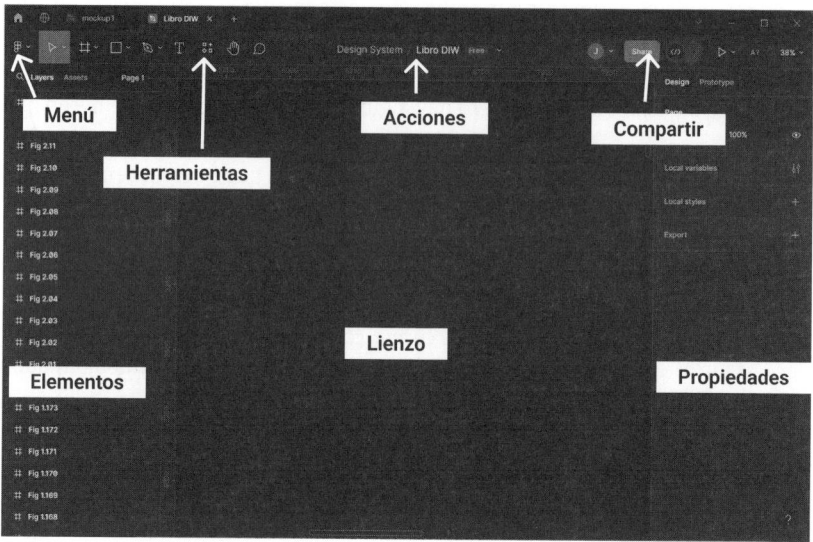

Menú. Se encuentra en el logotipo de la parte superior izquierda de la pantalla. Entre las opciones que aparecen en el menú, está **Plugins**, donde se podrán incluir herramientas de terceros para introducir iconos (**Feather Icons**) o para añadir imágenes libres de licencia en nuestros diseños (**Unsplash**).

Herramientas. En la barra de herramientas aparecen las opciones más utilizadas. Aquí es donde se podrán crear texto, líneas y figuras.

Acciones. En esta área se ven opciones adicionales propias del objeto que se ha seleccionado. Cuando no hay nada seleccionado, se muestra el nombre del archivo.

Compartir. En el lado derecho de la barra de herramientas es donde se pueden encontrar las funciones para compartir archivos y ver quién más está viendo o editando el archivo en tiempo real. También se encuentran las opciones de visualización y *zoom*.

Elementos. También conocida simplemente como «barra lateral izquierda», aquí es donde se enumeran y organizan todos los elementos del archivo en páginas, marcos y grupos.

Lienzo. Aquí es donde se crean todos los diseños.

Propiedades. El panel de propiedades ofrece información contextual y configuraciones para cualquier objeto seleccionado.

Iniciar un nuevo archivo de diseño

Para comenzar un nuevo proyecto se hace clic en el botón Menú (logotipo de `Figma`) en la esquina superior izquierda y luego seleccionando `File` y `New design file`. Esto crea automáticamente un nuevo archivo con un lienzo vacío en una nueva pestaña del navegador o de la aplicación.

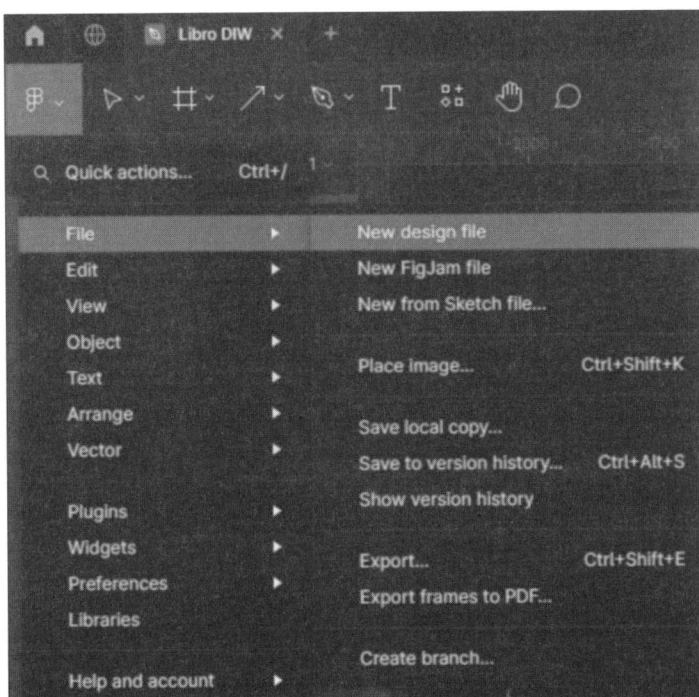

Figura 2.14.
Creando un diseño

Crear un marco o `Frame`

En `Figma`, un `Frame` es esencialmente un contenedor para otros elementos. Para crearlo es necesario presionar la tecla **F** o pulsar sobre el icono del cuadrado de la barra de herramientas para seleccionar la herramienta `Marco` o `Frame`.

Hay un par de formas de crear un marco: podemos hacer clic y arrastrar en el área del lienzo o podemos seleccionar un tamaño de marco preestablecido en el panel Propiedades en el lado derecho de la ventana. Se puede elegir el tamaño del dispositivo que se quiera.

Zoom y movimiento

El *zoom* se puede realizar pulsando sobre las teclas **comando +** o **comando –** en Mac o **Ctrl +** y **Ctrl –** en PC. Con **Mayúsculas 1** podremos ver todo el lienzo y con **Mayúsculas 2** se acercará al marco seleccionado. También la rueda del ratón con la tecla **Ctrl** o **Comand** pulsada nos sirve para hacer *zoom*.

Una forma rápida de moverse por el lienzo será pulsando la barra espaciadora y haciendo clic sobre el lienzo moviendo el ratón.

Crear una capa de texto

Pulsar **T** (o el icono con una T) para seleccionar la herramienta **Texto** y hacer clic en cualquier lugar dentro del marco del `frame` para crear una capa de texto. Si, por ejemplo, estamos creando un botón, se puede escribir el texto («Iniciar sesión») dentro de él, y pulsar `Escape` para salir de la herramienta Texto.

Crear un rectángulo y organizar las capas

Pulsar **R** o sobre el icono rectángulo para seleccionar la herramienta **Rectángulo**. Arrastrar un rectángulo con forma de botón alrededor del texto que se acaba de crear.

Figura 2.15.
Creando un rectángulo

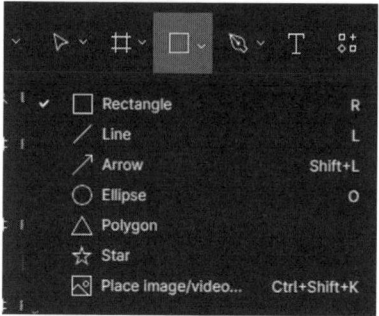

En este momento, el texto está oculto debajo del rectángulo. Para solucionar este problema, necesitamos usar los comandos **Organizar** de **Figma**. En el panel Elementos a la izquierda de la ventana, seleccionar la capa de texto «Iniciar sesión», luego hacer clic derecho (PC) o presionar `Ctrl` y clic (Mac) para que aparezca una lista de opciones. Hacer clic en `Bring to front` y el texto ahora se colocará encima del rectángulo.

Alinear el texto y el rectángulo

Al ser un botón, se quiere que el texto y el rectángulo estén centrados entre sí. **Figma** tiene un conjunto de comandos de **Alinear** que nos permiten hacer esto. Asegurarse de que la herramienta **Mover** esté seleccionada presionando `Escape`, y luego *pinchar y arrastrar* un marco (una selección rectangular) alrededor del texto y el rectángulo. Con esto seleccionamos ambos elementos.

Otra forma de selección de varios elementos se puede hacer buscando estos en el panel de elementos: dentro de la capa que se ha creado tenemos el texto y el rectángulo. Seleccionamos ambos pulsando sobre ellos con la tecla `Ctrl` o `Cmd` pulsada.

Ahora se puede acceder a los comandos de alinear en Propiedades (el área de la interfaz a la derecha de la ventana). Hacer clic en `Align horizontal centers` y `Align vercal centers` para alinear bien los dos objetos.

Figura 2.16.
Alineando elementos

Agregar esquinas redondeadas al rectángulo y cambiar el color

Seleccionar el rectángulo que se ha creado en el panel Elementos. En el panel Propiedades, hay una configuración llamada `corner radius`, que nos permite redondear las esquinas de cualquier elemento. Aquí se escribe la cantidad de píxeles que se desea redondear en cada esquina.

Para maximizar las esquinas y crear semicírculos en cada extremo del rectángulo, simplemente introducir un número mayor que la mitad de la altura del objeto.

La configuración de color también se puede encontrar en el panel Propiedades. Hay dos colores que se pueden configurar. `Fill` que se refiere al color de relleno y `Stroke` que se refiere a la línea que rodea el elemento. Podemos poner el número del color o abrir la paleta de colores y seleccionar uno.

Cambiar la fuente

Con la capa de texto seleccionada, se puede acceder a la configuración en el panel Propiedades para cambiar la fuente, así como el tamaño, el peso y el color de esta.

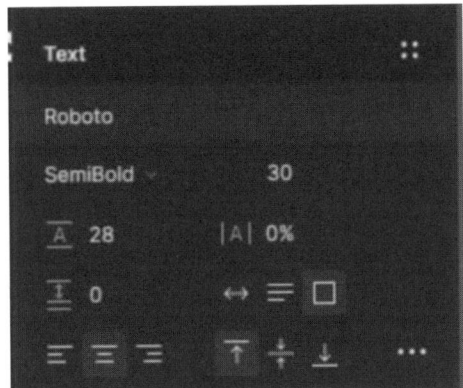

Figura 2.17.
Cambiando la fuente

Realizar una interacción

En este momento se ha creado un botón. Para realizar una interacción, lo primero que se hace es crear otro `frame` y se pone un texto en esa nueva pantalla para verificar que todo funciona.

A continuación, es necesario entrar en el modo prototipado: para ello se pulsa sobre la opción `Prototype` del panel derecho. Ahora se pulsa sobre el botón que hemos diseñado y en los centros de los lados, cuando acercamos el ratón, aparece un símbolo **+**. Pinchamos sobre él y aparecerá una flecha que se debe hacer finalizar en el borde del nuevo `frame`.

Ya se tiene una interacción; ahora para comprobarlo se pulsa sobre el botón de ejecutar de la esquina superior derecha y `Preview`. Se abrirá una nueva ventana mostrando el `frame` seleccionado y pulsando el botón se abrirá el nuevo `frame`.

Para seguir diseñando, debemos salir del modo prototipo pulsando sobre la opción `Design`.

1. Entrar en modo prototipo

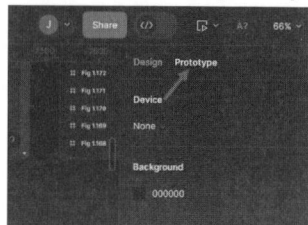

2. Seleccionar el elemento

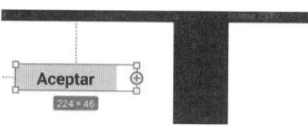

3. Diseñar la interacción

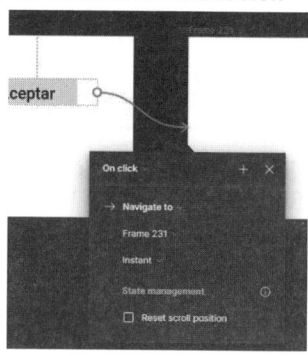

4. Probar la interacción

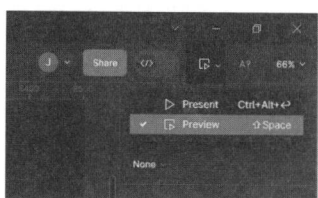

Figura 2.18.
Haciendo una
interacción

2.5. Lenguaje de marcas HTML

HTML es el lenguaje de marcado que se utiliza para elaborar las páginas web y qué fue creado por **Tim Bernes Lee** en 1993. Es el lenguaje más importante que existe en Internet, ya que la mayoría de las páginas lo usan.

Son las siglas de **hypertext markup language**, y se encarga de definir el contenido de la web y describir la estructura. Otros dos lenguajes relacionados con HTML en la web son CSS para definir el aspecto y JavaScript para la interactividad.

Si se utiliza **Visual Studio Code** para editar el código, se puede instalar la extensión **Live Preview**, creada por Microsoft, y que va a servir para ver directamente el resultado dentro del editor.

Es un lenguaje que tiene más de 100 etiquetas, muy amplio y sencillo de interpretar tanto por el navegador como por las personas.

Los archivos que contienen HTML tienen la extensión **.html**. El nombre del archivo puede ser cualquiera, teniendo en cuenta que el nombre **index.html** es el que por defecto va a buscar el servidor.

Para poder desarrollar la página debemos de escribir elementos HTML. Por ejemplo, para escribir un título utilizaremos la siguiente estructura:

Código 2.1.
Título

```
<h1>Título de la página</h1>
```

En donde h1 es la **etiqueta** y la línea completa se denomina **elemento**.

Habitualmente, las etiquetas que se abren se deben cerrar.

Para colocar títulos tenemos etiquetas desde **<h1>** hasta **<h6>**, esta primera es la que tiene más tamaño, mientras que **<h6>** es la más pequeña.

Para colocar un párrafo utilizamos la etiqueta **<p>**.

Código 2.2.
Párrafo

```
<p>Este es un texto del cuerpo de la página</p>
```

En HTML podemos anidar etiquetas para conseguir diferentes características al texto. Por ejemplo, dentro de un párrafo podemos destacar parte del texto en negrita.

```
<p>Este es un texto del <strong>cuerpo</strong> de la página</p>
```

Código 2.3.
Etiquetas anidadas

Otra etiqueta anidada es **<em>**, que permite dar énfasis a una parte del texto. Por defecto lo veremos en cursiva.

<small> pone la fuente más pequeña de manera que se puede utilizar para mostrar información menos importante.

Para realizar una lista con puntos utilizamos la etiqueta **<ul>** y la etiqueta **<li>** Con **<ul>** iniciamos y finalizamos los elementos de la lista y con **<li>** ponemos cada elemento.

```
<ul>
    <li>Elemento 1</li>
    <li>Elemento 2</li>
</ul>
```

Código 2.4.
Listas no ordenadas

En HTML hay dos tipos de elementos: elemento normal y elemento de reemplazo. Este último no tiene apertura ni cierre ni contenido, sino que se cambian por su acción. En este caso tenemos la etiqueta **<img>**, que permite mostrar una imagen.

```
<img src="https://javigomez.org/ESIC/thor.jpg">
```

Código 2.5.
Elemento de reemplazo

En la web aparecerá la imagen que hemos especificado.

Otra etiqueta reemplazable es la etiqueta **<input>**, que permite introducir información. Dentro de esta etiqueta tenemos diferentes tipos, como **text, range, file, colors...**

Un aspecto importante dentro de los elementos son los **atributos**; por ejemplo, en la imagen, el campo **src** es un atributo que da más información a la etiqueta.

Hay atributos que están presentes en todas las etiquetas, como **id, class,** etc., y también hay otros atributos específicos de una etiqueta, como el **src** dentro de **<img>**.

Un atributo clave en HTML, importante en el desarrollo web, es el **id**, que identifica el elemento. El **id** debe ser único; no puede haber varios elementos con el mismo.

```
<img id="id_foto" src="https://javigomez.org/ESIC/thor.jpg">
```

Código 2.6.
Identificando elemento

Otro atributo importante es el elemento **class**; este puede estar repetido en varios elementos y se utiliza para identificar un conjunto de ellos del mismo tipo. Esto luego servirá para dar un estilo por igual a todos ellos.

Código 2.7.
Utilizando class con
los elementos

```
<ul>
    <li class="elemento">Elemento 1</li>
    <li class="elemento">Elemento 2</li>
    <li class="elemento">Elemento 3</li>
</ul>
```

Para conocer todos los elementos existentes en HTML, se puede consultar la web MDN (https://developer.mozilla.org/es/)

Estilos por defecto

Cuando se pone la etiqueta `<strong>`, se ve negrita y `<em>` se ve cursiva. Esto es así porque los navegadores tienen una serie de estilos por defecto; es lo que se denomina `User Agent Stylesheet`. Este comportamiento también está presente para las etiquetas `<h1>` hasta `<h6>` haciendo que aparezcan más grandes o pequeñas. Un problema que llevan estos estilos por defecto es que dependiendo del navegador pueda verse el mismo código de formas diferentes. Para evitar esto se utiliza el `Reset CSS` para los valores por defecto y que en todos los navegadores se vea igual. Esto se verá cuando se hable de CSS.

Estructura básica

Antes de empezar con la estructura, es importante recordar que para poner comentarios en HTML se inician con `<!--` y se finalizan con `-->`

```
<!-- Comentario -->
```

Lo primero en cualquier página HTML es el nodo que especifica la versión del lenguaje HTML que el documento está utilizando. Esto le dice al navegador como debe renderizar (interpretar) el fichero.

```
<!DOCTYPE html>
```

Hoy en día, los navegadores, si no encuentran esta línea, suelen interpretar que están visualizando HTML, pero es aconsejable utilizarlo.

A continuación, se pone la etiqueta `<html>`, que engloba todo el contenido. Este se va a dividir en dos: `<head>` y `<body>`.

Debajo de `<head>` se introducen los metadatos y se cargan los archivos de estilo y JavaScript. Todo lo que se ponga en esta etiqueta no se va a renderizar, no aparecerá en el navegador.

```
<meta charset="utf-8">
```

Aquí se indica la codificación de los caracteres que se va a utilizar. Esto es muy importante para el español, ya que permite utilizar acentos y eñes.

```
<meta name="viewport" content="width=device-width">
```

Esto significa que el sitio va a ser adaptable, de manera que el ancho del contenido será el ancho de la pantalla. Va a permitir que una página web de un ordenador se adapte bien al ancho de un dispositivo más pequeño, como un móvil.

```
<title>Titulo</title>
```

Este título aparece en la pestaña del navegador. Esta etiqueta es importante para SEO, de manera que los buscadores lo utilizan para indexar la página.

```
<meta name="robots" content="index, follow">
```

Es un metadato importante para los buscadores; indica si estos tienen que indexar la página y si debe seguir los enlaces.

```
<meta http-equiv="refresh" content="5;url=https://javigomez.org">
```

Este metadato se utiliza para hacer una redirección de una página a otra. Aquí se indica que cuando se carga la página, pasados 5 segundos, va a hacer una redirección a la **url https://javigomez.org**.

```
<link rel="icon" href="https://javigomez.org/ESIC/javiIco.png" />
```

Con esta sentencia se está indicando que se va a colocar un **favicon** (icono en la pestaña del navegador) y que está situado en la **url** especificada. Si no se coloca esta sentencia, intentará cargar una imagen llamada **favicon.ico.**

```
<meta name="description" content="Página de información de la página">
```

La descripción es lo que aparece en los buscadores debajo del título.

```
<link rel="alternate" href=https://javigomez.org/en hreflang="en-GB">
```

A través de esta línea se indica a los buscadores que la página con la que se trabaja tiene una traducción en inglés en la dirección indicada y que debe considerarlas equivalentes y no contenido duplicado.

```
<link rel="canonical" href=https://javigomez.org>
```

Indica cuál es la página principal y original de nuestra web.

También en la parte **<head>** es donde se van a especificar los estilos.

Código 2.8.
Definición de estilos

```
<style>
    body{
        background:#500
    }
</style>
```

Código 2.9.
<head> completo

```
<!DOCTYPE html>
<head>
    <meta charset="UTF-8">
    <meta name="viewport" content="width=device-width">
    <title>Diseño Web</title>
    <meta name="robots" content="index, follow">
    <meta http-equiv="refresh"
content="5;url=https://javigomez.org">
    <link rel="icon"
href="https://javigomez.org/ESIC/javiIco.png" />
    <meta name="description" content="Página de información de la
página">
    <link rel="alternate" href=https://javigomez.org/en
hreflang="en-GB">
    <link rel="canonical" href=https://javigomez.org>
    <style>
        body{
            background:#500
        }
    </style>
</head>
<body>
    <!-- Aquí se codifica la página -->
</body>
</html>
```

HTML semántico

La etiqueta **<div>** es un contenedor genérico de bloque de HTML; se pueden crear diferentes componentes que se colocarán uno debajo de otro.

La etiqueta **<span>** también es otro contendor genérico, pero en línea, los elementos uno al lado de otro.

Estas etiquetas son genéricas, no tienen ningún significado semántico ni indican qué tipo de información contienen.

HTML semántico significa que las etiquetas que colocamos tienen un significado concreto.

<p>. Para escribir un párrafo.

<aside>. Contenido que es complementario y sirve para dar contexto a la página. Es algo separado del contenido principal, un anexo a la información.

<header>. Crea cabeceras. Se pueden repetir dentro de cualquier parte de la página; no tiene por qué ser único.

<section>. Secciones de información en las que se divide la página. Estas secciones se pueden anidar.

`<article>`. Es un elemento de información autocontenida, de manera que si se sitúa en otro lugar sigue teniendo sentido.

`<main>`. Solo puede haber una etiqueta `<main>` en el HTML. Corresponde al contenido de la página. Por fuera de esta etiqueta estará la cabecera, donde están, entre otras cosas, el menú de navegación y el pie de la página.

`<nav>`. Contiene la navegación de la página y suele estar dentro de un `<header>`.

`<footer>`. Información del pie de página.

El atributo **role** dentro de una etiqueta genérica permite definir la semántica de aquellos los elementos que no tienen.

Hay una gran cantidad de roles ya definidos para asociar a un `<div>` o un `<span>`.

```
<div role="button">Haga clic aquí</div>
```

Se agrega el atributo role al elemento `<div>` con el valor de **button**. Esto indica a los lectores de pantalla y otras tecnologías de asistencia que el elemento es un botón. Es importante usar los roles correctamente para mejorar la accesibilidad del sitio web.

Haciendo una buena página semántica se podrían quitar todos los estilos y la página se podría entender. Si esto ocurre, es que se está utilizando bien el HTML semántico.

Enlaces

`<a>` indica dónde tiene que ir la página cuando se pulsa sobre este elemento. En el atributo **href** se indica el lugar donde tiene que ir y dentro de la etiqueta se introduce el texto que se ve por pantalla.

```
<a href="#seccion1">Ir a Sección 1</a>
```

Esta es la manera de crear los enlaces internos, que van dentro de la página. Con este código se buscará un elemento cuyo **id** sea **seccion1**.

```
<a href="https://javigomez.org">Ir a la web de Javi</a>
```

Esta es la forma de hacer enlaces a otra página. Con el código anterior cargará la página sobre ella. Para evitar esto, se debe indicar el atributo **target**.

```
<a href=https://javigomez.org target="_blank" rel="noreferrer">Ir
a la web de Javi</a>
```

Con el atributo **target="_blank"** abrirá una nueva pestaña con la página que se indica y con **rel="noreferrer"** no mandará las cabeceras de la página origen, evitando que el site destino tenga información del origen, como el navegador utilizado o la URL de origen completa.

Hay unos enlaces especiales para indicar funciones diferentes a un simple enlace con una página.

Código 2.10.
Diferentes parámetros de los enlaces

```
<a href=mailto:javi@gmail.com>Mandar un mail</a>
<a href="archivo.pdf">Descargar archivo PDF</a>
<a href="tel:+34912345678">Llamar a este número</a>
<a href="sms:+34912345678">Enviar mensaje de texto</a>
<a href="https://api.whatsapp.com/send?phone=34912345678">Enviar
mensaje de WhatsApp</a>
<a href="geo:40.7127,-74.0059">Ver ubicación en Google Maps</a>
```

También permite realizar descargas de elementos a través del atributo **download**.

Código 2.11.
Descargar una imagen

```
<a download href="thor.jpg">
    <img id="imagen" title="título de la foto" alt="descripción de
la foto" src="https://javigomez.org/ESIC/thor.jpg">
</a>
```

De esta manera, cuando el usuario hace clic sobre la imagen, aparecerá una ventana de descarga de la información. Esto solo funciona con los recursos que están en el mismo dominio.

Listas

Ya se ha visto antes que para crear una lista se puede utilizar la etiqueta `<ul>` creando una lista con puntos. Si en vez de puntos queremos números, utilizamos la etiqueta `<ol>` (lista ordenada).

Utilizando `<ol>` aparecen números por defecto. Si se quiere que aparezcan letras u otro tipo de indicador, ponemos el atributo **type** con diferentes valores.

Código 2.12.
Listas ordenadas

```
<ol type="A">
    <li> Línea 1</li> <!--A. Línea 1-->
    <li> Línea 2</li> <!--B. Línea 2-->
</ol>

<ol type="a">
    <li> Línea 1</li> <!--a. Línea 1-->
    <li> Línea 2</li> <!--b. Línea 2-->
</ol>

<ol type="i">
    <li> Línea 1</li> <!--i. Línea 1-->
    <li> Línea 2</li> <!--ii. Línea 2-->
</ol>
```

También se puede hacer que tenga el orden inverso y especificarlo por el dígito de inicio.

```
<ol type="a" reversed>
    <li> Línea 1</li> <!--b. Línea 1-->
    <li> Línea 2</li> <!--a. Línea 2-->
</ol>


<ol reversed start="10">
    <li> Línea 1</li> <!--10. Línea 1-->
    <li> Línea 2</li> <!--9. Línea 2-->
</ol>
```

Código 2.13.
Listas ordenadas inversas y con diferente inicio

Otra opción que permite es poner un número en concreto a una línea. En este ejemplo el segundo elemento tendrá el número 5.

```
<ol>
    <li> Línea 1</li>                <!--1. Línea 2-->
    <li value="5"> Línea 2</li> <!--5. Línea 2-->
    <li> Línea 3</li>                <!--6. Línea 3-->
</ol>
```

Código 2.14.
Determinar el número de inicio

Formularios

Los formularios permiten al usuario introducir información. Se hace a través de las etiquetas **<form>**. Un atributo importante es **method**, que describe de qué manera se va a mandar la información al servidor. Puede ser **get**, en donde los parámetros se van a ver en la URL o **post**, y los datos viajan dentro de la cabecera. La forma recomendable y más segura es **post**. Otro atributo necesario para enviar la información del formulario es **action**, que determina la página a la que enviará todos los datos.

```
<form method="post" action="/tratarInfo.html">

</form>
```

Dentro de la etiqueta **form** se pueden introducir otras etiquetas para establecer los campos que forman parte del formulario.

<fieldset>. Permite agrupar los campos de entrada.

<legend>. A través de esta etiqueta se establece un recuadro y en su interior están los campos.

<label>. Visualiza la etiqueta que informa de la entrada de texto. Si se hace clic sobre esa etiqueta, se posiciona sobre el campo de entrada. Para realizar esta acción se debe especificar el atributo **for** con el **id** del campo de entrada.

```
<fieldset>
    <legend>Campos de entrada</legend>
    <label for="id_nombre">Nombre:</label>
    <input type="text" id="id_nombre">
</fieldset>
```

Código 2.15.
Campos de entrada

```
┌─Campos de entrada──────────────────────┐
│ Nombre: [                            ]  │
└─────────────────────────────────────────┘
```

También se puede conseguir este efecto sin el atributo **for** haciendo que el campo **label** rodee el **input**.

```
<label>Nombre:
    <input type="text" id="id_campo">
</label>
```

Como ya se ha visto antes, para introducir la información se utiliza la etiqueta **input**:

```
<input type="text" id="id_campo" name="nombre">
```

Si a la hora de crear un formulario queremos que cada campo esté en una línea diferente, podemos introducir cada **<input>** y **<label>** dentro de una etiqueta **<div>** y de esta manera tenemos tantas líneas como etiquetas y campos de entrada haya. La etiqueta **<div>** hace que toda la información que contenga se comporte como un bloque, colocándose debajo del **<div>** anterior.

Código 2.16.
Varios campos

```
<form action="/tratarInfo.html" method="post">
    <div>
        <label>Nombre:
            <input type="text" id="id_campo">
        </label>
    </div>
    <div>
        <label>Correo electrónico:
            <input type="email" id="id_email">
        </label>
    </div>
</form>
```

También se puede evitar colocar el **<div>** si en la etiqueta **<label>** se introduce un estilo **"display: block"**, que tiene el mismo comportamiento que un **<div>**.

```
<label style="display: block;">Nombre:
    <input type="text" id="id_campo">
</label>
```

Introducción de información

A través del atributo **type** de la etiqueta **<input>** se especifica el tipo de campo que se está solicitando al usuario, validando el contenido.

text. Introducir texto sin formato.

password. Introducir una contraseña. Queda oculta con asteriscos o puntos mientras se escribe.

email. Introducir una dirección de correo electrónico.

number. Introducir un número.

date. Introducir una fecha.

time. Introducir una hora.

datetime-local. Introducir una fecha y hora.

month. Introducir un mes.

week. Introducir una semana.

url. Introducir una URL.

search. Introducir un término de búsqueda.

tel. Introducir un número de teléfono.

color. Seleccionar un color.

file. Seleccionar un archivo.

radio. Crear un botón de selección.

checkbox. Crear una casilla de verificación.

submit. Enviar un formulario a la URL especificada en el **action** de este.

reset. Restablecer los valores predeterminados de un formulario.

range. Crear un control deslizante.

image. Crear un botón de imagen.

hidden. Crear un campo de entrada que no se muestra al usuario.

button. Crear un botón simple.

Es importante elegir el tipo de *input* adecuado para cada campo del formulario. Esto ayuda a garantizar que los usuarios introduzcan el tipo de dato correcto y que los datos se envíen correctamente al servidor.

Con el atributo **placeholder** se presenta, en un color gris claro, la información como ejemplo que debe introducir el usuario.

Si se quiere que un campo del formulario sea obligatorio, se introduce el atributo **required**.

```
<input type="text" id="id_campo" name="nombre" required
placeholder="información de ejemplo">
```

Si se quiere que el usuario introduzca solo una serie de caracteres, se establece un patrón en donde se enuncian los valores válidos a través de una expresión regular:

```
<input type="tel" name="telefono" id="id_tel"
placeholder="918675476" pattern="[0-9]{9}"
```

Este patrón determina que el usuario tiene que introducir 9 dígitos del 0 al 9.

Las validaciones se producen cuando se pulsa el botón de tipo **submit**, antes de enviarse a la URL especificada.

Un ejemplo de utilización de un campo de **check** sería:

```
<label>Recibir notificadiones
    <input type="checkbox" id="id_noti" name="noti" required>
</label>
```

Para colocar varios grupos de opciones excluyentes (**radio buttons**), todos los <input> del mismo grupo deben tener el mismo **name**.

Código 2.17.
Radio buttons

```
<h2>Grupo de opciones 1</h2>
<input type="radio" name="opcion" value="1" id="opcion1">
<label for="opcion1">Opción 1</label><br>
<input type="radio" name="opcion" value="2" id="opcion2">
<label for="opcion2">Opción 2</label><br>

<h2>Grupo de opciones 2</h2>
<input type="radio" name="genero" value="hombre" id="hombre">
<label for="hombre">Hombre</label><br>
<input type="radio" name="genero" value="mujer" id="mujer">
<label for="mujer">Mujer</label><br>
```

Selección de información

Si se necesita poner en el formulario una lista de valores, se utiliza la etiqueta **<select>**. Esta etiqueta permite hacer un desplegable de varias opciones:

Código 2.18.
Selector de opciones

```
<select name="opciones" id="id_opciones">
    <option value="1"> Opción 1</option>
    <option value="2"> Opción 2</option>
</select>
```

Para que la lista esté desplegada y permita seleccionar varios elementos, se debe incluir el parámetro **multiple**.

```
<select name="opciones" id="id_opciones" multiple>
```

Lista de datos

A través de la etiqueta **<datalist>** se permite hacer un autocompletado de una lista desplegable. Este elemento se asocia con un **input** a través del **id** y, de esta manera, en ese campo de texto aparece la información de la lista y si el usuario escribe alguna letra, filtrará la lista por esos elementos.

Código 2.19.
Lista de datos

```
<datalist id="id_lista">
    <option value="Carlos"></option>
    <option value="Lara"></option>
    <option value="María"></option>
```

```
</datalist>
<label>
    Selecciona un usuario
    <input list="id_lista" name="usuario">
</label>
```

Cajas desplegables

A través del elemento **<details>** se puede establecer un título y, realizando clic sobre el desplegable que aparece, se puede abrir en la parte de abajo más información.

```
<details>
    <summary>Titulo de la información</summary>
    <p>Detalle de la información que se pliega y despliega</p>
</details>
```

Código 2.20.
Caja desplegable

Si ponemos el atributo **open** en uno de los elementos, por defecto este aparecerá abierto.

```
<summary open>Titulo de la información</sumary>
```

Botones

Para mandar la información al servidor, existe el tipo **submit** de la etiqueta **input**, que muestra un botón para poder enviar la información.

```
<input type="submit" value="Enviar información">
```

Otra forma más moderna de hacer esto es a través de la etiqueta **<button>**:

```
<button type="submit">Enviar información</button>
```

Si el botón está dentro de un formulario, se puede omitir el atributo **type**, ya que por defecto será de tipo **submit**. Si se quiere evitar que sea de este tipo, habría que especificar **type="button"**.

Visualización de vídeo

A través de la etiqueta **<video>** se puede cargar un vídeo en la página web. Con el atributo **controls** aparecen los botones para poder reproducir y controlar la secuencia de vídeo.

Si se especifica el atributo **autoplay**, comienza la reproducción de forma automática. Este atributo no funciona hasta que el usuario interactúa con la página. Si se quiere reproducir el vídeo desde un principio, se debe poner el vídeo silenciado, con el atributo **autoplay** y **mutted**. Esto puede resultar muy útil como fondo de pantalla:

```
<video autoplay muted src="url del video"></video>
```

El atributo **loop** hace que cuando finalice el vídeo, vuelva a comenzar.

A través del atributo **poster** se puede especificar la imagen que se quiere visualizar antes de que el usuario reproduzca el vídeo.

Reproducción de sonido

Se utiliza la etiqueta **<audio>** para reproducir sonido en la web. También tenemos un atributo **controls** para que aparezca la barra de controles. Es importante decir que esta barra de controles es la que tiene el navegador, por lo que puede aparecer con un aspecto diferente dependiendo del navegador que esté mostrando la página web.

En el audio también tenemos los atributos **loop** para reproducir en bucle y **autoplay** para reproducir desde un comienzo. El **autoplay** no funcionará si no se interactúa previamente con la página.

Visualización de imágenes

A través de la etiqueta **<img>** podemos visualizar la imagen que está indicada en el atributo **src**.

Cuando en una página web hay varias imágenes, por defecto se cargan todas en memoria, aunque no se estén visualizando. Esto puede provocar que la carga de la página sea más lenta por cargar elementos que no se necesitan.

Para evitar esto, existe el atributo **loading** especificando el valor **lazy**.

```
<img loading="lazy" src="/img/imagen.jpg">
```

Con este atributo, la imagen la carga después de los elementos que están en pantalla sin interrumpir la carga de la visualización.

Aunque en la etiqueta **img** tenemos los atributos **width** y **height** para marcar el ancho y alto de la imagen, es mejor determinar esto en los estilos, que es donde se define el aspecto de los elementos:

```
<img width="200" height="200" src="/img/imagen.jpg">
```

Otro atributo dentro de **<img>** es el **alt**, que lo que debe contener es una descripción de la imagen que se va a visualizar. De esta manera, si la imagen no se visualiza o el usuario está en un dispositivo preparado para ciegos, el sistema lee esta información. También los robots de los buscadores utilizan este texto para indexar la imagen.

El atributo **title** es el texto que aparece cuando nos ponemos sobre la imagen.

El atributo **hidden** es un atributo booleano que cuando aparece indica que está activado y hace que la imagen se oculte. Este atributo se puede utilizar en todos los elementos y no solo en la imagen.

```
<img  hidden width=200 height=200 title="foto de alguien"
alt="descripción" src="https://javigomez.org/ESIC/790.jpg">
```

Carga de contenido externo

Para realizar carga de contenido externo dentro de la página web utilizamos la etiqueta `<iframe>`. A través de esta etiqueta se introduce otra página web dentro de la nuestra. No todas las páginas se dejan integrar dentro de otra; esto ocurre, por ejemplo, con la página de **google** que evita que pueda ser integrada.

Tiene los atributos de ancho y alto (**width** y **height**) para marcar el tamaño de la ventana de visualización.

El atributo **title**, al igual que las imágenes, aparece cuando el usuario se pone encima del **iframe**.

El atributo **allow** marcará los permisos que se dan a la página web incrustada sobre nuestra página contenedora, como si puede acceder al acelerómetro o el giroscopio o si puede utilizar nuestro portapapeles, etc.

```
<iframe width="500" height="300" src="https://javigomez.org"
title="Titulo" allow="accelerometer; clipboard-write; gyroscope"
frameborder="0"></iframe>
```

Al igual que con las imágenes, lo más correcto es quitar el ancho y el largo y determinarlo en la CSS con un "**width:100%; aspect-ratio:16/9;**". Estos valores de 16/9 son los que corresponden a los vídeos de YouTube.

Ventanas emergentes

Para mostrar una ventana modal dentro de la página web, no es necesario realizarlo con capas visibles e invisibles. Se puede hacer con la etiqueta `<dialog>`.

Dentro de esta etiqueta se introduce el código que va a formar parte de la ventana emergente, donde se pueden utilizar todas las etiquetas disponibles como `<h1>` `<p>` `<button>`...

```
<dialog id="id_ventana">
    <h2> Titulo de la ventana </h2>
    <p> Información de la ventana</p>
    <button> Cerrar</button>
</dialog>
```

Código 2.21.
Definición de la ventana emergente

Cuando se introduce el `<dialog>`, no aparece en ningún sitio de la página hasta que se activa. Se puede activar por defecto introduciendo el atributo **open**, y esto hace que aparezca por encima del contenido. Pero lo normal es que aparezca cuando se pulse sobre un botón o un enlace. Para ello será necesario utilizar un poco de JavaScript para programar la interactividad de los botones.

```
<dialog id="id_ventana">
    <h2> Titulo de la ventana </h2>
    <p> Información de la ventana</p>
    <button onClick="window.id_ventana.close();"> Cerrar</button>
</dialog>
```

Código 2.22.
Ventana emergente

```
<button onClick="window.id_ventana.showModal();">Abrir ventana</
button>
```

Con JavaScript podemos utilizar esta sintaxis para acceder a la información del HTML, ya que por cada id de cada elemento que se cree en HTML, el navegador crea un atributo en el objeto **window** para poderlo manejar.

Tablas

Las tablas HTML permiten presentar datos de forma estructurada y organizada.

Una tabla HTML está compuesta por los siguientes elementos:

`<table>`. Define el elemento principal de la tabla.

`<caption>`. Establece un título a la tabla.

`<tr>`. Establece una fila de la tabla.

`<th>`. Define una celda de encabezado (cabecera de columna).

`<td>`. Define una celda de datos.

Código 2.23.
Ventana emergente

```
<table>
    <caption>Título</caption>
    <tr>
        <th>Nombre</th>
        <th>Edad</th>
        <th>Ciudad</th>
    </tr>
    <tr>
        <td>Carlos</td>
        <td>30</td>
        <td>Madrid</td>
    </tr>
    <tr>

        <td>María</td>
        <td>25</td>
        <td>Barcelona</td>
    </tr>
</table>
```

Título		
Nombre	**Edad**	**Ciudad**
Carlos	30	Madrid
María	25	Barcelona

Las etiquetas **`<th>`** y **`<td>`** también pueden tener varios atributos para controlar su apariencia y comportamiento. Algunos de los atributos más comunes son:

`colspan`: Define el número de columnas que ocupa una celda.

`rowspan`: Define el número de filas que ocupa una celda.

```
<table>
    <tr>
        <th>Nombre</th>
        <th>Edad</th>
    </tr>
    <tr>
        <td colspan="3">Hombres</td>
    </tr>
    <tr>
        <td>Carlos</td>
        <td>30</td>
    </tr>
    <tr>
        <td colspan="3">Mujeres</td>
    </tr>
    <tr>
        <td>María</td>
        <td>25</td>
    </tr>
</table>
```

Código 2.24.
colspan

```
<table>
    <tr>
      <th>Nombre</th>
      <th>Experiencia</th>
    </tr>
    <tr>
      <td rowspan="2">Carlos</td>
      <td>BBVA</td>
    </tr>
    <tr>
      <td>La Caixa</td>
    </tr>
  </table>
```

Código 2.25.
rowspan

2.6. Ejercicios de la unidad

Ejercicio 2.1: Crear una lista ordenada que muestre:

1. Xiaomi
2. Samsung
3. iPhone
4. Huawei

Ejercicio 2.2: Crear una lista desordenada que muestre:

· Xiaomi
· Samsung
· iPhone
· Huawei

Ejercicio 2.3: Crear la siguiente tabla utilizando una fila de cabecera.

Vehículo	Precio	Velocidad	Color
Coche	10.000 €	200 km/h	Rojo
Moto	5.000 €	150 km/h	Azul
Bicicleta	1.000 €	25 km/h	Verde
Barco	50.000 €	50 km/h	Blanco

Ejercicio 2.4: Crear un `iframe` mostrando un mapa cualquiera de la web https://www.openstreetmap.org/ de 600 px de ancho y 400 px de alto.

Ejercicio 2.5: Reproducir con HTML el siguiente texto:

Texto 7^2: El cielo estaba **nublado** me recordaba que debí hacer caso al *aviso de tormenta* que dieron esta mañana en la televisión. Bueno, ~~lo hecho, hecho está~~, ya era tarde para lamentarse.

Ejercicio 2.6: Crear tres enlaces. El primero lleva a la Wikipedia. El segundo a la parte inferior de la página con un ancla y del último no se especifica el destino.

Ejercicio 2.7: Crear una carpeta denominada `img` en donde se almacenan tres imágenes cualesquiera. Crear un HTML que muestre estas imágenes a un tamaño de 300 px de ancho por 175 px de alto. Las imágenes deben tener una descripción.

Ejercicio 2.8: Crear la siguiente pantalla:

Nombre:

Contraseña:

Comentarios:

Enviar   Borrar

Ejercicio 2.9: Crear la siguiente pantalla.

Servicio Música: ☑ Spotify ☐ Last FM ☑ iTunes

Ejercicio 2.10: Crear la siguiente pantalla.

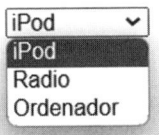

Ejercicio 2.11: Crear la siguiente pantalla.

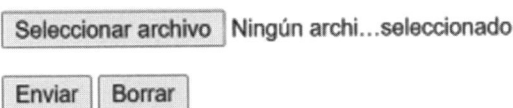

Ejercicio 2.12: Crear la siguiente pantalla.

Ejercicio 2.13: Crear un formulario que pida nombre, apellidos, email y una URL de una web. Todos los campos son obligatorios.

Ejercicio 2.14: Realizar una barra de rango de 0 a 10 y que se vea el valor que se va seleccionando.

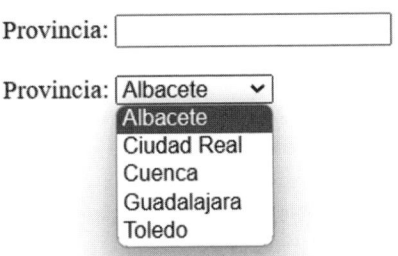

Ejercicio 2.15: Crear un campo de contraseña con un patrón que solo admita mayúsculas, minúsculas y números. Debe tener entre 6 y 12 caracteres de longitud.

Ejercicio 2.16: Crear dos listas de información, una con `select` y otra con `datalist`.

CSS. Conceptos básicos

3

Objetivos de aprendizaje:

- Trabajar con diferentes tipos de unidades en CSS.
- Dar estilo a tablas.
- Utilizar tipografías y personalizarlas.
- Identificar los elementos HTML en CSS con diferentes selectores.
- Visualizar imágenes o gradientes en el fondo de los componentes.

Palabras clave: Especificidad, herencia, cascada, RGB, HSL, pseudoclases, pseudoelementos.

3.1. Introducción

CSS es un lenguaje declarativo que se encarga de describir la presentación de un documento HTML. Se creó en diciembre de 1996 y el primer navegador que le dio soporte fue Internet Explore 3.

CSS tiene una especificación de estándares marcada por la W3C (World Wide Web Consortium) que todos los navegadores siguen. Las siglas CSS significan *cascading style sheets*, hojas de estilo en cascada.

Las hojas de estilo se refieren a la colección de reglas que marcan el estilo de visualización del HTML. Cascada se refiere a la forma en que se aplican las reglas, ya que tienen un orden concreto, de manera que pueden llegar a sobrescribir unas reglas a otras.

En Internet, hay una serie de recursos útiles para CSS, como es la documentación oficial de Google de **web.dev** (https://web.dev/learn/css) y **MDN CSS** (https://developer.mozilla.org/es/docs/Web/CSS). También se usa la web **CanIUse** (https://caniuse.com/), que permite conocer la compatibilidad de las propiedades CSS en todos los navegadores.

Aparte de **Visual Studio Code**, como un buen editor para trabajar, se puede utilizar **codi.link** (https://codi.link/) o **codepen** (https://codepen.io/), en donde se escribe HTML, CSS y JS en tres ventanas separadas y en otra ventana se ve el resultado en el momento.

Dónde colocar los estilos

Por defecto, cuando trabajamos con HTML, la página que aparece ya tiene unos estilos predefinidos que vienen marcados por el navegador. Esto hace que los **<h1>**, por ejemplo, ya tengan un tamaño y un peso sin que sea necesario determinar nada.

Las instrucciones de CSS pueden estar en tres lugares diferentes:

Archivo CSS externo. Es la opción recomendada. Se utiliza la etiqueta **<link>** con el parámetro **href** para especificar dónde está el archivo.

```
<link rel="stylesheet" href="pru.css">
```

Dentro de un bloque de estilos. Se realiza a través de la etiqueta `<style>`, que, aunque habitualmente se coloca dentro de la etiqueta `<head>`, se puede situar en cualquier lugar del HTML.

```
<style>
    div {
        width: 50%;
        height: 200px;
        border: 1px solid green;
    }
</style>
```

Estilos en línea. En este caso se utiliza el atributo `style` de HTML y ahí es donde se introduce el estilo.

```
<p>¡Hola <span style="color: red; padding: 8px">amigo lector</span>!</p>
```

Sintaxis

La sintaxis de CSS viene marcada por un **selector** seguido de una llave abierta y cerrada. Dentro se coloca la propiedad, dos puntos y el valor. Los comentarios en CSS se marcan con `/* texto */`. El conjunto de **propiedad** y **valor** se denomina **declaración.**

Código 3.1.
Sintaxis CSS

```
<style>
selector{
propiedad: valor; /*comentario*/
}
</style>
```

3.2. Herencia en CSS y cascada

Herencia

Algunas propiedades de CSS heredan el estilo desde los elementos que los contiene, de manera que, si marcamos un estilo en un contenedor, este se va a aplicar a todos los elementos que contiene. No todas las propiedades se heredan. Las más habituales son el color y la fuente.

Código 3.2.
Herencia

HTML

```
<article>
    <h1>Titulo</h1>
</article>
```

CSS

```
article {
    color: red;
}
```

La herencia se puede romper sobreescribiendo en un elemento esa misma propiedad:

HTML	CSS

Código 3.3.
Sobreescritura

```html
<article>
   <h1>Titulo</h1>
</article>
```

```css
article {
   color: red;
}

h1{
   color:blue
}
```

También se puede forzar a heredar los estilos, aunque por defecto no sean heredables, como el **border**. Para esto tenemos el valor **inherit**:

HTML	CSS

Código 3.4.
Forzar la herencia

```html
<div class="contenedor">
   <div class="hijo">
      Texto
   </div>
</div>
```

```css
.contenedor {
   border: 3px solid #500;
}
.hijo {
   border: inherit;
}
```

Estos son los valores que podemos utilizar:

inherit. Hereda el valor de la misma propiedad de su elemento padre.

initial. Establece el valor inicial de la especificación.

unset. Es **inherit** en las propiedades heredables y en el resto como **initial**.

Cascada CSS

La cascada CSS es el algoritmo que tienen los navegadores para aplicar estilos a un elemento del HTML. Cuando varios estilos están definidos para un mismo elemento, este algoritmo se pone en marcha y determina cuál de todos los estilos es el que se va a aplicar. Este algoritmo tiene en cuenta los siguientes conceptos:

Especificidad. Las reglas más específicas tienen más peso que las reglas menos específicas.

Importancia. Se puede asignar importancia a las reglas utilizando el modificador **!important**. Las reglas con **!important** tienen prioridad sobre el resto.

Orden: Las reglas que aparecen más tarde en la hoja de estilo tienen más peso que las reglas que aparecen antes.

Origen: La procedencia de la regla marca la prioridad de aplicación del estilo. En orden de menor a mayor prioridad es:

- Agente de usuario (definido por el navegador o el sistema operativo).
- CSS en un archivo externo.
- CSS en el mismo archivo HTML.
- Estilo en línea, dentro de la misma etiqueta HTML con el atributo **style**.

Por ejemplo, los navegadores vienen por defecto con un margen ya dado de aproximadamente 3 px. Cualquier margen que pongamos sobrescribe al del navegador.

Código 3.5.
Sobrescribir el estilo
del navegador

HTML

```
<div>Texto</div>
```

CSS

```
body {
    background: #500;
    margin:0px; /*cambia al navegador*/
}
div {
    background: blue;
}
```

Código 3.6.
¡important

HTML

```
<div>Hola mundo</div>
```

CSS

```
div {
    background: #500 !important;
    background: blue;
}
```

Este efecto de cascada va a permitir hacer **fallback** en CSS. Un **fallback** en CSS se refiere a la práctica de proporcionar un estilo alternativo que se utilizará en caso de que el navegador no pueda interpretar o aplicar una regla CSS específica. Esto es especialmente útil cuando se están utilizando propiedades CSS que pueden no ser compatibles con todas las versiones de navegadores.

Código 3.7.
Fallback con cascada

HTML

```
<p>Texto coloreado</p>
```

CSS

```
p{
    color: #b08dcf;
    color: oklch(70% 0.1 308);
}
```

En este caso, intenta utilizar el `oklch()`, pero si el navegador no lo soporta, cogerá el color definido en hexadecimal.

Especificidad

La especificidad de una regla CSS se basa en el tipo de selectores que se utilizan para aplicar los estilos. Hay tres grupos de selectores ordenados de mayor a menor prioridad:

Estilo en línea: Atributo `style` del HTML.

Identificador: Número de veces que el selector tiene `#id`.

Clase: número de veces que el selector tiene `.clase`, `:pseudoclase` o `:pseudoelemento`.

Tipo: número de veces que el selector tiene el tipo de elemento HTML.

HTML	CSS	

`<p class="texto">Texto</p>`	.texto {
	  color: #500;
	}
	p{color: blue}
		Código 3.8.
		Especificidad

En este caso, el color que vemos es el #500, aunque está más arriba en la CSS. Esto es porque la denominación por la clase es más específica que la denominación por el nombre del elemento HTML. A su vez, si se denomina por el id, este será más específico (y con más prioridad) que su denominación por la `class`.

A través de la calculadora de especificidad (https://specificity.keegan.st/) se puede determinar este cálculo que realiza el navegador.

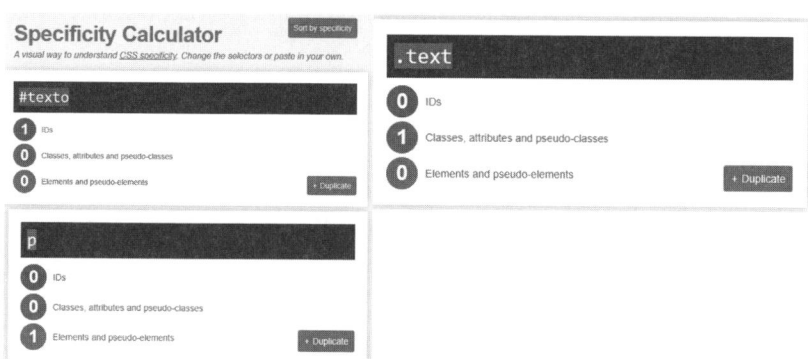

Figura 3.1.
Especificidad

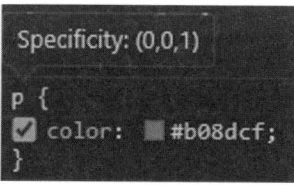

Figura 3.2.
Herramientas del desarrollador

También podemos ver la especificidad en las herramientas de desarrollo del navegador. Cuando nos colocamos encima de un estilo, aparece una capa con la especificidad de este estilo.

Lo que más especificidad tiene son los estilos en línea. Estos estilos son una mala práctica ya que no son reutilizables ni el navegador puede cachearlos. Estos se definen directamente en la instrucción HTML.

HTML	CSS	

`<p id="texto" style="color:orange">txt naranja</p>`	#texto {
	  color: red;
	}
		Código 3.9.
		Estilos en línea

3.3. Unidades

En CSS, las unidades son utilizadas para especificar medidas, como el tamaño de fuente, el tamaño de los márgenes, el ancho y alto de elementos, etc. Existen diferentes tipos de unidades que puedes utilizar dependiendo de las necesidades:

Unidades absolutas

px (píxeles). Esta es una unidad absoluta que representa un píxel en la pantalla. Es una medida fija y no cambia con el tamaño de la ventana del navegador o el dispositivo. En la actualidad esto no es del todo cierto, ya que el *hardware* da mucha más cantidad de pixeles que la tarjeta de vídeo configura en los monitores. Este factor dependerá de la densidad de píxeles para renderizar el contenido.

pt (puntos). A menudo utilizado para el tamaño de fuente, un punto es igual a 1/72 de una pulgada. Es una unidad comúnmente utilizada en impresión y diseño gráfico, aunque también se usa en diseño web.

Unidades relativas

% (porcentaje). Representa un porcentaje del tamaño del elemento contenedor. Por ejemplo, un ancho del 50% significa que el elemento ocupará la mitad del ancho de su contenedor. En cuanto al alto, un `<div>` no se ve afectado, ya que el alto lo marca el contenido. Si queremos que sea la mitad del alto del navegador, se debe utilizar `vh`.

em. Relativo al tamaño de la fuente del elemento. Por ejemplo, si el tamaño de fuente de un elemento es 16 px, 1 em será igual a 16 px.

rem. Relativo al tamaño de la fuente del elemento raíz (`<html>`). Es similar a em, pero no se ve afectado por el tamaño de fuente del propio elemento.

vw, vh (ancho y alto del `viewport`). Representan el porcentaje del ancho y alto del `viewport`, respectivamente. El `viewport` se refiere a la ventana del navegador.

Código 3.10.
em

HTML

```
a <span id="uno"> hola </span></br>
a <span id="dos"> hola </span></br>
```

CSS

```
span{
    border:1px solid red
}
#uno {
    margin: 3em;
}
#dos {
    font-size: 20px;
    margin: 3em;
}
```

Código 3.11.
viewport

HTML

```
<div class="cont"> </div>
```

CSS

```
.cont {
    background: #500;
    width: 50vw;
    height: 25vh;
}
```

3.4. Modelo de cajas

El modelo de cajas CSS es el sistema que poseen los navegadores para estructurar y posicionar los elementos en una página. Este modelo define cuatro áreas principales que componen cada elemento:

Contenido. Es el área que contiene el texto, las imágenes u otros elementos que forman la parte visible del elemento.

Relleno. Es el espacio transparente que rodea el contenido. Se puede controlar con la propiedad `padding`.

Borde. Es la línea que rodea el relleno. Se puede controlar con las propiedades `border-width, border-style y border-color` o de forma resumida con `border`.

Margen: Es el espacio que rodea el borde. Se puede controlar con la propiedad `margin`.

A su vez, tenemos dos tipos de elementos que difieren entre sí por su colocación por defecto en el navegador.

En línea: Son aquellos que por defecto se colocan de izquierda a derecha. Entre ellos tenemos `<span> <strong> <a>`.

En bloque: Por defecto, se colocan uno encima del otro. Un ejemplo es `<div> <h1> <section>`.

Dimensiones

Para determinar el tamaño de la caja, se cuenta con dos propiedades:

`width:` Marca el ancho del elemento.

`height:` Marca el alto del elemento.

Su valor por defecto es **auto**, que marcará el tamaño apropiado para su contenido.

Estas propiedades no actúan en los elementos en línea.

HTML	CSS
`<span>Contenido</span>`	```span { background: red; width:100px; /*no actua*/ height:50px; /*no actúa */ }```

Código 3.12.
Bloques en línea

Rango de dimensiones

Se puede establecer un tamaño mínimo y máximo de los elementos. Esto resulta útil cuando se está trabajando con porcentajes y no se quiere que la caja llegue o pase de un determinado valor.

Para conseguir este efecto se tienen las siguientes propiedades:

`max-width:` ancho máximo.

`min-width:` ancho mínimo.

`max-height:` alto máximo.

`min-height:` alto mínimo.

Código 3.13.
Rango de dimensiones

<table>
<tr><td></td><td align="center">HTML</td><td align="center">CSS</td></tr>
<tr><td></td><td align="center"><div> </div></td><td></td></tr>
</table>

```css
div {
    background:#500;
    width: 50%;
    height: 50px;
    min-width: 300px
}
```

Rellenos

Es el espacio que está alrededor del contenido, entre el contenido y el borde. Este espacio se controla con la sentencia **padding**.

Aunque hay sentencias que controlan cada una de las dimensiones (**padding-top, padding-left, padding-right y paddin-bottom**), lo normal es manejarlo con la sentencia **padding** recibiendo diferente cantidad de parámetros.

```css
/* Aplica a los cuatro lados */
padding: 1em;

/* arriba y abajo | izquierda y derecha */
padding: 5% 10%;

/* arriba | izquierda y derecha | abajo */
padding: 1em 2em 2em;

/* arriba | derecha | abajo | izquierda */
padding: 5px 1em 0 2em;
```

Propiedad box-sizing

Aunque un contenedor tenga un tamaño definido previamente, a través de las propiedades **width** y **height**, si se cambia el **padding**, este tamaño se ve afectado. Otro elemento que también afecta al tamaño de la caja es el borde. Si se aumenta el tamaño del borde, el tamaño de la caja también crece. Esto quiere decir que el tamaño de la caja tiene las dimensiones marcadas por el ancho y alto, más el tamaño del **padding** y el tamaño del borde.

La propiedad **box-sizing** controla cómo se calcula el tamaño total de las cajas. Tiene dos valores:

content-box: Es el valor por defecto, y el tamaño total de la caja es la suma de su tamaño, más el **padding**, más el borde.

border-box: La caja tiene el tamaño marcado por **width** y **height**, incluyendo el **padding** y el borde.

Margen

El margen es el espacio que está entre el borde de la caja y el resto del contenido de la página. Se representa con la propiedad **margin**. Este elemento no afecta al tamaño de la caja.

El **margin**, como el **padding**, tiene diferentes comportamientos dependiendo de la cantidad de parámetros.

Y al igual que el **padding**, los valores que puede recibir esta propiedad son:

Longitud: Especifica el ancho fijo y permite valores negativos.

Porcentaje: Es un valor relativo al bloque contenedor. También admite valores negativos.

auto: Se utiliza para centrar un bloque horizontalmente.

HTML	CSS	

`<div> </div>`	`div {`
	`    background: #500;`
	`    width: 100px;`
	`    height: 50px;`
	`    margin: auto;`
	`}`
		Código 3.14.
		margin auto

```
div {
    background: #500;
    width: 100px;
    height: 50px;
    margin: 20px;
    padding:10px
}
```

Código 3.15.
padding y margin
HTML

Bordes

Los bordes van a permitir separar elementos de la página a través de una línea en el perímetro. Se pueden controlar los bordes utilizando las siguientes propiedades individuales:

border-width: Define el grosor del borde. Puedes usar valores absolutos **(px, em, etc.)** o valores relativos **(thin, medium, thick)**.

border-style: Define el estilo del borde. Entre otros, se pueden seleccionar:

- **solid:** Línea sólida
- **dotted:** Línea de puntos
- **dashed:** Línea discontinua
- **double:** Línea doble
- **none:** Sin borde

border-color: Define el color del borde. Se pueden usar nombres de colores, códigos RGB, HEX, etc.

También se puede utilizar la propiedad abreviada **border**.

```
border: 1px solid black;
/*border: ancho estilo color;*/
```

Si lo que se busca es marcar solo el borde de algunos lados del elemento, se pueden utilizar las siguientes propiedades:

- border-top
- border-right
- border-buttom
- border-left

Código 3.16.
Borde individual

HTML

```
<div> </div>
```

CSS

```
div {
    height: 200px;
    border-top: 2px solid red;
    border-bottom: 1px solid blue;
}
```

Bordes redondeados

Se puede usar la propiedad **border-radius** para redondear las esquinas. El valor puede ser único, lo que afectará a todas las esquinas, o puede tener 2, 3 o 4 parámetros y especificar el radio de cada esquina.

Código 3.17.
Esquinas curvas

HTML

```
<div> </div>
```

CSS

```
div {
    height: 200px;
    border: 1px solid #500;
    border-radius: 10px;
}
```

Contorno

Un contorno es una línea que se dibuja alrededor de un elemento para resaltarlo. A diferencia del borde, el contorno no ocupa espacio y no tiene que ser rectangular.

Existen las siguientes propiedades referentes al contorno:

outline-color: Define el color del contorno. Se pueden usar nombres de colores, códigos RGB o HEX.

outline-style: Define el estilo del contorno. Entre otros, se pueden elegir estos valores:

- **solid:** Línea sólida
- **dotted:** Línea de puntos
- **dashed:** Línea discontinua
- **double:** Línea doble
- **none:** Sin contorno

outline-width: Define el grosor del contorno. Puedes usar valores absolutos (**px, em, etc.**) o valores relativos (**thin, medium, thick**).

outline-offset: Define la distancia entre el borde del elemento y el contorno.

outline-radius: Define el radio de las esquinas del contorno.

Estas propiedades se pueden resumir en **outline**.

outline: <color> <style> <width>

Sombras

La propiedad **box-shadow** permite agregar una sombra a un elemento HTML, creando un efecto visual que puede mejorar la profundidad de la página:

box-shadow: horizontal-offset vertical-offset blur-radius spread-radius color;

horizontal-offset: Distancia horizontal de la sombra al borde del elemento (valor positivo desplaza la sombra a la derecha).

vertical-offset: Distancia vertical de la sombra al borde del elemento (valor positivo desplaza la sombra hacia abajo).

blur-radius: Radio de difuminado de la sombra (valor 0 crea una sombra nítida).

spread-radius: Tamaño del área de la sombra (valor 0 crea una sombra sin expansión).

color: Color de la sombra.

Se pueden agregar varias sombras separando las definiciones por comas.

Si se especifica la palabra clave **inset** al final de la definición, las sombras se extienden hacia el interior del elemento.

Si se utiliza el color con **rgba()**, se puede definir el color de la sombra con un canal alfa para controlar la opacidad.

Reseteo de estilos

CSS

Código 3.18.
Sombras

```css
div {
  border: 1px solid black;
  box-shadow: 5px 5px;

/* Sombra exterior que se desplaza hacia la zona inferior-derecha */
box-shadow: 10px 10px 5px black;
/* Sombra interior que se desplaza hacia la zona inferior-derecha */
box-shadow: -10px -10px 5px black inset;

box-shadow: 10px 10px 5px black,
    20px 20px 5px darkred,
    30px 30px 5px red,
    40px 40px 5px lightcoral;
```

Hace unos años era importante inicializar los estilos antes de empezar a codificar la CSS. Esto era debido a que, dependiendo del navegador que se estuviera utilizando, los estilos predefinidos eran totalmente diferentes y esto podía influir en el desarrollo. Ahora ya no es tan importante, ya que casi todos los navegadores tienen el mismo comportamiento por defecto; aun así, nunca está de más inicializar algunos valores para partir siempre del mismo comportamiento.

Código 3.19.
Reseteo de estilos

```
* {
    margin: 0;
    padding: 0;
    box-sizing: border-box;
    text-decoration: none;
}
```

3.5. Colores

El color es uno de los elementos más utilizados en el diseño y en la CSS. Las dos propiedades básicas para el cambio de color son:

`color`: Cambia el color del texto que está en el interior del elemento.

`background-color`: Cambia el color del fondo del elemento.

Código 3.20.
Colores

HTML	CSS

`<div class="element">Hola Mundo</div>`	`.element {`
	`    background-color: black;`
	`    color: white;`
	`}`

Hay diferentes métodos para definir los colores en la CSS:

Palabras clave

CSS ofrece una serie de palabras clave que identifican los colores (`blue`, `light-pink`, `red`, `white`, `black`...). Hay que destacar que también existe la palabra clave **transparent** para representar la transparencia. Este es valor por defecto del **background**.

Otro valor característico es **currentColor**, que establece el color que se está utilizando para el texto en el contenedor del elemento.

Formato hexadecimal

Es el formato más utilizado, en donde cada par de números hexadecimales representa un color: los dos primeros codifican el rojo, los siguientes el verde y los últimos el azul. La combinación de estos colores proporciona el color final. Si los dos dígitos de cada componente son el mismo, se puede resumir en tres dígitos toda la codificación en vez de en seis.

Hexadecimal	Hexadecimal abreviado	Palabra clave
#FF0000	#F00	red (rojo)
#00FF00	#0F0	green (verde)
#0000FF	#00F	blue (azul)
#000000	#000	black (negro)
#FFFFFF	#FFF	white (blanco)

En estos valores se pueden añadir otro par de dígitos al final. Estos van a significar la transparencia del elemento.

HTML	CSS
`<span>Lara</span>`	

```
span{
    background-color: #500;
    color: #F3F3F300; /*Transparente*/
    color: #F3F3F388; /*Semitransparente*/
}
```

Código 3.21.
Colores y
transparencia

Función RGB

A través de la función **rgb()** también se pueden expresar los colores según sus tres componentes (rojo, verde y azul).

Esta función tiene diferentes formas de expresarse:

rgb(r,g,b): Se separan cada uno de los componentes por comas (notación clásica).

rgb(r,g,b,a): Se añade un nuevo parámetro correspondiente a la transparencia (canal alfa).

rgba(r,g,b,a): Igual que **rgb()** con cuatro parámetros.

rgb(r g b): Los componentes se separan por espacios (notación moderna).

rgb(r g b / a): La transparencia se separa por una barra.

Los componentes de color se pueden codificar con un número de 0 a 255 o con un porcentaje de 0% a 100%: 0 es el color más oscuro y el segundo, el más claro.

La transparencia se puede poner en % o en valores decimales de 0 a 1.

HTML	CSS
`<span>Carlos</span>`	

```
span{
    /*diferentes notaciones*/
    color: rgb(41, 8, 1);
    color: rgba(130, 97, 252, 50%);
    color: rgb(41 8 1);
    color: rgba(130 97 252 / 0.5);
}
```

Código 3.22.
Función rgb()

Función HSL

Esta función permite definir los colores con una serie de parámetros que pueden resultar más intuitivos, como el tono, la saturación y la luminosidad.

hsl(h,s,l): Color, saturación y luminosidad separados por comas.

hsl(h,s,l, a): Añade la transparencia.

hsla(h,s,l, a): Igual que el anterior.

hsl(h s l / a): Añade la transparencia con notación moderna.

hsla(h s l / a): Igual que el anterior.

El parámetro **h** significa el color, que es un ángulo de 0 a 360 y está enmarcado en el círculo de color. El parámetro **s** es el porcentaje de saturación (más o menos cantidad de color) y la **l** es el porcentaje de brillo (más o menos brillante).

Figura 3.03.
Rueda de color

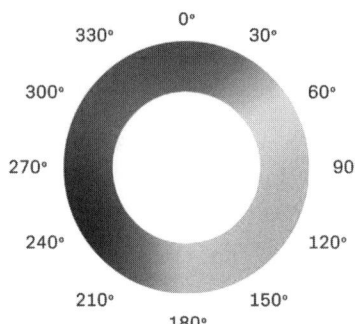

Código 3.23.
Función hsl()

HTML	CSS

```html
<span>María</span>
```

```css
span {
    /* Notación clásica */
    color: hsl(180deg, 50%, 25%, 0.75);
    /* Notación moderna */
    color: hsl(180deg 50% 25% / 75%);
}
```

Opacidad

La propiedad **opacity** permite controlar la transparencia de un elemento, haciendo que el contenido detrás de él se vea en mayor o menor medida. Acepta valores entre 0 y 1: 0 es completamente trasparente (invisible) y 1 totalmente opaco.

La opacidad se aplica al elemento completo, incluyendo su **fondo**, **borde** y **contenido** (a diferencia de **rgba** que se aplica solo al color).

Código 3.24.
Opacidad

HTML	CSS

```html
<div></div>
```

```css
div {
    height: 100px;
    width: 100px;
    border: 5px solid blue;
    background-color: #500;
    opacity: 0.5;
}
```

3.6. Selectores CSS

Los selectores son patrones que señalan elementos específicos del HTML, permitiendo aplicarles reglas de estilo precisas. Hay diferentes tipos de selectores:

Selectores simples

Permiten seleccionar elementos HTML basados en su tipo, clase o ID o por una combinación de todos estos.

`div:` Por **etiqueta**. Se aplica el estilo a todos estos elementos.

`#id:` Por **ID**. Solo se aplica al elemento que tenga esa id.

`.clase:` Por **clase**. Se aplica a los elementos que tenga este `class`.

`button.clase:` **mixto**. Se aplica a los elementos que cumplan todos los criterios.

También se considera una selección mixta cuando un elemento tiene varias clases separadas por un espacio; nos podemos referir a ellas concatenando los selectores (`class="clase ele"` lo seleccionamos `.clase.ele`).

HTML	CSS
`<p>Elemento</p>`	`p {`
`<span class="clase">Clase</span>`	`    text-decoration: underline;}`
`<span id="ide">Ident.</span>`	`.clase {`
`<div class="clase">Ele2</div>`	`    font-weight: bold;}`
`<div class="clase ele">Ele3 </div>`	`#ide {`
	`    color: #500;}`
	`div.clase{`
	`    font-style: italic;}`
	`div.clase.ele{`
	`    color: blue;}`

Código 3.25.
Selectores simples

Selectores combinados

Estos permiten seleccionar elementos en función de su posición en el HTML.

Hay de varios tipos

Agrupación (`,`): Se seleccionan varios elementos.

Descendente (   ): Selecciona todos los elementos descendientes del elemento seleccionado. Por ejemplo, `div  p` seleccionará todos los elementos `<p>` que se encuentran dentro de un elemento `<div>`.

Hijo directo (`>`): Selecciona solo los elementos hijos directos del elemento seleccionado. Por ejemplo, `div > p` seleccionará solo los elementos `<p>` que son hijos directos de un elemento `<div>`.

Hermano adyacente (`+`): Selecciona el elemento hermano adyacente inmediato del elemento seleccionado. Por ejemplo, `h1 + p` seleccionará el elemento `<p>` que viene inmediatamente después de un elemento `<h1>`.

Hermano general (`~`) Alt 126: Selecciona todos los elementos hermanos del elemento seleccionado. Por ejemplo, `h1 ~ p` seleccionará todos los elementos `<p>` que son hermanos de un elemento `<h1>`.

Universal (`*`): Se aplica a todos los elementos.

Código 3.26.
Selectores combinados

HTML	CSS

```html
<h4>H4 gris</h4>
<h5>H5 gris</h5>
<div>
    <p>Elemento</p>
</div>
<div>
    <section>
        Sección <span>no destaca</span>
    </section>
    Sección <span>destaca</span>
</div>
<div>
    <h1>Uno</h1>
    <span>Rosa</span>
    <span>No rosa</span>
</div>
<article>
    <h3>Titulo</h3>
    <p>uno verde</p>
    <p>dos verde</p>
</article>
<ul id="lista">
    <li>uno violeta</li>
    <p>dos violeta</p>
</ul>
```

```css
h4,
h5 {
    color: gray
}

div p {
    color: orange;
}

div>span {
    font-weight: bold;
}

h1+span {
    color: pink
}

h3~p {
    color: green
}

#lista * {
    color: violet;
}
```

Selectores de atributos

El elemento HTML será seleccionado por la CSS dependiendo de la existencia o el contenido de ciertos atributos HTML.

[href]: El elemento tiene atributo href.

[href="#"]: Tiene atributo href y su valor es #.

[href*="javi"]: Tiene atributo href y su valor contiene javi.

[href^="http://"]: Tiene atributo href y su valor comienza por http://.

[href$=".jpg"]: El atributo href está presente y su valor termina por .jpg.

[class~="javi"]: El elemento tiene atributo class con una lista de valores y uno de ellos es javi.

[lang|="es"]: El elemento tiene atributo lang con una lista de valores, donde alguno empieza por es-.

HTML	CSS
`<p id="uno">Rojo</p>`	`[id] {color:red}`
`<a href="https:\\javigomez.org">Rojo</a>`	`[href^="https"] {color: #500;}`
`<a href="img.jpg">Verde</a>`	`[href$=".jpg"] {color: green;}`
`<button onclick="pulsa()">Botón</button>`	`[onclick*="pulsa"]{color:blue}`

Pseudoclases de comportamiento

Se seleccionan los elementos HTML según la interacción del usuario o según donde estén colocados en la estructura:

`:hover:` Se aplica cuando el cursor del ratón se encuentra sobre el elemento.

`:active:` Se aplica cuando el usuario hace clic y mantiene presionado el elemento.

`:focus:` Se aplica cuando el elemento tiene el foco del teclado.

`:visited:` Se aplica a enlaces que el usuario ya ha visitado.

`:link:` Se aplica a enlaces que no han sido visitados por el usuario.

`:target:` Se aplica al elemento que tiene un enlace con el atributo id que coincide con el hash del URL actual.

`:checked:` Se aplica a elementos de formulario que están marcados (como casillas de verificación o botones de radio).

`:disabled:` Se aplica a elementos de formulario que están deshabilitados.

`:required:` Si el campo es obligatorio, tiene el atributo **required**.

`:optional:` Si el campo es opcional (todos los campos por defecto).

`:invalid:` Si los campos no cumplen la validación.

`:valid:` Si los campos cumplen la validación.

`:out-of-range:` Si los campos numéricos están fuera del rango.

`:in-range:` Si los campos numéricos están dentro del rango.

HTML	CSS
`<p>Nombre</p>`	`p:hover{color:#500}`
	`input[type="text"] {`
`<input type="text"`	`  border: 1px solid #ccc;`
`placeholder="Introduce tu nombre">`	`  padding: 5px;`
	`}`
	`input[type="text"]:focus {`
	`  border-color: green;`
	`  outline: none; /* Elimina`
	`el contorno predeterminado`
	`*/`
	`}`

Pseudoclases de posición

El elemento se selecciona según donde esté colocado en la estructura:

`:first-child:` Se aplica al primer hijo directo de un elemento.

`:last-child:` Se aplica al último hijo directo de un elemento.

:nth-child(n): Se aplica a todos los hijos directos de un elemento que son el n-ésimo hijo.

:only-child: Se aplica al único hijo directo de un elemento.

:first-of-type: Se aplica al primer elemento que coincide con un tipo específico dentro de un elemento padre.

:last-of-type: Se aplica al último elemento que coincide con un tipo específico dentro de un elemento padre.

:nth-of-type(n): Se aplica a todos los elementos que coinciden con un tipo específico dentro de un elemento padre y que son el n-ésimo elemento.

Código 3.29.
Pseudoclases de posición

HTML	CSS
| ```html
<ul>
  <li>Primero</li>
  <li>Segundo</li>
  <li>Tercero</li>
</ul>
``` | ```css
ul li:first-child{color: red}
ul li:nth-child(2) {color: violet;}
ul li:last-child{color: green}
``` |

Pseudoelementos

Los pseudoelementos en CSS son palabras clave especiales que se agregan a los selectores para aplicar estilos a partes específicas de un elemento en lugar de a todo el elemento. Se expresan con ::

::before y ::after: Insertan contenido generado por CSS antes o después del contenido del elemento seleccionado. Se utilizan para crear elementos decorativos como viñetas, barras laterales, etc.

Código 3.30.
Pseudoelementos

HTML	CSS
| ```html
<a
href="https://www.ejemplo.com">
Enlace de ejemplo</a>
``` | ```css
a{
  text-decoration: none;
}
a::before {
  content: "\2197"; /* Unicode
flecha diagonal */
  margin-right: 5px;
}
a::after {
  content: " (" attr(href) ")";
URL entre paréntesis */
}
``` |

::first-letter: Aplica estilos a la primera letra de un elemento. Se utiliza para destacar la letra inicial de párrafos o títulos.

::placeholder: Aplica estilos al texto del **placeholder** de los elementos de formulario.

::selection: Aplica estilos al texto seleccionado por el usuario.

::marker: Aplica estilos a los marcadores de listas ordenadas.

HTML	CSS

```
<ol>
  <li>Elemento 1</li>
  <li>Elemento 2</li>
  <li>Elemento 3</li>
</ol>
```

```
ol{
  color: blue;
}
ol li::marker {
  color: red;
}
```

Código 3.31.
Pseudoelementos

3.7. Tipografías

El manejo de los tipos de letras en la web es fundamental para darle un aspecto atractivo y tener una comunicación mas activa con el usuario.

En CSS hay varias propiedades para manejar la tipografía:

Propiedades básicas:

`font-family:` Define la familia tipográfica que se utilizará. Se pueden especificar una o varias familias, separadas por comas. Se recomienda incluir una familia genérica como **fallback** en caso de que la familia principal no esté disponible en el dispositivo del usuario.

`font-size:` Define el tamaño de la fuente. Esta se puede definir en diferentes unidades como píxeles (**px**), puntos (**pt**), o unidades relativas como **em** o **rem**.

`font-weight:` Define el grosor de la fuente con valores como **normal**, **bold**, **lighter** o **bolder**.

`font-style:` Define el estilo de la fuente, es decir, **normal** o **italic**.

`line-height:` Define la altura de la línea marcando el espacio entre las diferentes líneas del texto.

HTML	CSS

```
<p>Línea 1</p>
<p>Línea 2</p>
<p>línea 3</p>
```

```
body *{
  font-family: system-ui, -apple-system,
sans-serif;
  font-family: 'Courier New', Courier,
monospace, serif;
  font-family: Arial, Helvetica, sans-seri
  font-size: 25px;
  font-weight: bold;
  font-style: italic;
  line-height: 10px;
  text-transform: capitalize;
}
```

Código 3.32.
Propiedades básicas de tipografía

Propiedades avanzadas:

`font-stretch:` Permite ajustar el ancho de los caracteres.

`text-align:` Alinea el texto a la izquierda, la derecha, el centro o justificado.

`text-transform:` Convierte el texto a mayúsculas (**uppercase**), minúsculas (**lowercase**) o pone la primera en mayúscula y las demás en minúscula (**capitalize**).

`letter-spacing:` Ajusta el espacio entre letras.

`word-spacing:` Ajusta el espacio entre palabras.

`text-decoration:` Agrega decoración al texto, como subrayado (`underline`), línea superior (`overline`) o tachado (`line-through`).

Propiedad resumida

La propiedad `font` permite establecer múltiples propiedades relacionadas con la fuente:

```
font: font-style font-variant font-weight font-size/line-height
font-family;
```

`font-style:` Define el estilo de la fuente (`normal, italic, oblique`).

`font-variant:` Define la variante de la fuente (`normal, small-caps`).

`font-weight:` Define el grosor de la fuente (`normal, bold, lighter, bolder`).

`font-size:` Define el tamaño de la fuente.

`line-height:` Define la altura de la línea (el espacio entre líneas).

`font-family:` Define la familia tipográfica de la fuente.

La regla @font-face

La regla `@font-face` en CSS permite cargar e instalar fuentes personalizadas en la página web, importándola del sitio donde se ha descargado o directamente de Internet.

La sintaxis de esta regla es la siguiente:

```
@font-face {
  font-family: "Nombre de la fuente";
  local("Ruta local");
  src: url("Ruta en internet a la fuente");
  font-weight: normal;
  font-style: normal;
}
```

`font-family:` Define el nombre que se usará para la fuente en tu código CSS.

`local:` Especifica la ruta local de la fuente.

`src:` Especifica la ruta al archivo de la fuente.

`font-weight:` Define el grosor de la fuente.

`font-style:` Define el estilo de la fuente (`normal` o `italic`).

HTML	CSS
`<h1>Título de la página</h1>`	```@font-face {
  font-family: "Dancing Script";
  src: url("fonts/DancingScript-Regular.woff2")
format("woff2");
}

h1 {
  font-family: "Dancing Script";
  font-size: 36px;
}``` |

Código 3.33.
@font-face

Google Fonts (https://fonts.google.com/) es un buen sitio para obtener fuentes de uso libre. En esta web se pueden buscar por diferentes criterios, seleccionarlas y, a continuación, ofrece el código para incluir en el HTML y CSS para utilizarlas.

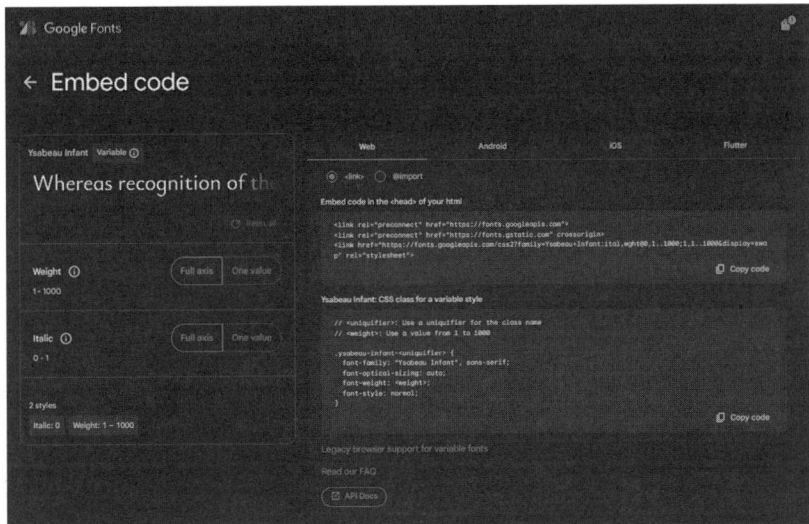

Figura 3.04.
Google Fonts

HTML	CSS
`<h1>Título de la página</h1>`	```@import
url('https://fonts.googleapis.com/css2?family=Ysabeau+Infant:ital,wght@0,1..1000;1,1..1000&display=swap');
h1 {
font-family: "Ysabeau Infant", sans-serif;
font-optical-sizing: auto;
font-weight: bold;
font-style: normal;
}```

Código 3.34.
Google Fonts

Alineaciones y desbordamiento

Existen varias propiedades en donde se puede controlar la alineación, la justificación y el desbordamiento del texto:

text-align: Define la alineación horizontal del texto; puede tener los valores **left**, **right**, **center**, **justify**.

overflow: Controla cómo se comporta el contenido que excede el tamaño de su contendor. Los valores que puede tomar son:

> **visible:** Muestra todo el contenido.
>
> **hidden:** Oculta en contenido que no entra en su contenedor.
>
> **scroll:** Muestra barras de desplazamiento. Se puede ajustar el lugar de la barra definiendo este valor en las propiedades **overflow-x** u **overflow-y**.
>
> **auto:** Valor por defecto. Muestra **scroll**.

text-overflow: Determina cómo se comporta el texto cuando no entra en su contenedor. Se suele utilizar con el valor **ellipsis** para que aparezcan los tres puntos al final del texto.

Código 3.35.
overflow

HTML	CSS

`<div>CSS IS AWESOME</div>`

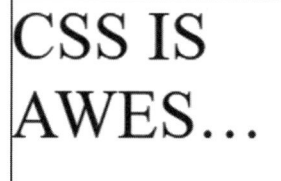

```css
div {
    width: 150px;
    height: 100px;
    border: 1px solid #500;
    font-size: 36px;
    overflow: hidden;
    text-overflow: ellipsis;
}
```

Sombras en textos

La propiedad **text-shadow** permite agregar una sombra al texto, creando un efecto visual que puede mejorar la legibilidad y el atractivo de este. Esta propiedad puede tener desde ningún parámetro, que elimina la sombra del texto si lo tiene, hasta cuatro parámetros.

`text-shadow: horizontal-offset vertical-offset blur-radius color;`

horizontal-offset: Distancia horizontal de la sombra al texto (valor positivo desplaza la sombra a la derecha).

vertical-offset: Distancia vertical de la sombra al texto (valor positivo desplaza la sombra hacia abajo).

blur-radius: Radio de difuminado de la sombra (valor 0 crea una sombra nítida).

color: Color de la sombra.

Para añadir varias sombras, se separa cada definición por comas.

Si se utilizan valores negativos para los desplazamientos, se crean sombras que se extienden hacia el interior del texto.

Se puede controlar la opacidad de la sombra utilizando **rgba()**, en donde se pone el nivel de transparencia en el canal alfa.

HTML	CSS
`<div>Lorem Ipsum</div>`	

```
div {
    font-size: 25pt;
    text-shadow: 4px 4px 2px #aaa;

    text-shadow:
      -1px -1px 3px #999,
      0 0 1px darkred,
      1px 1px 1px red,
      2px 2px 1px #555,
      3px 3px 1px #222,
      4px 4px 1px #000;
}
```

Código 3.36.
Sombra de texto

3.8. Imágenes o gradientes de fondo

Se pueden establecer una o varias imágenes de fondo para un elemento a través de la propiedad **background-image**. Esta misma propiedad permite poner gradientes de color como fondo.

Imagen de fondo

Para establecer una imagen como fondo, se debe especificar la ruta de la imagen a través del atributo **url**.

```
body {
    background-image: url(https://javigomez.org/ESIC/fondo.jpg);
}
```

Código 3.37.
background-image

Para configurar el fondo hay otras propiedades relacionadas:

background-repeat: Controla cómo se repite la imagen cuando es más pequeña que las dimensiones del contenedor. Los valores pueden ser:

- **repeat.** Repetir en ambas direcciones).
- **repeat-x.** Repetir horizontalmente).
- **repeat-y.** Repetir verticalmente).
- **no-repeat.** No repetir.
- **space.** Deja espacio entre las imágenes.
- **round.** Repite la imagen sin recortar ni cambiar el tamaño, a diferencia del **repeat**.

background-position: Define la posición de la imagen de fondo dentro del elemento. Se pueden especificar valores como **center**, posX posY.

background-size: Controla el tamaño de la imagen de fondo. Se pueden especificar valores como **contain** (ajustar al contenido), **cover** (cubrir el elemento), porcentajes o píxeles.

background-color: Establece el color de fondo del elemento. Este color se usará si la imagen no se carga o es transparente.

Código 3.38.
background-image

CSS

```css
body {
  background-image: url(https://javigomez.org/ESIC/javiIco.png);
  background-repeat: no-repeat;
  background-position: 100px 100px;
  background-size: 200px;
}
```

Degradado como fondo

Existen tres propiedades que permiten crear degradados como fondo.

linear-gradient

Crea un degradado a lo largo de una línea recta.

```
background-image: linear-gradient(dirección, color1, color2…)
```

Código 3.39.
Degradado lineal

```css
div {
  height: 200px;
  background-image: linear-gradient(to right, blue, green, red);
  background-image: linear-gradient(to top, blue, green, red);
  background-image: linear-gradient(45deg, blue, green, red);
  background-image: linear-gradient(blue 10%, green 30%, red);
}
```

radial-gradient

Crea un degradado desde un punto central hacia el exterior.

```
background-image: radial-gradient(forma, pos-centro, color1,
color2, ...);
```

Código 3.40.
Degradado radial

CSS

```css
div {
  height: 400px; width: 500px;
  background: radial-gradient(gold, red, black);
  background: radial-gradient(ellipse, gold 50%, red 55%, black
75%);
  background: radial-gradient(circle 200px, gold 50%, red 55%,
black 75%);
  background: radial-gradient(circle 400px at left, gold 50%, red
55%, black 75%);
}
```

conic-gradient

Realiza un degradado rotando alrededor de un punto.

background-image: conic-gradient(at posX posY, color1, color2,
...);

CSS

Código 3.41.
Degradado cónico

```
div {
  height: 400px; width: 500px;
  background-image: conic-gradient(at 300px 70px, blue, green);
}
```

3.9. Estilo en tablas y listas

Estilos en tablas

Aparte de las propiedades genéricas, como **border, background, color, padding, margin**, etc., hay otras específicas para modificar ciertos aspectos de las tablas.

border-collapse. Toma los valores **separate** o **collapse** y elimina o no el espacio de relleno entre las celdas.

border-spacing. Fija el tamaño de relleno entre celdas. Es incompatible con **collapse**

caption-side. Puede tener el valor **top** o **bottom**, indicando en qué posición está el **<caption>** de la tabla.

empty-cell. Si tiene el valor **hide**, hace desaparecer visualmente las celdas vacías.

table-layout. Con el valor **fixed** indica que las celdas deben tener un tamaño fijo y no ajustarse al contenido.

HTML   CSS

Código 3.42.
Estilo en tablas

```
  <table>

  <caption>Clientes</caption>

    <tr>

      <td>Carlos</td>

      <td>Lara</td>

      <td>María</td>

    </tr>

    <tr>

      <td>23</td>

      <td>19</td>

      <td>14</td>

    </tr>

  </table>
```

```
table{
  border-collapse: collapse;
  caption-side: bottom;
}
td {
  border: 1px solid #500;
  padding: 5px;
}
```

Código 3.43.
Estilo en tablas

HTML	CSS

```html
<table>

<caption>Clientes</caption>
  <tr>

    <td>Carlos</td>

    <td>Lara</td>

    <td>María</td>

  </tr>

  <tr>

    <td>23</td>

    <td>19</td>

    <td></td>

  </tr>

</table>
```

```css
table{
  border-collapse: collapse;
  border-spacing: 5px;
  caption-side: bottom;
  empty-cells: hide;
}
td {
  border: 1px solid #500;
  padding: 5px;
}
```

Propiedades de las listas

Las etiquetas HTML `<ul>` y `<ol>` se utilizan para crear listas no ordenadas y ordenadas, respectivamente. Con CSS se puede personalizar la apariencia de estas listas:

`list-style-type.` Define el tipo de viñeta o número que se muestra al inicio de cada elemento de la lista.

Valores para `ul: disc, circle, square, none`, etc.

Valores para `ol: decimal, lower-roman, upper-roman, lower-alpha`, etc.

`list-style-position.` Define la posición del marcador dentro del elemento de la lista y sus valores son `inside` (dentro) y `outside` (fuera).

`list-style-image:` Permite usar una imagen como marcador en lugar de las viñetas o números predeterminados. La ruta se especifica con la propiedad `url`.

`text-indent:` Hace una sangría de la primera línea de cada elemento de la lista.

Código 3.44.
Estilo en listas

HTML	CSS

```html
<ul>

  <li>un texto
más largo</li>

  <li>dos</li>

</ul>
```

```css
ul{
  border: 1px solid;
  width: 100px;
  list-style-type: circle;
  list-style-position: outside;
  text-indent: 5px;
  list-style-image:
url("http://javigomez.org/ESIC/muneco.png");
}
```

3.10. Cursores del ratón

La propiedad **cursor** de CSS permite modificar la apariencia del cursor del ratón cuando se encuentra sobre un elemento HTML. Esto permite proporcionar información visual al usuario sobre la función del elemento o la acción que se puede realizar. Entre otros, los valores que puede tomar son:

auto o **default:** Cursor por defecto del navegador.

pointer: Mano que indica que se puede hacer clic en el elemento.

text: Cursor en forma de barra que indica que se puede seleccionar texto.

wait: Reloj de arena que indica que se está cargando algo.

crosshair: Cruz que indica que se puede realizar una acción precisa.

move: Mano cerrada que indica que se puede mover el elemento.

not-allowed: Círculo con una barra que indica que la acción no está permitida.

help: Mano con un signo de interrogación que indica que hay ayuda disponible.

progress: Barra de progreso que indica que se está procesando algo.

HTML	CSS

`<div></div>`	`div{`
	`    height: 50px;`
	`    border: 1px solid;`
	`    cursor: move;`
	`}`

Código 3.45.
Estilo en listas

Cursores personalizados

Se puede personalizar el cursor asociando una imagen. Para ello se utiliza la propiedad **cursor** con el valor **url()**, donde se especifica la ubicación de la imagen del cursor.

```
cursor: url(http://javigomez.org/ESIC/muneco.png), auto;
```

3.11. Ejercicios de la unidad

Ejercicio 3.1. Crear una caja que ocupe la mitad de la pantalla de ancho, con 50 px de altura y que como máximo tenga 400 px y como mínimo 300 px:

Ejercicio 3.2. Crear una capa de 50% de ancho y 50 px de alto con un el texto «CSS» dentro y con una separación de 10 px de la izquierda y 5 px de la parte superior.

Ejercicio 3.3. Diseñar una tarjeta con un borde redondeado, sombra y espacio interior utilizando las propiedades CSS **margin, padding, border-radius** y **box-shadow**.
Requisitos:

- La tarjeta debe tener un ancho de 300 px y un alto de 200 px.
- Debe tener un borde de 1 px de ancho de color gris claro.
- El borde debe tener un radio de 10 px en las cuatro esquinas.

- Debe tener una sombra de 5 px de tamaño y 2 px de desplazamiento horizontal y vertical.
- Debe tener un margen de 10 px en la parte superior e izquierda, y 20 px en la parte inferior y derecha.
- Debe tener un espacio interior de 15 px en todas las direcciones.

Ejercicio 3.4. Diseñar una tarjeta con los siguientes requisitos:

- La tarjeta debe tener un ancho de 400 px y un alto de 300 px.
- El fondo debe ser de color azul claro (#ADD8E6).
- Debe tener un borde de 2 px de ancho de color azul marino (#073B4C).
- El borde debe tener un radio de 15 px en las cuatro esquinas.
- Debe tener una sombra de 10 px de tamaño, 5 px de desplazamiento horizontal y vertical, y un color gris claro (#E0E0E0).
- Debe tener un margen de 20 px en todas las direcciones.
- Debe tener un espacio interior de 30 px en todas las direcciones.
- El título de la tarjeta (`<h1>`) debe ser «Título de la tarjeta» en color blanco (#FFFFFF) y fuente grande (24 px).
- El contenido de la tarjeta debe ser un párrafo (`<p>`) de texto en color gris oscuro (#444444) y fuente mediana (16 px).

Ejercicio 3.5. Diseñar una lista de productos en donde el `<li>` tiene el atributo *stock* que puede ser n o s. Si no hay *stock* deben tener un fondo rojo y texto blanco y si hay *stock*, fondo verde y texto negro. No debe salir ninguna viñeta de lista.

Ejercicio 3.6. Diseñar una página web que tenga una lista ordenada `<ol>` con cinco elementos `<li>`. El primer elemento debe tener un fondo rojo y un borde verde. El último elemento debe tener un fondo azul y un borde amarillo. Los elementos intermedios deben tener un fondo gris y un borde negro.

Ejercicio 3.7. Mostrar una lista de elementos con un borde alrededor de 1 px en donde la primera y la última tengan esquinas redondeadas de 10 px.

Ejercicio 3.8. Mostrar un enlace en donde por delante aparezca una flecha hacia la izquierda (código 2192) y a continuación la `url` expresada en el `href`.

Ejercicio 3.9. Crear una página web que muestre un título, un subtítulo y un párrafo de texto utilizando diferentes tipografías para cada uno. El título debe utilizar una tipografía `serif`. El subtítulo debe utilizar una tipografía `sans-serif`. El párrafo de texto debe utilizar una tipografía `monospace`.

Ejercicio 3.10. Crear una tabla con el siguiente aspecto.

Nombre	Apellido	Edad
Carlos	Gómez	20
María	Gil	25
Lara	Biedma	30
Gracia	Frías	35

Pulsa aquí para descargar

CSS. Colocación de componentes

Objetivos de aprendizaje:

- Colocar elementos en la página de forma absoluta y relativa.
- Crear una composición flexible de componentes en la web.
- Distribuir los elementos de una página en formato de rejilla.
- Adaptar el diseño de la página a diferentes resoluciones de dispositivos.
- Animar la web a partir de las interacciones del usuario.

Palabras clave: *Flexbox, grid,* diseño *responsive, media query,* transiciones, animación.

4.1. Posicionamiento

Distribución de los componentes

A través de la propiedad **display** se puede controlar la colocación de cada uno de los componentes en la página. Esta puede ser apilada, un elemento debajo de otro, denominándose en bloque o **block**, o cada componente al lado del otro, que se conoce por en línea o **inline**. Cada uno de los elementos HTML tiene un comportamiento por defecto a la hora de colocarse. Por ejemplo, **<div>** se comporta por defecto **block** y **<span>** por defecto es **inline**.

La propiedad **display** cambia la visualización de componentes. Esto lo hace a través de los siguientes valores:

- **block**, se apilan los elementos
- **inline**, se ponen en fila adaptándose al contenido
- **inline-block**, se colocan los elementos en fila sin ignorar la **width** o la **height**.
- **none**, oculta el elemento

HTML	CSS

`<div>Elemento 1</div>`
`<div>Elemento 2</div>`
`<div>Elemento 3</div>`
	`div {`
	`    height: 100px; width: 100px;`
	`    background: #f66;`
	`    display: block;`
	`    display: inline;`
	`    display: inline-block;`
	`}`

Código 4.1.
Display

Visibilidad de los componentes

Hay varias maneras de ocultar un elemento HTML y cada una de ellas tiene sus características:

display: none; Oculta el elemento y no ocupa espacio en la página.

visibility: hidden; El elemento no se ve, pero ocupa el espacio que le corresponde.

opacity: 0; Pasa a invisible a través de una opacidad nula y ocupa su espacio.

Código 4.2.
Visibilidad

HTML

```
<div>Elemento 1</div>
<div>Elemento 2</div>
<div>Elemento 3</div>
```

CSS

```
div {
    height: 100px; width: 100px;
    background: #f66;
    display: inline-block;
}
div:nth-child(2){
    background: #500;
    display: none;
    visibility: hidden;
    opacity: 0;
}
```

Posicionamiento de los componentes

El posicionamiento en CSS permite controlar la ubicación de los elementos en la página web, independientemente del flujo normal del documento.

Posicionamiento estático (`position: static`):

Es el comportamiento por defecto de los elementos. Se colocan en la página según el flujo normal del documento. En el caso de los `<div>`, por ejemplo, uno debajo del otro o uno al lado del otro en caso de un `<span>`. Aunque es el valor por defecto, se puede expresar como: `position: static`.

Posicionamiento absoluto (`position: absolute`):

Los elementos se posicionan en relación con algún elemento contenedor de este que no tenga posicionamiento estático. En caso de que no haya ninguno, será respecto al `<body>`. A través de las propiedades `top, bottom, left y right`, se puede colocar el elemento dentro de la página.

Código 4.3.
Posicionamiento
absoluto

HTML

```
<div>Elemento 1</div>
```

CSS

```
section {
    height: 400px; width: 150px;
    border: 1px black solid;
}
div {
    height: 100px;
    width: 100px;
    background: #f66;
    position: absolute;
    right: 0px;
    top:0px;
}
```

Este tipo de posicionamiento puede resultar muy útil para visualizar las ventanas modales. Para poder centrar una ventana modal, se colocan los cuatro parámetros de posicionamiento a 0 (o `inset: 0`) y luego se le asigna un `margin: auto`.

HTML	CSS
`<div></div>`	`div {`

```
div {
    height: 100px; width: 100px;
    background: #f66;
    position: absolute;
    inset: 0;
/*  right: 0; top:0; left: 0; bottom: 0;*/
    margin: auto;
}
```

Código 4.4.
Centrar un *popup*

Posicionamiento relativo (**position: relative**):

Los elementos se posicionan en relación con su posición original en el flujo normal del documento. Se pueden usar las propiedades **top, bottom, left** y **right** para cambiarlos de posición.

HTML	CSS

```
<section>
    <div>Elemento 1</div>
</section>
```

```
section {
    height: 400px; width: 150px;
    border: 1px black solid;
    position: relative;
    left: 50px;
    top: 10px
}
div {
    height: 100px;
    width: 100px;
    background: #f66;
    position: absolute;
    left: 5px;
    bottom:15px;
}
```

Código 4.5.
Posicionamiento
relativo y absoluto

Posicionamiento fijo (**position: fixed**):

Los elementos se posicionan en relación con el **viewport** (la ventana del navegador) y se mantienen en la misma posición mientras se desplaza la página, haciendo que el **scroll** no afecte. Es útil para mostrar componentes siempre fijos, independientemente de su contenido.

HTML	CSS

```
<section>
    <div>
        Elemento
    </div>
</section>
```

```
section {
    height: 4000px; width: 150px;
    border: 1px black solid;
}
div {
    height: 100px;
    width: 100px;
    background: #f66;
    position: fixed;
    left: 0px;
    bottom:0px;
}
```

Código 4.6.
Posicionamiento fijo

Posicionamiento *sticky* (position: sticky):

Los elementos se posicionan como elementos relativos hasta que alcanzan la parte superior o inferior de la página. Luego se «pegan» a esa posición mientras se desplaza la página. Si su contenedor sale de la pantalla, el componente también sale.

Código 4.7.
Posicionamiento *sticky*

HTML	CSS
| ```html
<section>
    Elemento 1
</section>
<section>
    Elemento 2
</section>
<section>
    Elemento 3
</section>
``` | ```css
section {
    height: 400px; width: 150px;
    border: 1px black solid;
}
div {
    height: 100px;
    width: 100px;
    background: #f66;
    position: sticky;
    left: 0px;
    top:0px;
}
``` |

Profundidad

La propiedad `z-index` define el orden de apilamiento de los elementos posicionados, es decir, determina qué elemento se muestra encima de otro cuando se superponen.

Los elementos con mayor `z-index` se colocan encima de los elementos que tienen definido un menor valor en el atributo `z-index`, pero esto solo funciona con elementos **position: absolute, relative y fixed**. En MDN se pueden consultar todos los elementos que crean un contexto de apilamiento (`https://developer.mozilla.org/es/docs/Web/CSS/CSS_positioned_layout/Understanding_z-index/Stacking_context`)

Los valores de `z-index` son números enteros. Un número mayor indica que el elemento está más adelante en la pila de apilamiento. Si dos elementos tienen el mismo `z-index`, el elemento que se declara más tarde en el código CSS se colocará encima.

No hay que abusar del uso de `z-index` para evitar diseños confusos y difíciles de interpretar. Los valores negativos de `z-index` se pueden usar para colocar elementos detrás de otros en la pila del contexto de apilamiento. La propiedad `z-index` también establece un contexto de apilamiento local. Esto significa que los elementos descendientes solo se comparan con otros elementos dentro del mismo contexto de apilamiento.

HTML	CSS	
		Código 4.8. *Z-index*

```html
<section>
    <div>Elemento 1</div>
</section>

<section>

</section>
```

```css
section {
    height: 500px; width: 150px;
    border: 4px black solid;
    position: relative;
    background: #500;
}
div {
    height: 200px;
    width: 100px;
    background: #f66;
    position: fixed;
    left: 0px;
    top:0px;
    z-index: 0;
}
```

4.2. Elementos flotantes

A través de la propiedad **float** se pueden mover elementos a izquierda o derecha de su contenedor, permitiendo que el resto de los componentes fluyan a su alrededor. Es una propiedad que solo se debe utilizar en contadas ocasiones, ya que ahora hay estructuras más modernas y óptimas.

float: Admite los valores de **none, left y right** para indicar la posición de la capa flotante.

clear: También tiene los valores **none, left, right y both** para evitar que los elementos floten en esa dirección.

HTML	CSS	
		Código 4.9. *Float*

```html
<div>
    <img
src="https://javigomez.org/
ESIC/img/02.jpg" alt="Imagen">
    Lorem ipsum dolor sit amet
consectetur adipisicing elit.
Unde, similique?
</div>
```

```css
div{
    width: 150px;
}
img {
    height: 50px;
    border-radius: 50%;
    float: left;
    margin: 10px;
}
```

4.3. *Flexbox*

Flexbox es un sistema de colocación de componentes en una dimensión que establece cómo se deben comportar los elementos de un contenedor para que actúen de manera flexible en relación con el espacio disponible.

Los elementos se colocan dentro de un contenedor en la dirección del eje principal (por defecto es horizontal). Para ello se tiene que definir cualquiera de estas dos propiedades:

display: flex; Los hijos ocupan todo el ancho del padre.

display: inline-flex; Los hijos ocupan solo su contenido.

Código 4.10.
Flex

HTML

```
<section class="contenedor">
    <div class="item">1</div>
    <div class="item">2</div>
    <div class="item">3</div>
</section>
```

CSS

```
.contenedor{
    display: flex;
    border: 1px solid;
}
.item {
    border: 1px solid #500;
    width: 100px; height: 100px;
}
```

La dirección de colocación de los elementos por defecto es horizontal de izquierda a derecha, pero esto se puede modificar.

flex-direction. Establece la dirección principal en la que se colocan los elementos flexibles dentro del contenedor. Los valores que puede tomar son:

- **row** en horizontal
- **column** en vertical
- **row-reverse** en horizontal invertido
- **column-reverse** en horizontal invertido.

El orden en la dirección se puede modificar con la propiedad **direction**, indicando el valor **ltr** (por defecto) para se coloquen de izquierda a derecha o **rtl** para colocarse de derecha a izquierda.

Otra propiedad que afecta a la dirección de los elementos es **writing-mode** y puede cambiar el eje principal de escritura a vertical con el valor **vertical-lr** o **vertical-rl**.

Para controlar el comportamiento de los elementos cuando no entran en el contenedor, se utiliza la propiedad **flex-wrap**.

flex-wrap. Propiedad que controla si los elementos flexibles deben colocarse en múltiples líneas cuando el espacio disponible no es suficiente. Los valores pueden ser:

- **nowrap:** (Por defecto) no pasan a otra línea y los elementos se estrechan si no entran en el contenedor.
- **wrap:** Los elementos no cambian de tamaño y pasan a otra línea.
- **wrap-reverse:** Pasan a otra línea en orden inverso.

Código 4.11.
Flex

HTML

```
<section class="contenedor">
    <div class="item">1</div>
    <div class="item">2</div>
    <div class="item">3</div>
</section>
```

CSS

```
.contenedor{
    border: 1px solid;
    display: flex;
    flex-wrap: wrap;
}
.item {
    border: 1px solid #500;
    width: 100px; height: 100px;
}
```

Una forma abreviada de indicar la dirección y el desbordamiento se realiza con la propiedad:

flex-flow: <dirección><desbordamiento> (flex-flow: row wrap;)

Para establecer el espacio entre los elementos de un contenedor **flex**, se utilizan las siguientes propiedades:

row-gap. Determina el espacio entre filas.

column-gap. Determina el espacio entre columnas.

gap. Determina el espacio entre filas y columnas con uno o dos parámetros.

HTML	CSS	
```html\n<section class="contenedor">\n <div class="item">1</div>\n <div class="item">2</div>\n <div class="item">3</div>\n</section>\n```	```css\n.contenedor{\n border: 1px solid;\n display: flex;\n flex-wrap: wrap;\n column-gap: 10px;\n row-gap: 5px;\n gap:7px;\n}.item {\n border: 1px solid #500;\n width: 100px; height: 100px;\n}\n```	**Código 4.12.** *Gap*

Propiedades de alineación

Hay propiedades que permiten la colocación de los elementos tanto en el eje principal como en el eje secundario.

justify-content. Esta propiedad alinea los elementos a lo largo del eje principal del contenedor.

- **flex-start.** Al inicio.
- **flex-end.** Al final.
- **center.** Centrado.
- **space-between.** Distribuido equitativamente con espacio entre elementos y no en los laterales.
- **space-around.** Distribuido equitativamente con espacio alrededor de elementos.

HTML	CSS	
```html\n<section class="contenedor">\n <div class="item">1</div>\n <div class="item">2</div>\n <div class="item">3</div>\n</section>\n```	```css\n.contenedor{\n border: 1px solid;\n display: flex;\n flex-wrap: wrap;\n justify-content: center;\n}\n.item {\n border: 1px solid #500;\n}\n```	**Código 4.13.** *Justify-content*

align-items. Alinea los elementos en el eje secundario.

- **flex-start.** Inicio.
- **flex-end.** Final.
- **center.** Centrado.

Código 4.14.
Align-items

HTML	CSS

```html
<section class="contenedor">
    <div class="item">1</div>
    <div class="item">2</div>
    <div class="item">3</div>
</section>
```

```css
.contenedor{
    border: 1px solid;
    height: 200px;
    display: flex;
    align-items: center;
}
.item {
    border: 1px solid #500;
    width: 100px; height: 100px;
}
```

align-content: Esta propiedad controla la alineación de los elementos dentro del contenedor cuando hay espacio adicional en el eje transversal y no entran en el contendor horizontalmente. Solo funciona con **flex-wrap: wrap**.

- flex-start
- flex-end
- center
- space-between
- space-around
- stretch

Código 4.15.
Align-content

HTML	CSS

```html
<div class="container">
  <div class="item item-
1">1</div>
    <div class="item item-
2">2</div>
    <div class="item item-
3">3</div>
</div>
```

```css
.item {
    width: 200px;
    height: 50px;
    border: 1px solid black;
}
.container {
    height: 200px;
    border: 1px solid blue;
    display: flex;
    flex-wrap: wrap;
    align-content: flex-start;
    align-content: flex-end;
    align-content: center;
}
```

align-self: Tiene el mismo comportamiento que **align-items**, pero se utiliza sobre un elemento específico y no sobre el contenedor.

HTML	CSS	
		Código 4.16.
		Align-self

```html
<section class="contenedor">
    <div class="item">1</div>
    <div class="item">2</div>
    <div class="item">3</div>
</section>
```

```css
.contenedor{
    border: 1px solid;
    height: 200px;
    display: flex;
    align-items: flex-end;
}
.item {
    border: 1px solid #500;
    width: 100px; height: 100px;
}
.item:last-child{
    align-self: center;
}
```

Hay una propiedad con la que se puede controlar el orden de los elementos. Esta se especifica en el elemento y se colocan desde el número de orden más pequeño al más grande.

order: <numero>

Todas estas propiedades comentadas con anterioridad se pueden cambiar de forma visual en las herramientas de desarrollo de los navegadores y su efecto se puede ver en el momento.

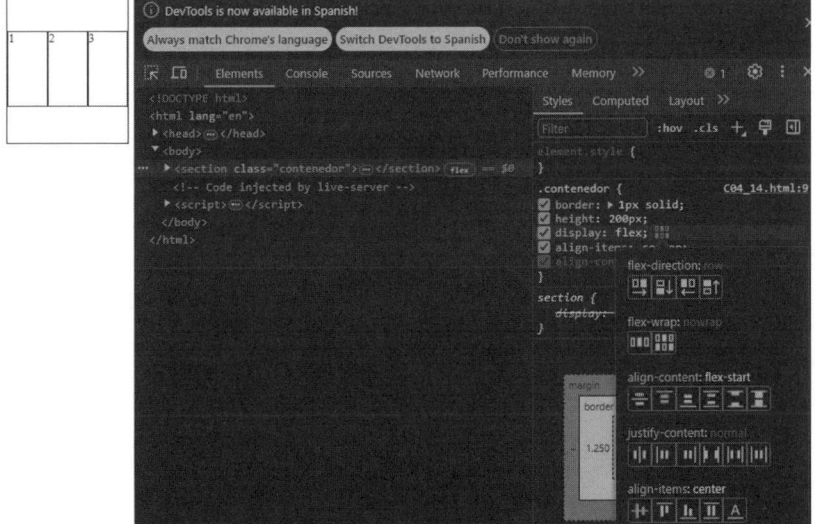

Figura 4.1.
Herramientas de Chrome

Propiedades de flexibilidad

Para cada uno de los elementos se puede determinar de qué manera se van a adaptar al espacio que tienen.

flex-basis: Define el tamaño inicial de un elemento hijo. Por defecto tiene el valor auto, que se ajusta al contenido del padre si puede crecer.

flex-grow: Define como un elemento hijo crecerá para ocupar el espacio disponible. Por defecto tiene el valor 0; el elemento no crece.

flex-shrink: Define como un elemento hijo y se encogerá para ajustarse al espacio disponible. Por defecto el valor es 1, lo que significa que puede encogerse por debajo del tamaño marcado en **flex-basis**.

El valor que se pone en **flex-grow** y **flex-shrink** es un número proporcional al tamaño del resto de los elementos. Si un elemento tiene el valor 2, tendrá el doble de tamaño que otro con valor 1.

Código 4.17.
Flex-shrink

HTML

```
<section class="contenedor">
    <div class="item">1</div>
    <div class="item">2</div>
    <div class="item">3</div>
</section>
```

CSS

```
.contenedor{
    border: 1px solid;
    display: flex;
}
.item {
    border: 1px solid #500;
    width: 100px; height: 100px;
    flex-grow: 1;
    flex-shrink: 1;
}
.item:last-child{
    flex-grow: 2;
    flex-shrink: 2;
}
```

Hay una propiedad que engloba a las anteriores y que es la más utilizada.

flex <proporcion>. Determina el tamaño del elemento respecto al resto de los elementos.

Código 4.18.
Flex

HTML

```
<section class="contenedor">
    <div class="item">1</div>
    <div class="item">2</div>
    <div class="item">3</div>
</section>
```

CSS

```
.contenedor{
    border: 1px solid;
    display: flex;
}
.item {
    border: 1px solid #500;

    width: 0px; height: 100px;
    flex: 1;
}
.item:nth-child(2){
    flex:4;
}
```

4.4. *Grid*

Grid es un sistema de diseño web que permite la colocación de los elementos en dos dimensiones, a diferencia de **Flexbox** que solo maneja una dimensión. Permite organizar el contenido de una página en filas y columnas, y es una buena solución por su flexibilidad y adaptación a diseños *responsive* para ordenador, tablet o móvil.

Esta colocación en cuadrícula que permite **grid** se adapta perfectamente a diseños tipo bento (https://bentogrids.com/) y ofrece una solución alternativa a **position:absolute** para de colocar diferentes elementos en el mismo sitio

Para activar **grid**, es necesario utilizar la propiedad **display** con cualquiera de estos dos valores:

*   **inline-grid**, que establece el tamaño ajustándose al contenido
*   **grid**, que el tamaño se establece según el contenedor. Este valor es el más habitual.

HTML	**CSS**

```html
<div class="cont">
    <div class="ele">1</div>
    <div class="ele">2</div>
    <div class="ele">3</div>
</div>
```

```css
.cont{
    display: inline-grid;
    display: grid;
}
.ele{
    border: 1px solid;
}
```

Código 4.19.
Grid

Filas y columnas

Para determinar las filas y columnas que va a tener el **grid**, hay dos propiedades:

grid-template-columns. Determina las columnas que tiene y su dimensión

grid-template-rows. Determina las filas que tiene y su dimensión.

Cuando se indica la cantidad de columnas, si hay mas elementos que columnas, automáticamente se habilitan nuevas líneas con una altura ajustada a su contenido.

Si en vez de determinar un tamaño fijo, se indica **auto**, esto significa que tendrá la dimensión mínima del contenido y se ajustará al ancho del contenedor.

HTML	**CSS**

```html
<div class="cont">
    <div
class="ele">1</div>
    <div
class="ele">2</div>
    <div
class="ele">3</div>
    <div
class="ele">4</div>
    <div
class="ele">5</div>
</div>
```

```css
.cont{
    display: grid;
    grid-template-columns: auto 100px 100px
    grid-template-rows: 20px 50px 30px;
}
.ele{
    border: 1px solid;
}
```

Código 4.20.
Filas y columnas

Para determinar las dimensiones de las columnas o filas, se pueden utilizar y combinar cualquiera de las unidades conocidas, como **pixeles**, **vh**, **porcentajes**.

Grid proporciona una unidad especial para determinar las dimensiones de los elementos: es la fracción **(fr)**. La fracción determina la proporción entre las columnas o filas. Una columna de **1 fr** será la mitad de ancha que una de **2 fr** y se adaptarán al ancho de su contenedor.

Código 4.21.
Fracciones

HTML

```
<div class="cont">
    <div class="ele">1</div>
    <div class="ele">2</div>
</div>
```

CSS

```
.cont{
    display: grid;
    grid-template-columns: 1fr 2fr;
}
.ele{
    border: 1px solid;
}
```

Algo importante que tener en cuenta es que la cuadrícula no se crea a través de los elementos, sino que se crea con la definición. Si definimos tres filas y solo hay contenido para dos, la **grid** tendrá una fila vacía.

Pero cuando definimos menos filas de las necesarias, estas se crean según la cantidad de elementos que existan, generando nuevas filas. Estas nuevas filas tendrán la altura marcada por su contenido, aunque también se puede marcar un alto por defecto a través del parámetro **grid-auto-rows**.

Código 4.22.
Grid-auto-rows

HTML

```
<div class="cont">
    <div class="ele">1</div>
    <div class="ele">2</div>
    <div class="ele">3</div>
</div>
```

CSS

```
.cont{
    display: grid;
    grid-template-columns: 1fr 2fr;
    grid-template-rows: 30px;
    grid-auto-rows: 50px;
}
.ele{
    border: 1px solid;
}
```

A través de la función **repeat()**, se puede determinar el número y el tamaño de varias columnas o filas del **grid**, sin tener que especificar una a una. Solo es necesario indicar las veces que se repiten y el tamaño de estas. Se puede combinar la función con elementos definidos de forma única y también definir patrones de repetición.

HTML	CSS

Código 4.23.
repeat()

```
<div class="cont">        .cont{
    <div                       display: grid;
class="ele">1</div>            grid-template-columns:repeat(2,50px);
    <div                       grid-template-columns:10px
class="ele">2</div>    repeat(2,50px);
    <div                       grid-template-columns:repeat(2,50px
class="ele">3</div>    20px);
    <div                       grid-template-rows: repeat(3,100px);
class="ele">4</div>            grid-auto-rows: 50px;
    <div                   }
class="ele">5</div>    .ele{
</div>                         border: 1px solid;
                       }
```

La función **minmax(min,max)** indica el tamaño mínimo y máximo de una fila o columna. En el siguiente código la primera columna tendrá un ancho de 1/3 pero nunca inferior a 150 px.

HTML	CSS

Código 4.24.
Minmax()

```
<div class="cont">        .cont{
    <div                       display: grid;
class="ele">1</div>            grid-template-columns:minmax(150px, 1fr)
    <div                   1fr 1fr;
class="ele">2</div>            grid-auto-rows: 50px;
    <div                   }
class="ele">3</div>    .ele{
    <div                       border: 1px solid;
class="ele">4</div>    }
</div>
```

Espacios entre columnas o filas

Para establecer espacios entre las filas o las columnas, se cuenta con las siguientes propiedades:

column-gap. Determina el espacio entre columnas.

row-gap. Deja un espacio determinado entre filas.

gap. Con dos parámetros establece el ancho entre filas y luego entre columnas. Con un parámetro establece los dos valores a la vez.

HTML	CSS

Código 4.25.
gap

```
<div class="cont">        .cont{
    <div                       display: grid;
class="ele">1</div>            grid-template-columns:repeat(3,1fr);
    <div                       grid-auto-rows: 50px;
class="ele">2</div>            column-gap: 5px;
    <div                       row-gap: 5px;
class="ele">3</div>            gap: 3px 9px;
    <div                       gap:4px;
class="ele">4</div>    }
</div>                     .ele{
                               border: 1px solid;
                       }
```

auto-fill y auto-fit

`auto-fill` y `auto-fit` se utilizan para generar automáticamente celdas repetidas en una cuadrícula según el tamaño del contenedor y el tamaño y cantidad de los elementos.

`auto-fill` se utiliza para crear tantas columnas como quepan en el contenedor sin desbordarse. Creará celdas vacías si hay espacio adicional disponible. Si los elementos no completan el espacio del contenedor, **auto-fill** generará celdas adicionales vacías para llenar el espacio restante.

```
.container {
  display: grid;
  grid-template-columns: repeat(auto-fill, minmax(100px, 1fr));
}
```

En este ejemplo se crearán tantas columnas como quepan en el contenedor, y cada columna tendrá un tamaño mínimo de 100 px y un tamaño máximo de 1fr.

`auto-fit` funciona de manera similar a **auto-fill**, pero en lugar de dejar espacios vacíos cuando pueda entrar un nuevo elemento, los elimina y agranda los existentes hasta rellenar el espacio disponible.

`auto-fill` puede ser útil si se desea alinear los elementos o no tener un tamaño muy grande cuando hay pocos. Se aprecia la diferencia cuando hay menos elementos que columnas puedan entrar en el contenedor.

Código 4.26.
Auto-fit, auto-fill

CSS

```
.cont{
    display: grid;
    grid-template-columns:repeat(auto-fill,minmax(150px,1fr));
    grid-template-columns:repeat(auto-fit,minmax(150px,1fr));
    gap:4px;
}
.ele{
    border: 1px solid;
} /*probar con 4 y con 2 elementos*/
```

Celdas irregulares

Se puede hacer que las celdas de la **grid** empiecen o acaben en puntos determinados. Para configurar esto existen cuatro propiedades que se definen directamente en los elementos en vez de en el contenedor:

`grid-column-start:` Indica en que columna empezará el elemento

`grid-column-end:` Indica la columna de fin del elemento

`grid-row-start:` Indica la fila de inicio

`grid-row-end:` Indica la fila de fin

Los valores que podemos dar a estos parámetros pueden ser el número específico de inicio o fin o, con la palabra **span**, se indican las líneas o las columnas que debe ocupar.

HTML	CSS

```html
<div class="cont">
    <div
class="ele">1</div>
    <div
class="ele">2</div>
    <div
class="ele">3</div>
    <div
class="ele">4</div>
</div>
```

```css
.cont{
    display: grid;
    grid-template-columns: repeat(3,1fr);
    gap:3px;
}
.ele:first-child{
    grid-column-start: 1;
    grid-column-end: 3;
}
.ele{
    border: 1px solid;
}
```

Figura 4.2.
Elementos irregulares

Si se quiere dejar un espacio vacío, se puede colocar el inicio en otra columna:

```css
.ele:first-child{
    grid-column-start:2;
    grid-column-end: 3;
}
```

O de esta manera:

```css
.ele:nth-child(2) {
    grid-column-start: 3;
    grid-column-end: 3;
}
```

Con el siguiente código se puede determinar una altura doble de un elemento:

```css
.ele:first-child{
    grid-column-start: 1;
    grid-column-end: 2;
    grid-row-start: 1;
    grid-row-end: 3;
}
```

Con el parámetro **span** se puede indicar la cantidad de filas o columnas que ocupa:

```css
.ele:first-child{
    grid-column-start: 1;
    grid-column-end: span 3;
}
```

Hay una forma abreviada para indicar esto mismo que es utilizando **grid-column** y **grid-row**.

```
.ele:first-child{
    grid-column: 1 / span 3;
    grid-column: 1 / 4 ;
/*    grid-column-start: 1;
    grid-column-end: 3; */
}
```

Colocando de esta manera los elementos, se puede cambiar el orden de estos sin tener en cuenta lo establecido en el HTML.

```
.ele:first-child {
    grid-column: 2/3;
}

.ele:nth-child(2) {
    grid-column: 1/2;
    grid-row: 1/1;
}
```

También se puede expresar con números negativos, indicando las columnas empezando por el final, siendo la columna -1 la última y de esta manera no tener que determinar el número exacto cuando se quiere que un elemento llegue hasta el final del contenedor.

Código 4.28.
Posicionamiento con -1

HTML

```
<div class="cont">
    <div
class="ele">1</div>
    <div
class="ele">2</div>
    <div
class="ele">3</div>
    <div
class="ele">4</div>
</div>
```

CSS

```
.cont{
    display: grid;
    grid-template-columns: repeat(3,1fr);
    gap:3px;

}
.ele:first-child{
    grid-column: 1/-1;
    grid-row:2/3;
}
.ele{
    border: 1px solid;
}
```

Una característica de **grid** que puede resultar útil es que se pueden establecer dos elementos en el mismo sitio y superponerlos sin utilizar **position:absolute**. Se utiliza **z-index** para determinar el elemento que en ese momento pueda ser visible. Esto resulta muy útil para hacer un **hover** en un escaparate.

HTML	CSS	

```html
<div class="cont">
    <div
class="ele">1</div>
    <div
class="ele">2</div>
    <div
class="ele">3</div>
    <div
class="ele">4</div>
</div>
```

```css
.cont{
    display: grid;
    grid-template-columns: repeat(3,1fr);
    gap:3px;
}
.ele:first-child{
    grid-column: 1/2;      grid-row: 1/2;
}
.ele:nth-child(2){
    grid-column: 1/2;      grid-row: 1/2;
}
.ele{
    border: 1px solid;
}
```

Grid por áreas

Se puede definir la disposición de los elementos dentro de la cuadrícula utilizando nombres en lugar de números, que es una manera más visual e intuitiva de crear los diseños.

A través de la propiedad **grid-template-areas** en el contenedor se especifica la disposición y tamaño de las diferentes áreas mediante nombres. A continuación, con la propiedad **grid-area** en cada elemento, se determina ese nombre del área del elemento.

HTML	CSS	

```html
<div class="cont">
    <div
class="ele1">cabecera</div>
    <div
class="ele2">menú</div>
    <div
class="ele3">contenido</div>
    <div
class="ele4">pie</div>
</div>
```

```css
.cont {
    display: grid;
    gap: 3px;
    grid-template-columns: repeat(3,
1fr);

    grid-template-areas:
        "header header header"
        "sidebar content content"
        "footer footer footer"
}
div {border: 1px solid;}
.ele1 {grid-area: header;}
.ele2 {grid-area: sidebar;}
.ele3 {grid-area: content;}
.ele4 {grid-area: footer;}
```

De esta manera se está «dibujando» la configuración de la página sin preocuparse de dónde tiene que empezar o acabar cada elemento. Si se necesita que una zona no tenga contenido se pone un punto «.» y quedará vacía.

Esta configuración se puede especificar en una **media query** de manera que se pueda cambiar la configuración dependiendo del ancho del dispositivo.

Código 4.31.
Posicionamiento por
áreas multidispositivo

HTML

```
<div class="cont">
    <div
class="ele1">cabecera</div>
    <div
class="ele2">menú</div>
    <div
class="ele3">contenido</div>
    <div
class="ele4">pie</div>
</div>
```

CSS

```
.cont {
    display: grid;
    gap: 3px;
    grid-template-columns: repeat(3,
1fr);

    grid-template-areas:
        "header header header"
        "sidebar content content"
        "footer footer footer"
}
div {border: 1px solid;}
.ele1 {grid-area: header;}
.ele2 {grid-area: sidebar;}
.ele3 {grid-area: content;}
.ele4 {grid-area: footer;}
@media (width < 400px){
.cont{
    grid-template-areas:
        "header header sidebar"
        "content content content"
        "footer footer footer"
}
}
```

Alineación de los elementos y la cuadrícula

Para alinear los elementos dentro de la cuadrícula utilizamos las propiedades:

justify-items: Alinea los elementos en el eje principal; los valores que puede tomar son **start**, **end**, **center** o **stretch**.

align-items: Alinea los elementos en el eje secundario, y los valores son también **start**, **end**, **center** o **stretch**.

Con el valor **stretch** no se ajustan al contenido, sino que ocupan todo el espacio disponible. Este es el valor por defecto.

Código 4.32.
Alineación de
elementos

HTML

```
<div class="cont">
    <div
class="ele">1</div>
    <div
class="ele">2</div>
    <div
class="ele">3</div>
    <div
class="ele">4</div>
</div>
```

CSS

```
.cont {
    display: grid;
    gap: 3px;
    grid-template-columns: repeat(3, 50px);
    grid-auto-rows: 30px;
    justify-items: center;
    align-items: end;
}
.ele {border: 1px solid;}
```

Para alinear la cuadrícula dentro de la página, se dispone también de dos propiedades:

justify-content: Coloca la rejilla y sus elementos dentro de su contenedor en el eje principal.

aling-content: Coloca la rejilla y sus elementos dentro de su contenedor en el eje secundario.

Los valores que pueden tomar estas dos propiedades pueden ser:

- **start:** Coloca la rejilla al inicio de su contenedor.
- **end:** Coloca la rejilla al final de su contenedor.
- **center:** Centra la rejilla en su contenedor.
- **stretch:** Ocupa todo el espacio disponible.

space-between: Pone espacios entre los elementos ocupando el espacio disponible.

space-around: Pone espacio alrededor de los elementos ocupando todo el espacio disponible.

space-evenly: Pone el mismo espacio alrededor de todos elementos.

HTML	CSS
| ```html
<div class="cont">
    <div class="ele">1</div>
    <div class="ele">2</div>
    <div class="ele">3</div>
    <div class="ele">4</div>
</div>
``` | ```css
.cont {
    display: grid;
    height: 500px;
    grid-template-columns: repeat(3, 50px);
    grid-auto-rows: 30px;
    justify-content: space-around;
    align-content: center;
}
div {border: 1px solid;}
``` |

Código 4.33.
Alineación de contenedor

Si se quiere cambiar la alineación de un solo elemento respecto al resto, se puede utilizar **justify-self** y **align-self** dentro del elemento que queremos personalizar.

HTML	CSS
| ```html
<div class="cont">
    <div class="ele">1</div>
    <div class="ele">2</div>
    <div class="ele">3</div>
    <div class="ele">4</div>
</div>
``` | ```css
.cont {
    display: grid;
    height: 500px;
    grid-template-columns: repeat(3, 50px);
    grid-auto-rows: 30px;
    justify-content: space-around;
    align-content: center;
}

div {
    border: 1px solid;
}

div:first-child {
    align-self: end;
    justify-self: start;
}
``` |

Código 4.34.
Alineación de un elemento

Estas propiedades se refieren a contenido, a elementos o al propio elemento. CSS ofrece unos atajos para evitar escribir varias líneas.

place-items:

Combina las propiedades **align-items** y **justify-items** en una sola declaración y define simultáneamente la alineación horizontal y vertical de los elementos dentro de sus celdas de la cuadrícula.

Si solo se especifica un valor, este se aplica tanto a la alineación horizontal como vertical.

place-content:

Combina **align-content** y **justify-content** en una sola declaración y define la alineación horizontal y vertical de la rejilla dentro del contenedor de la cuadrícula.

Afecta la posición del conjunto de elementos en relación con las líneas y columnas definidas por la cuadrícula.

place-self:

Define la alineación horizontal y vertical de un elemento individual dentro de su celda de la cuadrícula. Funciona de manera similar a **place-items**, pero se aplica únicamente al elemento especificado.

Código 4.35.
Place

HTML	CSS

```
<div class="cont">
    <div
class="ele">1</div>
    <div
class="ele">2</div>
    <div
class="ele">3</div>
    <div
class="ele">4</div>
</div>
```

```
.cont {
        display: grid;
        height: 300px; width: 300px;
        grid-template-columns: repeat(3, 50px);
        grid-auto-rows: 30px;
        place-content: center;
        place-items: center;
}
div {border: 1px solid;}
```

Orden de los elementos

La propiedad **order** permite definir un orden de aparición para los elementos dentro de la cuadrícula. Un valor menor significa que el elemento aparecerá antes que los que tengan un valor mayor. Por defecto se asigna el orden 0 a todos los elementos.

Código 4.36.
Orden de los
elementos

HTML	CSS

```
<div class="cont">
    <div
class="ele">1</div>
    <div
class="ele">2</div>
    <div
class="ele">3</div>
    <div
class="ele">4</div>
</div>
```

```
.cont {
        display: grid;
        grid-template-columns: 1fr 1fr 1fr;
        grid-auto-rows: 30px;
}
div {border: 1px solid;}
div:first-child{
        order:2;
}
```

4.5. Diseño *responsive*

El diseño responsivo es un enfoque de diseño web para hacer que las páginas web se muestren bien en todos los tamaños y resoluciones de pantalla, garantizando al mismo tiempo una buena usabilidad. Es la forma de diseñar para una web multidispositivo.

El diseño web responsivo no es una tecnología separada; es un término utilizado para describir un conjunto de mejores prácticas utilizadas para crear un diseño que pueda adaptarse a cualquier dispositivo que se utilice para ver el contenido.

Unidades relativas

En diseño web responsive, es fundamental utilizar unidades relativas para garantizar que el diseño se adapte adecuadamente a diferentes tamaños de pantalla y dispositivos. Las unidades relativas permiten que los elementos se escalen de manera proporcional en función del tamaño de la ventana.

Porcentaje (%). Esta es una de las unidades relativas más básicas. Permite establecer el tamaño de un elemento en relación con el tamaño de su contenedor principal.

em. Esta unidad es relativa al tamaño de fuente del elemento padre. Por ejemplo, si el tamaño de fuente del elemento padre es de 16 px y se establece el tamaño de fuente de un elemento hijo en `font-size`: 1.5 em; el tamaño de fuente del elemento hijo será de 24 px (1,5 veces el tamaño de fuente del elemento padre).

rem. Similar a em, pero en lugar de ser relativo al tamaño de fuente del elemento padre, `rem` es relativo al tamaño de fuente del elemento raíz (normalmente el elemento <html>).

viewport width (vw) y viewport height (vh). Estas unidades son relativas al tamaño de la ventana del navegador. 1 vw es igual al 1% del ancho de la ventana del navegador, mientras que 1 vh es igual al 1% de la altura de la ventana del navegador.

Tamaños máximos y mínimos

`min-width` y `max-width` son propiedades que definen el ancho mínimo y máximo de un elemento. Estas propiedades son esenciales para crear diseños responsivos y adaptables a diferentes tamaños de pantalla.

`min-width:` Establece el ancho mínimo que puede tener un elemento. Si el ancho del contenido del elemento es menor que el valor especificado en `min-width`, el elemento se agrandará hasta alcanzar ese ancho mínimo. Evita que el contenido se encoja demasiado y se vuelva ilegible en pantallas pequeñas.

`max-width:` Define el ancho máximo que puede tener un elemento. Si el ancho del contenido del elemento es mayor que el valor especificado en `max-width`, el elemento se contraerá hasta alcanzar ese ancho máximo. Se utiliza para evitar que los elementos se desborden del contenedor o se vuelvan demasiado anchos en pantallas grandes.

Viewport

Cuando la web está presente en diferentes dispositivos, debemos garantizar que el ancho de la ventana gráfica se ajusta al ancho del dispositivo y que el *zoom* inicial de la página está al 100%. Esto se consigue con el siguiente meta:

```html
<meta name="viewport" content="initial-scale=1, width=device-width">
```

Media queries

Son una característica de CSS que permite aplicar estilos diferentes a una página web según una condición especificada. Esta condición se referirá a las características del dispositivo o navegador en el que se visualiza.

Las consultas de medios o dispositivo se componen de dos partes principales:

Tipo de medio. Especifica el tipo de medio al que se dirige la consulta.

- `all`. Aplicable a todos los dispositivos (valor por defecto).
- `screen`. Dirigido a pantallas.
- `print`. Dirigido a impresiones.

Características. Define las características del dispositivo o navegador que se deben cumplir para aplicar los estilos.

- `width`: Tamaño del dispositivo.
- `min-width`: Tamaño mínimo del dispositivo.
- `max-width`: Tamaño máximo del dispositivo.
- `orientation`: `<landscape><portrait>`: Orientación del dispositivo.
- `aspecto-ratio`: Proporción.

Código 4.37.
Media query

HTML	CSS

```
<div> </div>    div {
                    height: 50px;
                    background: #500;
                }
                @media screen and (width<300px) {
                    div {
                        background: blue;
                    }
                }
                @media screen and (width>300px) and (width<400px) {
                    div {
                        background: green;
                    }
                }
```

Medio impreso

A través de las **media queries** se puede definir el comportamiento de la página cuando se manda a imprimir. Hay ciertas características que es muy recomendable configurar cuando la web se imprime:

- Eliminar fondos negros o de colores sólidos.
- Usar tipografías adecuadas para leerlas en papel.
- Mostrar los enlaces de las etiquetas `<a>`.
- Ocultar publicidad y navegación.
- Definir las dimensiones del papel y los saltos de página.

HTML	CSS

Código 4.38.
Impreso

```html
<a
href="javigomez.org">
Javi</a>
```

```css
@media print {
    /* Ocultar zonas no relevantes */
    .navigation,
    .banner,
    .menu {
      display: none;
    }

    /* Cambiar tipografía y colores */
    body,
    .content {
      font-family: Ecofont, sans-serif;
      background: white;    color: black;
    }

    /* Mostrar enlaces */
    a::after {
      content: "(" attr(href) ")";
      padding: 0 5px;
    }
  }
}
```

Regla @page

Con esta regla se pueden definir estilos específicos para aplicar cuando se imprime una página.

`size:` Indica el ancho y alto de la página. Se puede indicar en pulgadas (in) o poner los valores predefinidos **portraid** o **landscape**.

`margin:` Indica los márgenes de la página

```css
@page {
   size: 8.27in 11.69in;   /* DIN A4 */
   margin: .5in .5in .5in .5in;
}
```

Salto de página

Para forzar un salto de página se utiliza la definición de un estilo con la propiedad **page-break-before**, que provoca el salto de página antes de la siguiente acción. Una forma práctica de forzar un salto de página es la que se muestra a continuación:

Código 4.39.
Salto de página

HTML

```
<div>Primera</div>
<div class="saltoDePagina"></div>
<div>Segunda</div>
```

CSS

```
@media print{
  .saltoDePagina{
    display:block;
    page-break-before:always;
  }
}
```

4.6. Transiciones

Las transiciones permiten realizar un cambio suave en las propiedades de un elemento durante un tiempo especificado. No todas las propiedades pueden tener animación durante la transición, solo aquellas que tengan valores discretos en su definición. Para realizar las transiciones de un elemento existen cuatro propiedades:

transition-property: Define qué propiedades CSS se animarán al cambiar. Se puede especificar una o varias propiedades, todas (**all**) o ninguna (**none**).

transition-duration: Establece la duración de la animación en segundos.

transition-timing-function: Define la curva de aceleración y desaceleración de la animación. Existen diferentes funciones predefinidas para determinar la velocidad de cambio en el tiempo.

- **Ease.** La transición comienza lentamente, aumenta la velocidad y luego se ralentiza al final (similar a un movimiento natural).

- **Linear.** La transición se realiza a una velocidad constante durante todo el tiempo de la animación.

- **Ease-in.** La transición comienza muy lentamente y luego aumenta la velocidad gradualmente.

- **Ease-out.** La transición comienza a una velocidad normal y luego se ralentiza gradualmente hasta detenerse.

- **ease-in-out.** La transición comienza rápido y finaliza lentamente.

- **Cubic-bezier.** Permite definir con precisión la curva de aceleración/desaceleración de la animación mediante una curva de Bézier cúbica (**https://cubic-bezier.com/**).

transition-delay: Retrasa el inicio de la animación durante un tiempo determinado en segundos.

Si la transición se define en el estado inicial, esta se produce tanto entre el estado inicial y final como al revés, mientras que, si la transición se define solo en el estado final, se produce la animación solo entre el estado inicial y el final.

HTML	CSS	
`<div> </div>`		**Código 4.40.** Transiciones

```css
div{
    height: 100px;
    background: #500;
    transition-property: all;
    transition-duration: 1s;
    transition-timing-function: ease;
    transition-delay: .5s;
    &:hover{
        background: lightblue;
        height: 50px;
    }
}
```

Se pueden resumir todas estas propiedades en **transition**.

```css
transition: all 1s ease .5s;
```

En una transición se pueden determinar diferentes comportamientos por cada característica, y establecer también diferencias entre el estado inicial y final y el estado final y el inicial.

HTML	CSS	
`<div> </div>`		**Código 4.41.** Transiciones

```css
div {
    background: black;
    width: 100px;
    height: 50px;
    transition: background 1s linear;
}
div:hover {
    background: red;
    width: 300px;
    transition: width 5s, background 5s linear;
}
```

HTML	CSS	
		Código 4.42. Transiciones

```html
<div class="container">
  <div class="item">Elemento 1</div>
  <div class="item">Elemento 2</div>
  <div class="item">Elemento 3</div>
</div>
```

```css
.container {
  display: flex;
  justify-content: center;
  align-items: center;
  height: 150px;
  gap: 5px;
  background: grey;
}
.item {
  flex: 0 1 15%;
  padding: 20px;
  background: black;
  color: white;
  transition: all 0.5s;
}
.item:hover {
  flex: 1 1 10%;
  background: indigo;
}
```

4.7. Animaciones

Las animaciones permiten crear un dinamismo mas complejo que con las transiciones para mover los elementos, cambiar su tamaño, color, forma, etc.

Las propiedades asociadas con la animación son las siguientes:

`animation-name`. Nombre de la regla @keyframes que se van a usar.

`animation-duration`. Duración de la animación en segundos.

`animation-timing-function`. Curva de aceleración y desaceleración de la animación.

`animation-delay`. Retraso en el inicio de la animación.

`animation-iteration-count`. Número de veces que se repite la animación. Si se indica **infinite**, no parará de realizarla.

`animation-direction`. Dirección de la animación (normal o reverse).

Todas estas propiedades se pueden resumir en una sola propiedad:

```
animation: <name> <duration> <timing-function> <delay> <iteration-
count> <direction>
```

La otra propiedad fundamental de las animaciones es la propiedad **@keyframes**.

Esta propiedad define los diferentes estados de la animación como si fueran fotogramas de una película, determinando en qué momento debe aparecer ese **frame**.

Cuando se produce una animación, se puede cambiar el estilo del elemento, pero también se puede realizar alguna transformación que afecte a su posición, tamaño, orientación, etc.

Este tipo de transformaciones se hacen con la propiedad **transform**, que tiene diferentes parámetros.

`translate(x, y)`. Mueve el elemento a lo largo del eje X e Y. Los valores de X e Y indican la distancia en píxeles o porcentajes.

`translateX(x)`. Mueve el elemento solo a lo largo del eje X.

`translateY(y)`. Mueve el elemento solo a lo largo del eje Y.

`scale(x, y)`. Escala el elemento en el eje X e Y. Un valor de 1 no cambia el tamaño, valores mayores que 1 lo agrandan y valores entre 0 y 1 lo reducen.

`scaleX(x)`. Escala el elemento solo en el eje X.

`scaleY(y)`. Escala el elemento solo en el eje Y.

`rotate(angle)`. Rota el elemento en sentido antihorario alrededor de su punto de origen. El ángulo se especifica en grados (**deg**).

`skew(x-angle, y-angle)`. Inclina el elemento en los ejes X e Y. Los ángulos se especifican en grados (**deg**).

HTML	CSS	**Código 4.43.**

Animaciones

```html
<div class="p"></div>
```

```css
.p {
  width: 30px;
  height: 30px;
  background: #500;
  border-radius: 50%;
  position: relative;

  &:hover {
    animation-name: muevete;
    animation-duration: 3s;
  }
}

@keyframes muevete {
  from {
    transform: translate(0px, 0px);
  }

  to {
    transform: translate(100px, 0px);
  }
}

body {
  display: grid;
  place-content: center;
  min-height: 50vh;
}
```

HTML	CSS	**Código 4.44.**

Animaciones

```html
<div
class="p"
></div>
```

```css
.p {
  width: 30px;
  height: 30px;
  background: #500;
  &:hover {
    animation-name: rota;
    animation-duration: 2s;
    animation-timing-function: ease-in-out;
    animation-iteration-count: 3; /*infinite */
    animation-delay: .5s;
  }
}
@keyframes rota {
  0% {
    transform: rotate(0deg);
    opacity: 1;
  }
  50% {
    transform: rotate(180deg);
```

```
                            opacity: 0.5;
                          }
                          100% {
                            transform: rotate(0deg);
                            opacity: 1;
                          }
                        }
```

Las animaciones suelen estar asociadas al tiempo, como factor que define el estado del movimiento. Pero a través de la propiedad **animation-timeline** se pueden asociar al **scroll** y, dependiendo de la posición de este, cambia el estado de la animación. En este caso, es necesario indicar en el parámetro del tiempo el valor **auto**.

Código 4.45.
Animaciones

HTML

```
<div
id="progreso"></div>
  <p>
    Lorem ................
  </p>
```

CSS

```
body{
  margin: 0;
}
#progreso {
  position: fixed;
  top: 0;
  width: 0%;
  background: #500;
  height: 10px;
  animation: avance auto linear;
  animation-timeline: scroll(root block);
}
@keyframes avance {
  from { width: 0%;}
  to {width: 100%;}
}
p{
  width: 50%; height: 1000px;
  padding: 20px;
}
```

4.8. Recursos

https://flexboxfroggy.com/#es
https://cssgridgarden.com/#es
https://codingfantasy.com/games/flexboxadventure/play
https://codingfantasy.com/games/css-grid-attack

4.9. Ejercicios de la unidad

Ejercicio 4.1. Colocar tres bloques horizontales que ocupen toda la pantalla con 5 px de separación entre ellos. Fondo color **gray**, los bloques con fondo **black** y texto **white**. **padding de 20 px**. Alto de la caja 150 px

Ejercicio 4.2. Crear un cuadro de **300 x 300 px** con un texto centrado tanto vertical como horizontalmente, como se ve en la imagen. El texto es «Capitulo Inicial», y debe tener formato h2. El color de fondo es **rgba(193,219,210,1.00)** y la letra **sans-serif**.

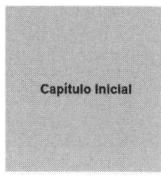

Ejercicio 4.3. Crear un **sidebar** izquierdo y una zona de contenido a su derecha usando un **flexbox**. Los bloques tienen colores de fondo diferentes para diferenciarlos, un *gap* de 2 px y un **padding** vertical de 12 px y lateral de 24 px. El **sidebar** posee un ancho que es la cuarta parte del ancho del bloque de contendido y el alto es el del **viewport**.

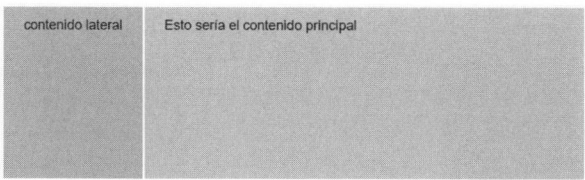

Ejercicio 4.4. Crear una tarjeta de 300 x 300 px con **flexbox**. Esta tarjeta debe tener una zona de encabezado para colocar un título, un cuerpo para el contenido con un texto y un pie de texto. El contenido de título y pie deben quedar centrados vertical y horizontalmente. La cabecera es color morada (#8A2BE2) y el pie, naranja (#D2691E); la letra es Nerko One. El título es un encabezado h2 y el pie un encabezado h4. La tarjeta llevará un ligero sombreado.

Ejercicio 4.5. Crear una colección de las tarjetas definidas en el ejercicio anterior. El espacio entre ellas será 15 px horizontalmente y 20 px verticalmente.

Ejercicio 4.6. Utilizar `flexbox` para maquetar una página con dos columnas, donde la columna derecha tiene a su vez dos filas iguales. Las columnas se reparten el ancho en la relación 70%:30%. `padding` de 20 px. El color del fondo es RGB 14,124,16, y las filas llevan bordes de 1 px en color `lightgray`. Fuente: `Comfortaa`.

Ejercicio 4.7. Con `flexbox` construir una página donde las columnas tienen una relación de anchuras 1:2:1. Colocar los textos centrados, poner una altura igual a la altura del `viewport` (100 vmin). El titular está en negrita, color de fondo `lightsalmon` y tiene una altura de 24 px, igual que el tamaño de la letra. Las columnas tienen un `padding` de 24 px. Fuente: `Comfortaa`.

Ejercicio 4.8. Al ejercicio anterior colocar un pie de página y texto de detalle a 8 pt dentro de cada área. Color de fondo del pie: `lightpink`.

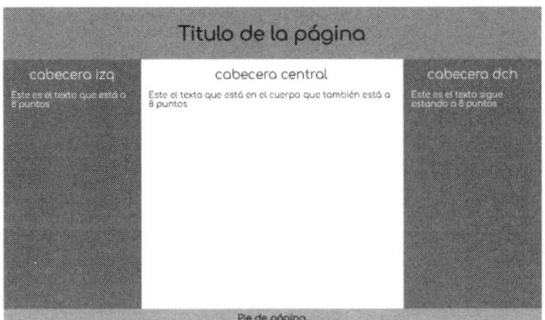

Ejercicio 4.9. En el diseño anterior colocar el texto rodeando a una foto. La fuente es `Comfortaa`, 24 px en la cabecera, 12 pt las caberas laterales y 8 pt el contenido. La parte izquierda es el 25% del ancho, como la parte derecha (https://javigomez. org/ESIC/img/04.jpg)

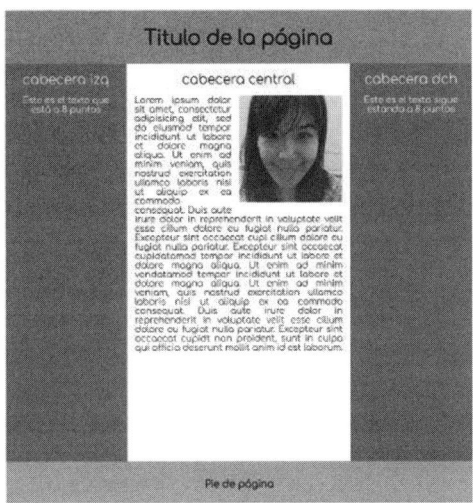

Ejercicio 4.10. Crear un menú horizontal en la parte superior de la página usando una lista no ordenada y `flexbox`. La barra tendrá cinco enlaces y ocupará todo el ancho. La letra usada es `sans-serif`, el color de fondo es `rgba(123,198,199,0.8)`.

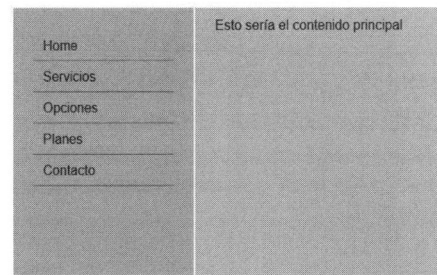

Ejercicio 4.11. Crear un menú vertical en la parte izquierda de la página usando una lista no ordenada y `flexbox`. La barra tendrá cinco enlaces y el ancho será el del contenido más ancho. La letra usada es `sans-serif`, el color de fondo es `rgba(123,198,199,0.8)`.

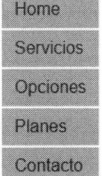

Ejercicio 4.12. Crear una página web con una barra lateral izquierda **(sidebar)**, que debe usarse para contener un menú y una parte derecha para el contenido de la página. Toda la maquetación debe hacerse con **flex**. El menú se construirá con una lista no ordenada `<ul></ul>`, y los **items** deben llevar un borde inferior de 1 px sólido y gris. El color del menú es azul claro y del contenido verde claro. La relación de anchos del **sidebar** al lado de contenido será de 1:8.

Ejercicio 4.13. Crear una ficha. El color de fondo es #FFA07A, y las imágenes están: (https://javigomez.org/ESIC/img/01.jpg) (https://javigomez.org/ESIC/img/02.jpg)

Fuente: **Orbitron 16px**. Tamaño de la imagen: 70 x 70 px.

Ejercicio 4.14. Menú lateral. Buscar los iconos en https://fonts.google.com/icons. Imagen: 70 x 70 px https://javigomez.org/ESIC/img/02.jpg.

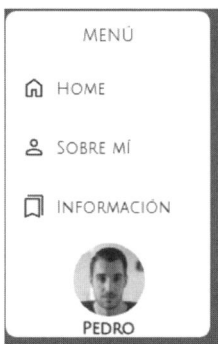

Fuente: Julius Sans One 16 px.

Ejercicio 4.15. Construir una página con el aspecto de la ilustración, con una imagen de fondo y un artículo con foto. Fondo difuminado al 70%. Fuente: Cormorant 15 px. Recursos:

https://javigomez.org/ESIC/img/cafe.jpg https://javigomez.org/ESIC/img/fondo_cafe.jpg

Ejercicio 4.16. Construir una tabla usando **grid**. Los elementos con el texto celda 1, celda 2... son bloques **div** que están escritos en ese orden en el HTML. Los textos deben estar centrados. Alto: 300 px. La separación entre celdas es de 1 px.

Ejercicio 4.17. Construir una tabla con la distribución de celdas de la imagen. *Gap* de 1 px.

Ejercicio 4.18. Construir una tabla con **grid** con la siguiente distribución de celdas:

Ejercicio 4.19. Construir una tabla con **grid** con la misma distribución de celdas que el ejercicio anterior, pero esta vez utilizando áreas.

Ejercicio 4.20. Construir con **grid** la siguiente distribución de celdas:

Ejercicio 4.21. Construir con **grid** la siguiente distribución de celdas:

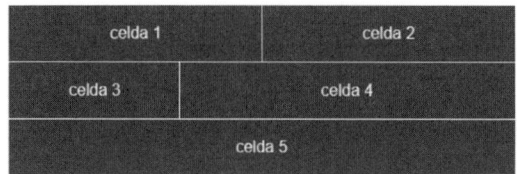

Ejercicio 4.22. Realizar la siguiente distribución de celdas, dejando la fila 1 columna 1 en blanco. La altura de la segunda fila viene dada por el contenido de una de las celdas de esta línea.

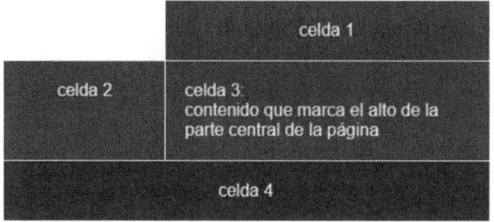

Ejercicio 4.23. Cambiar el orden de las celdas dada por el **HTML**.

celda 2	celda 3	celda 4
celda 5	celda 6	celda 1

Ejercicio 4.24. Aunque en el HTML están definidas los `<div>` en orden, en la presentación debe tener un orden en vertical.

celda 1	celda 4
celda 2	celda 5
celda 3	celda 6

Ejercicio 4.25. Realizar una distribución en cuadrícula en donde en la zona central exista otra distribución en cuadrícula a su vez.

celda 1	celda 2
celda 3	Grid Anidado
celda 5	Lista 2 / Lista 3 / Lista 4 / Lista 5

Ejercicio 4.26. Realizar el siguiente diseño de manera que cambie la orientación cuando sea menor de 600 px.

Ejercicio 4.27. Hacer el siguiente diseño con **media query**. El corte está en 600 px.

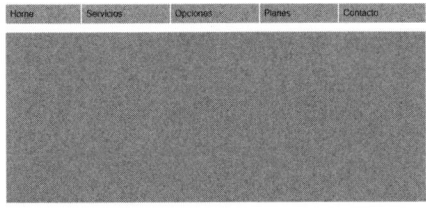

Ejercicio 4.28. Crear una página con 10 párrafos de **Lorem Ipsum**. Definir la impresión de página en A5 con 0,9 pulgadas de margen por todas partes y un salto de página después del segundo párrafo y del cuarto párrafo.

Contenido multimedia

5

Objetivos de aprendizaje:

- Conocer los diferentes formatos de imágenes, sonido y vídeo.
- Utilizar los elementos multimedia adecuadamente en la web.
- Animar las imágenes SVG en la web.
- Crear animaciones interactivas con canvas.

Palabras clave: MP3, AVI, códec, SVG, canvas.

5.1. Imágenes en el diseño

Incluir imágenes en los diseños de una interfaz gráfica es algo muy común, pero hay que tener en cuenta a la hora de incorporarlas que estas imágenes deben estar alineadas con el estilo de la web, y lo más importante es que deben ser significativas y relevantes dentro de la página. Cuando los usuarios abren un sitio web, lo primero que hacen es escanear la página en segundos, al sentirse más atraídos por los componentes visuales que por el texto. Las imágenes tienen la capacidad de transmitir un mensaje más rápidamente que las palabras.

Para que el diseño sea efectivo, se deben seleccionar cuidadosamente los aspectos visuales. Elegir piezas incorrectas puede suponer un rechazo por parte del usuario y eso puede provocar que evite usar la web.

Factores de usabilidad para elegir las imágenes

Cuando se desarrolla una web, hay que tener en cuenta que los aspectos visuales pueden ser la estrategia más eficaz para conectar emocionalmente con el usuario. Tener una serie de criterios para seleccionar la imagen más adecuada puede ayudar a integrarlas adecuadamente en la web.

Imágenes de la vida real: Si se está creando un producto que tiene aplicabilidad en el mundo real, es mejor utilizar imágenes de objetos reales.

Capturas de pantalla: Para ayudar al manejo de una web, los usuarios quieren ver interfaces de productos reales. Una imagen de inicio o configuración de una aplicación puede ayudar a entender mejor todo el contexto.

Elementos 3D: Usar imágenes 3D puede llevar el diseño al siguiente nivel, siempre y cuando aporte información a la página y no sea un adorno.

Ilustración: Se pueden utilizar ilustraciones para representar personas u objetos, dando un carácter menos formal, pero esto no es muy recomendable en un entorno empresarial. Si estamos hablando de iconos, estos pueden expresar un tono específico de comunicación, pero debe estar alineado con el resto del diseño. La utilización de ilustraciones o iconos es apropiada para casi todo tipo de webs, y puede ayudar a romper la monotonía de una página creando espacios muy útiles en el diseño.

Imagen abstracta: Solo tienen una función decorativa, con lo que es muy arriesgado utilizarlas en un ámbito empresarial, funcionando en empresas muy conocidas y disruptivas.

Aspecto esmerilado: Es un estilo muy reciente que consiste en incluir un fondo vidrioso o esmerilado que da una apariencia fresca a la interfaz. Se utiliza mucho sobre una imagen para colocar los pies de foto encima.

Imagen centrada y enfocada: Para transmitir un mensaje claro y captar la atención del usuario, se debe tener una imagen que muestre de forma clara y sin distorsión el mensaje que se quiere transmitir.

Recursos para imágenes

`Unsplash` **(https://unsplash.com/):** Tiene más de dos millones de imágenes de alta resolución en donde colaboran más de 200.000 fotógrafos. En algunas imágenes será necesario mencionar el origen; por lo demás, es gratuito.

`Pixebay` **(https://pixabay.com/es/):** Tiene vídeos y más de un millón de imágenes de descarga gratuita.

`Pexel` **(https://www.pexels.com/es-es/):** Es una buena alternativa a las dos anteriores para fotos y vídeos.

5.2. Formatos de imágenes

Existen dos grandes grupos de tipos de imágenes dependiendo de la forma de almacenamiento de la información gráfica:

Imágenes rasterizadas o mapa de bits

La imagen se descompone en pequeños cuadrados de color que, al combinarse entre ellos, crean la imagen en su conjunto. Cada unidad básica de información se denomina `píxel`. Cada píxel contiene un color y una posición. La resolución es un factor importante en este tipo de imágenes. La resolución indica la cantidad de píxeles por pulgada (PPI) que tiene una imagen. Cuando se cambia de tamaño en este tipo de imágenes, el *software* interpola los píxeles, lo que provoca pérdida de calidad.

Imágenes vectoriales

Estas imágenes se componen de ecuaciones matemáticas que definen formas, líneas y curvas, y totalmente independientes de la resolución. Se pueden ampliar o reducir sin perder calidad, ya que estas ecuaciones se recalculan automáticamente según el espacio disponible, manteniendo bordes y líneas nítidas.

La principal diferencia entre estos dos grupos de imágenes es su capacidad y calidad a la escalabilidad y resolución de la imagen. Los gráficos de mapa de bits son más adecuados para imágenes que requieren detalles y una gran gama de colores, como son las fotografías. Los gráficos vectoriales son ideales para ilustraciones, logotipos y gráficos que necesitan adaptarse a diferentes tamaños sin pérdida de calidad.

Dentro de estos dos grupos existen varios formatos:

JPEG (Join Photographic Experts Group)

Formato de archivo de imagen de mapa de bits comprimida de uso común, ideal para fotografías y gráficos complejos con muchos colores. Logra la compresión descartando selectivamente algunos de los datos de la imagen, lo que lleva a la pérdida de calidad. Tiene un nivel de compresión ajustable a la hora de guardar la imagen.

Este formato es muy utilizado en la web y compatible con todos los navegadores. El principal problema es que no posee transparencia. No se debe utilizar cuando la imagen contiene texto, ya que puede deformarlo.

PNG (Portable Network Graphics)

Es un formato de imagen rasterizado creado para reemplazar al antiguo GIF. Es un formato de imagen sin pérdidas, lo que significa que la calidad de la imagen no se ve comprometida cuando se cambia el tamaño. PNG admite transparencia, lo que permite eliminar el fondo y superponer la imagen a otro fondo.

El tamaño de los archivos es muy grande en comparación con JPEG, lo que no lo hace apto para fotografías. A diferencia del GIF, PNG no admite animación.

SVG (Scalable Vector Graphics)

Es un formato de imagen vectorial basado en XML, lo que significa que las imágenes se pueden cambiar de tamaño sin perder calidad.

Una de las características clave de SVG es admitir la interactividad y la animación, lo que permite a los diseñadores y desarrolladores crear gráficos atractivos y dinámicos que pueden animarse o manipularse en tiempo real. Los SVG también admiten transparencia y son ideales para crear logotipos, íconos y otros gráficos para colocar sobre fondos.

SVG no es adecuado para imágenes con formas o colores complejos y detallados, ya que puede resultar difícil crearlos utilizando gráficos vectoriales.

ICO

Es una forma de imagen de mapa de bits que se utiliza para crear iconos pequeños, como los **favicons**, que aparecen en los navegadores junto al título o la URL de la web. Los archivos ICO pueden tener diferente tamaño y cantidad de colores con la intención de utilizarlos en diferentes dispositivos y resoluciones. Tiene capacidad para crear transparencias, pero con una cantidad de colores muy limitada.

WebP

WebP es un formato de imagen rasterizado moderno desarrollado por Google. Su objetivo es proporcionar una mejor compresión y calidad en comparación con los formatos más antiguos utilizados en la web, como JPEG y PNG. La imagen WebP utiliza compresión sin pérdida y con pérdida, lo que proporciona tamaños de archivo más pequeños sin sacrificar demasiada calidad. Lo convierte en una excelente opción para imágenes web, ya que puede utilizar tiempos de carga más pequeños y un uso reducido del ancho de banda.

WebP admite transparencia y su intención es llegar a sustituir a JPEG.

HEIF/HEIC (High Efficiency Image File Format)

Es un formato de imagen de mapa de bits moderno desarrollado por el grupo MPEG, que tiene como objetivo proporcionar una mejor compresión y calidad que JPG. También tiene la capacidad de codificar animaciones de las imágenes. Ofrece archivos de menor tamaño sin pérdida de calidad. Se utiliza en dispositivos Apple y su compatibilidad está limitada a pocos navegadores.

AVIF (AV1 Image File Format)

Formato de mapa de bits desarrollado por Aliance for Open Media. Su objetivo es reducir el tamaño con una buena compresión y calidad en comparación con JPG y PNG, llegando en algunos momentos a mejorar a WebP. Es una buena opción para navegadores modernos. Este tipo de archivos admite transparencias y una amplia gama de colores. Todavía hay navegadores que no son compatibles y programas de edición de imágenes que no lo incorporan.

JPGXL

Está codificado como mapa de bits y puede ser una alternativa en el futuro a JPG, PNG y WebP. Tiene compresión con y sin pérdida y admite transparencia y una amplia gama de colores.

5.3. Tipos de licencias

Hay diversos tipos de licencias para imágenes, cada una con su propias características y restricciones.

Derechos de autor

Es el tipo de licencia por defecto para las imágenes. El autor conserva todos los derechos sobre ella, que incluye el derecho a reproducirla, distribuirla, modificarla y mostrarla públicamente. Para poderla utilizar se requiere autorización del autor.

Creative Commons

Es un conjunto de licencias que permiten a los autores compartir sus obras de manera flexible. Hay seis diferentes tipos de licencias que van desde el simple reconocimiento del autor al usar la imagen hasta su control del uso comercial.

Dominio público

Son recursos que no tienen derechos de autor y se pueden usar sin restricciones

Suscripción a banco de imágenes

Permite el uso de imágenes por una tarifa mensual o anual.

5.4. Registro del contenido

El registro es un medio para proteger los derechos de propiedad intelectual de los autores sobre sus imágenes o producciones en general. La inscripción en el registro no es obligatoria, pero en el momento en que se realiza, la obra adquiere una protección de los derechos de propiedad intelectual

Aunque una obra no se haya registrado, la ley otorga una protección a los autores sobre su trabajo a través de los derechos de autor.

El Registro General de la Propiedad Intelectual es el único que existe en todo el territorio nacional y está integrado por los Registros Territoriales (gestionados por las comunidades autónomas) y el Registro Central. También existe una Comisión de Coordinación como órgano colegiado de colaboración entre los registros.

5.5. Sonido

Cuando se está diseñando una web, no se le da mucha importancia al sonido, pero puede ser un elemento esencial para crear interacciones impactantes con el usuario, como puede ser tener una respuesta sonora a las acciones del usuario.

Para las personas en general, el sonido supone un medio de comunicación que refuerza y comunica acciones, como el pitido de un camión al ir marcha atrás, el silbido de una tetera, etc.

En los diez principios heurísticos de usabilidad de Jakob Nielsen, se habla de la retroalimentación como una herramienta útil para comunicar el estado de una acción del usuario, y no solo los componentes visuales son la única forma de lograrlo. El sonido puede contribuir a informar al usuario sobre el estado del sistema, llamar la atención sobre una información importante y puede ayudar a establecer personalidad y reconocimiento de marca.

Lo primero que hay que estudiar, antes de empezar a construir sonidos, es buscar la utilidad de estos y considerar dónde el sonido puede mejorar la experiencia del usuario.

Un primer enfoque del sonido es el llamado `esqueumorfismo`; esto se refiere a que el diseño tenga una similitud con el elemento real. Un caso concreto es cuando en Apple se borraba algún elemento y sonaba un papel arrugado. Hace años que se dejó de utilizar esta técnica, pasando a **metáforas nativas digitales**, más sencillas de implementar, y que evocan experiencias vividas en otros medios digitales, sin tener una representación fiel de la realidad. Un ejemplo sería el reproducir un sonido agudo cuando se conecta un dispositivo y grave cuando se desconecta.

El sonido debe tratarse de la misma manera que la interfaz visual y es necesaria su incorporación a la **guía de estilo**.

Algo importante al trabajar con sonido es utilizar la máxima de «un buen diseño es el menor diseño posible». Los sonidos deben ser concisos en su intención, no excesivos. El sonido proporciona una información a una acción que no requiere atención inmediata; un sonido complejo no es apropiado, ya que puede poner en alerta a un usuario sin necesidad.

Como regla general, un sonido de transición o microinteracción no debe durar más de 0,3 segundos. Esto debe ser lo suficientemente breve como para que el usuario lo perciba.

Otro concepto para tener en cuenta es la tolerancia repetitiva. Esto significa que existe un límite en la frecuencia en la que se puede soportar escuchar el mismo sonido una y otra vez. Esa tolerancia disminuye si el sonido es más complejo.

5.6. Conceptos técnicos

Cuando se habla de archivos de audio, se utilizan términos como **formato**, **extensiones** y **códecs**. Una definición simple puede ser que el formato es un tipo de archivo, identificado con una extensión `.mp3, .wav, .ogg, .wma,` etc., que se codificó con un códec.

Algo que hay que tener en cuenta es que archivos con el mismo tipo de extensión no tienen por qué tener el mismo códec.

Los archivos se pueden dividir en dos grandes grupos:

Archivos sin comprimir

Toda la información del sonido está en el archivo, con lo que no hay pérdida de información, estos son los archivos con extensión `WAV, AIFF, FLAC` y `ALAC`.

Estos formatos sin pérdida son útiles en el proceso de edición, ya que contienen mucha información y admiten cambios extremos sin pérdida de calidad.

Archivos comprimidos

La mayoría de los equipos de grabación suelen entregar los archivos ya comprimidos, son más fáciles de procesar y requieren menos espacio de almacenamiento.

Ejemplos de este formato son las extensiones `3GP, AAC, M4A, OGG, WMA` y `MP3`.

Mediante complejos algoritmos, los archivos solo mantienen la información relevante. Según el modo de compresión entre un MP3 y un WAV puede haber una diferencia de tamaño de diez veces, sin tener cambios perceptibles en el sonido.

AAC tiene un modo de compresión mejor que MP3, pues da más calidad; aun así, MP3 es el más utilizado.

Tasa de compresión

Una forma de controlar el tamaño del archivo y la calidad del audio es a través de la tasa de compresión o `bitrate`.

Por ejemplo, un MP3 de 320 kbps (kilobits por segundo) suena igual de bien que un CD o DVD, pero a medida que se disminuye ese valor, el archivo se vuelve más pequeño y la pérdida se vuelve perceptible.

- 320 kbps – audio indistinguible de la calidad de un CD;
- 96 kbps – calidad similar a la radio FM;
- 16 kbps – similar a walkie-talkies.

La percepción de calidad también depende del sonido que se va a reproducir: una conversación grabada en monofónico (mono) a 64 kbs se oirá perfectamente, mientras que una canción grabada en estudio a 128 kbps estéreo se notaría deficiente.

Profundidad de bits de amplitud

La profundidad define la variación de información posible que se puede almacenar en una unidad de tiempo. Un audio con 16 bits de profundidad puede representar 65.536 niveles entre el valor más bajo y el más alto. Con 24 bits, puede llegar a 16,7 millones.

En la práctica, para el oído humano no hay ninguna percepción de diferencia entre estas dos profundidades.

Frecuencia de muestreo

Este valor se refiere al número de veces por segundo que se registra el sonido analógico para poder reconstruirlo digitalmente, por ejemplo 44,1 kHz equivale a 44.100 muestras por segundo.

En general, la frecuencia más baja audible (graves) es de 20 Hz y la más alta (agudos) 20 kHz.

Por razones técnicas, los medios digitales deben contener el doble de la capacidad de frecuencia que reproducen; esto hace que la frecuencia de muestreo de un CD es de 44,1 kHz, mientras que la de un DVD es de 48 kHz.

5.7. Formatos de audio

Hay una gran variedad de formatos de audio, y cada uno de ellos puede ser más o menos adecuado dependiendo de donde se vaya a consumir.

A continuación, se mencionan los más comunes:

`MP3 (MPEG Audio Layer III).` Es el más frecuente. MP3 es un formato comprimido con pérdida de calidad. Su pequeño tamaño y la poca calidad que pierde en su compresión lo hacen ideal para *streaming* y dispositivos portátiles donde el tamaño es importante.

`MP4.` Se conoce más como formato de vídeo, pero puede contener audio. Puede tener códecs AAC y MP3.

`WAV (Waveform Audio File Format).` Formato sin compresión y sin pérdidas que conserva la calidad de la grabación original. Es el mejor para producción musical, aunque genera archivos de gran tamaño.

`FLAC (Free Lossless Audio Codec).` Formato comprimido sin pérdidas. Mantiene la calidad de origen en un reducido tamaño. Es ideal para almacenar música optimizando el espacio.

AAC (Advanced Audio Coding). Asociado a dispositivos Apple, es un formato con pérdida, pero de mejor calidad que MP3. Es óptimo para la transmisión de sonido *online*.

OGG Vorbis. Formato de código abierto con un buen equilibrio entre calidad y tamaño. Se usa para transmisión, distribución *online* y especialmente en juegos.

Opus. Sucesor de **Vorbis**, más optimizado para la transmisión de audio interactivo en tiempo real a través de Internet. Usado para juegos *online*.

AIFF(Audio Interchange File Format). Desarrollado por Apple, es un formato sin comprimir. Usado en las aplicaciones de audio profesionales sobre ordenadores Apple.

WMA (Windows Media Audio). Desarrollado por Microsoft, tiene una gran variedad de opciones de compresión, desde sin pérdidas hasta muy comprimidos. Habitualmente es usado en dispositivos basados en Windows.

5.8. Vídeo

Habitualmente, la web esta sobrecargada con gran cantidad de información muy diversa, pero los usuarios no dedicarán mucho tiempo a leer toda la información. En estas condiciones, el video puede ser una forma de comunicación eficaz.

Un video atractivo, pensando en el público objetivo, puede ser una herramienta para atraer la atención del usuario, e informarle de forma rápida y clara. Un video maneja varios canales de transmisión simultáneamente (sonido, imagen y movimiento), lo que facilita una conexión emocional con el usuario.

A continuación, se ofrecen algunos datos sobre la influencia del video

- Los espectadores recuerdan más una web con video que sin video
- Los videos ayudan a mantener a los usuarios en la web por más tiempo
- Los videos son susceptibles de compartirse
- Proporcionan mejores resultados en los motores de búsqueda
- La mayoría de los consumidores prefieren ver más contenido en video

Uso de los vídeos en la web

Bienvenida. Son vídeos que saludan al visitante y presentan la empresa o el servicio. Puede estar en **"acerca de"** para contar más de la empresa, sus empleados y logros. Deben de ser breves y concisos.

Promocional. Basado en anuncios de televisión donde se informa sobre un producto, servicio, evento, marca o empresa.

Escaparate. Muestra un conjunto de trabajos anteriores de la empresa. Este puede durar algún minuto y suele estar junto con un portfolio.

Testimonial. Comparten opiniones de usuarios describiendo su experiencia con la empresa, producto o el servicio.

Fondo. Se utiliza como parte del diseño para dar un fondo dinámico.

De producto. Se muestra en detalle las características de un producto.

Guías. Son videotutoriales que presentan instrucciones paso a paso de un proceso.

Técnicas de realización de vídeos

Desde la perspectiva de cómo se hace, hay diferentes técnicas de realización de los vídeos:

De acción. Presentan personas, objetos o ubicaciones reales, como si fuese una filmación clásica. https://youtu.be/MVzPX866bFE

De captura de pantalla. Muestra procesos particulares sobre una pantalla.

De acción y captura de pantalla. Es la combinación de las dos anteriores: se puede ver la pantalla y simultáneamente a una persona dando explicaciones.

Animación. Secuencia animada de imágenes 2D, 3D o `stop motion`. https://youtu.be/V7u6IoaxUho

Gráficos en movimiento. Elementos gráficos animados, como formas o textos, destinados a llamar la atención. https://player.vimeo.com/video/495398220?h=da-05d3d920

Fotomontaje. Imita una presentación de diapositivas que puede estar apoyada por voz o música. Se utiliza para presentar eventos o hablar sobre empresas.

De pizarra. Muy de moda; en ella la historia se muestra como elementos dibujados paso a paso en una pizarra.

Tipográficos. Texto en movimiento que puede atraer a leer los mensajes importantes.

Inmersivos. Se muestra un espacio en todas las direcciones, permitiendo al usuario tener una visión completa.

Contenidos de los vídeos

Demostración y presentación. Uno de los puntos más fuertes del vídeo es poder demostrar productos utilizando todos los canales de percepción al mismo tiempo. El usuario puede consumir una gran cantidad de información en poco tiempo sin la necesidad de leer. https://player.vimeo.com/video/545387656?h=3b38af86d3

Contar historias. El vídeo puede contar historias de manera fluida y atractiva. Habitualmente presentan tres fases básicas: mostrar los problemas, activar emociones y ofrecer soluciones. https://youtu.be/v1QJiWgCczE

Atmósfera. Un vídeo integrado como fondo en la web puede crear una experiencia completa del servicio o producto ofrecido. https://player.vimeo.com/video/543169527?h=f98cc34c56

5.9. Precauciones en la integración del vídeo

Tiempo de carga

Es el factor más importante que tener en cuenta cuando se integra un vídeo en una web o aplicación. Si una web tarda más de lo esperado en visualizarse, o se ve la información pero el vídeo de fondo tarda en mostrarse, el usuario la va a rechazar y evitará entrar de nuevo.

Contraste

La integración del vídeo en fondos de pantalla requiere un esfuerzo para encontrar el contraste y la jerarquía de elementos correctos. También hay que tener en cuenta la integración de la navegación para que resulte sencillo acceder a ella.

Alternativas al vídeo

El vídeo no soluciona todos los problemas y no a todo el público le interesa. Es necesario conocer a los usuarios y valorar su conveniencia.

Adaptación móvil

Hay que garantizar que se puede ver bien en diferentes tamaños de dispositivos; lo que se ve bien en un ordenador en un dispositivo más pequeño puede ser imposible de ver.

5.10. Elementos de integración

Hay que considerar ciertos elementos que pueden hacer mejorar la interfaz de usuario integrando vídeos.

El sonido

No hay que sorprender al usuario con el audio y que luego tenga que ser este el que busque la manera de silenciarlo. Se debe configurar como silenciado y permitir al usuario que active el sonido.

Un buen comienzo

Es necesario captar desde un principio la atención del usuario.

Brevedad

Un vídeo corto puede resultar positivo. El mensaje debe ser preciso y no dar rodeos.

Control de usuario

El usuario debe tener el control total sobre la interacción del vídeo.

5.11. Formatos, códecs y contenedores

Los formatos se refieren a la forma en que se almacena la información del vídeo en el dispositivo. Hay dos componentes principales que forman el vídeo: el **codec** y el **contenedor**.

Códec (compresor/descompresor)

La información contenida en un archivo de vídeo está formada por muchos tipos de datos relacionados entre sí, como la imagen, el audio, los metadatos, etc. El **códec** ayuda a reducir la cantidad de espacio necesaria para albergar toda esta información dentro del archivo, fusionando datos similares (imágenes de fondo estáticas) y minimizando la cantidad de colores o reduciendo la resolución.

Cuando se abre el vídeo para reproducirlo, el mismo **códec** descomprime los datos.

Si en el proceso de compresión se elimina información, esto producirá una pérdida de calidad en el vídeo. El códec más extendido es el denominado `H.264`.

Contenedor

El contenedor se utiliza para mantener todos los elementos de un archivo juntos y que se pueda reproducir de forma sincronizada. Hay contenedores que solo albergan el vídeo y el sonido, mientras que otros pueden contener los metadatos y los subtítulos.

Los contenedores de vídeo se pueden identificar por su extensión, como `.mp4, .mov o .avi.`

Formatos más comunes

MP4

Es el formato de vídeo más común y popular. Es capaz de almacenar audio, vídeo, subtítulos, texto e imágenes fijas. Es la mejor opción para usar en cualquier red social.

MOV

Es un formato similar al MP4, desarrollado por Apple para su uso en `Quicktime`. Es el mejor formato para usar en dispositivos Apple.

AVI (`Audio Video Interleave`)

El formato AVI fue la respuesta de Microsoft al MOV. Es ideal para vídeos cortos, pero no se recomienda utilizarlo para transmitir o compartir, ya que tiene gran tamaño.

WMV (`Windows Media Video`)

Es el sucesor del AVI y es compatible tanto en Windows como en Apple a través del Windows Media Player. Supera a MP4 en términos de capacidad de compresión. No es muy aceptado por los reproductores de vídeo.

MKV

Este formato es de código abierto y puede contener varios códecs simultáneamente.

AVCHD

Este tipo de archivo fue creado por Sony y Panasonic para usarse con sus videocámaras. Es el formato de mayor calidad.

WEBM

Formato de código abierto creado por Google para HTML5, lo que hace que se pueda reproducir directamente sin necesitar ningún complemento. Se carga muy rápido en la web y es compatible con los principales navegadores.

La selección del formato adecuado dependerá de las características del proyecto en donde se va a utilizar. Si la web necesita los vídeos para tiempo real, MP4 o WEBM son los mejores por su compatibilidad con la web. Si son grabaciones que se quiere almacenar en alta calidad, MP4 o AVI pueden ser las mejores opciones.

Para una aplicación en Windows es mejor utilizar el formato WMV, mientras que, para subir vídeos a las redes sociales, el mejor formato será MP4 con el códec H.264 por su calidad y reducido tamaño.

5.12. Animaciones en la web

La animación es el proceso de agregar movimiento a los elementos de la interfaz para mejorar la interactividad, creando una experiencia mucho más natural y llamativa.

Dentro del diseño de la web, la animación puede ser funcional o decorativa. La funcional guía e informa al usuario en tiempo real sobre opciones de la web, mientras que la decorativa se utiliza para contar historias o crear marca.

Tipos de animación

Microinteracciones. Es la animación más utilizada e informa al usuario cuando una acción se completa con éxito o con error. Presionar un botón, mover una palanca, hacer un desplazamiento: todo esto son micro interacciones.

Carga y progreso. Ayudan a mantener informado al usuario al mostrarle el estado de un proceso e informar del tiempo que falta.

Desplazamiento de elementos. Informan al usuario de que la acción que ha realizado con algún movimiento en la interfaz, que indica si ha sido satisfactoria o con error.

Navegación. Estas guían al usuario a través de la interfaz al ofrecer indicaciones como flechas, animaciones al pasar el ratón, etc.

Narración y marca. Son animaciones decorativas que se encuentran en las pantallas de bienvenida. Son una forma de fortalecer la identidad de marca.

Tecnologías para la creación de animaciones

CSS

Las animaciones CSS ayudarán a realizar transiciones entre diferentes estados utilizando un conjunto de fotogramas clave. Las animaciones CSS son de alto rendimiento y no es necesario usar bibliotecas externas.

JavaScript

Ofrecen más potencia y flexibilidad que CSS. Estas se pueden utilizar a través de bibliotecas adicionales para conseguir animar rebotes, paradas y desaceleraciones.

SVG

Los gráficos SVG (gráficos vectoriales escalables) pueden animarse a través de su propia sintaxis, llamada SMIL, o a través de CSS.

Canvas

Elemento de HTML5 que permite dibujar gráficos 2D, desde líneas básicas hasta imágenes sofisticadas, y con la posibilidad de manipularlas directamente en el navegador, creando animaciones web fluidas. Para ello se puede utilizar CSS y JavaScript.

WebGL

Es una biblioteca de gráficos web que se utiliza para crear efectos 2D y 3D y se puede utilizar para realidad virtual.

Buenas prácticas

Una animación eficaz es aquella que ayuda al usuario a entender la web sin que la interfaz gráfica quede sobrecargada. Se debe garantizar que las animaciones tengan sentido y que van a mejorar la web. Una mala utilización de la animación puede causar rechazo por parte del usuario.

Algo que tener en cuenta es que será necesario optimizar el rendimiento, ya que una animación mal optimizada puede hacer que la página se cargue lentamente. Si una animación se puede hacer con CSS, es mejor que con JavaScript.

Las animaciones deben ser sutiles; no deben distraer al usuario; deben ser coherentes con el diseño y tener un sentido en la interfaz.

5.13. SVG y animación

SVG es un estándar de gráficos vectoriales compatible con la mayoría de los navegadores. A través de la etiqueta `<svg>` se crea un lienzo en el que se dibujan formas y gráficos vectoriales. A este lienzo se le puede dar unas dimensiones determinadas.

```
<svg width="…" height="…">…</svg>
```

Dentro de la etiqueta `<svg>` se pueden crear diferentes figuras:

Rectángulo

```
<rect x="…" y="…" width="…" height="…" />
```

Los atributos **x** e **y** indican las coordenadas en las que empieza a dibujarse. Los atributos **width** y **height** marcan sus dimensiones.

Círculo

```
<circle cx="…" cy="…" r="…" />
```

Los atributos **cx** y **cy** indican las coordenadas del centro del círculo. El atributo r indica el radio del círculo.

Elipse

```
<ellipse cx="…" cy="…" rx="…" ry="…" />
```

Similar a **<circle>**. En este caso, se define un radio para el eje X **(rx)** y otro para el eje Y **(ry)**.

Los elementos como rectángulos, círculos, etc., pueden ponerse uno encima de otro. El que esté más abajo en el código será el que queda más arriba en la pantalla.

Código 5.1.
Figura SVG

CSS

```
svg{
    border:1px solid;
}
```

HTML

```
<svg width="300" height="100">
    <rect x="100" y="30" width="50" height="30" fill="red"/>
    <rect x="120" y="50" width="50" height="30" fill="blue"/>
    <circle cx="200" cy="40" r="30" fill="green"/>
    <ellipse cx="50" cy="40" rx="30" ry="20" fill="#500"/>
</svg>
```

Imagen

```
<image xlink:href="ruta/archivo.jpg" x="…" y="…" width="…"
height="…" />
```

Etiqueta que permite cargar una imagen dentro de un SVG. La ruta hasta el archivo se indica con el atributo **xlink:href**.

Línea

```
<line x1="…" y1="…" x2="…" y2="…" stroke="#ed625e" strokewidth="…"
/>
```

Dibuja una línea, indicando las coordenadas en las que empieza (atributos x1 e y1) y las coordenadas en las que acaba (x2 e y2). Los atributos **stroke** y **stroke-width** permiten controlar el color y anchura de la línea.

Polilíneas

```
<polyline points="0,40 40,40 40,80 …" fill="transparent"
stroke="…" />
```

Etiqueta para dibujar una línea de múltiples puntos. Las coordenadas de los puntos se indican con el atributo **points** (valores x e y separados por una coma, y cada punto de la polilínea separado por espacios).

Polígonos

```
<polygon points="50,5 100,5 125,30 125,80 …" />
```

Etiqueta para dibujar polígonos, con el mismo funcionamiento que **<polyline>**, pero con la diferencia de que el último punto conecta con el primero automáticamente y cerrando el dibujo.

Código 5.2.
Línea, polilínea y polígono

CSS

```
svg{    border:1px solid;}
```

HTML

```
<svg width="400" height="400">
    <line x1="5" y1 ="5" x2="100" y2="100" stroke="#500" stroke-width="5"/>
    <polyline points="100,300 150,300 150,250 200,250" fill="none" stroke="blue" stroke-width="4"/>
    <polygon points="150,55 200,55 225,80 225,130 200,155 150,155 125,130 125,80" fill="green"/>
</svg>
```

Estilos en SVG

Los estilos en SVG puede aplicarse a través de atributos en las etiquetas del dibujo o como parte de la CSS de la web.

fill="color": Color de relleno de la figura. **fill:color**; es su equivalente en CSS. Admite también el valor **none** y **transparent**.

fill-opacity="valor": Nivel de transparencia del color de relleno. Es un valor entre 0 y 1 (1=opaco, 0,5=50% opacidad, 0=transparente).

stroke="color": Color del borde de la figura.

stroke-width="valor": Anchura del borde de la figura. Por defecto es 1.

stroke-linejoin="miter/round/bevel": Forma en la que acaba una línea para conectar con otra en un borde. Por defecto es **miter** (recta), pero puede ser **round** (redonda) o **bevel** (biselada).

stroke-linecap="butt/square/round": Forma en la que acaba la línea abierta. Por defecto es **butt** (corte seco), pero puede ser **square** (recto un poco más allá del final) o **round** (como **square**, pero redondeada).

Código 5.3.
Estilos en SVG

CSS

```
svg{    border:1px solid;}
```

HTML

```
<svg width="300" height="100">
    <rect x="100" y="20" width="100" height="30" stroke="red" stroke-width="1" stroke-linejoin="round"/>
    <rect x="120" y="40" width="100" height="30" stroke="red" stroke-width="1" stroke-linejoin="bevel"/>
</svg>
```

Código 5.4.
Estilos en CSS

CSS

```css
svg{
    border:1px solid;
}
.ele{
    fill: blue;
    stroke: #500;
    stroke-width: 10;
    stroke-linejoin: bevel;
}
```

HTML

```html
<svg width="400" height="400">
    <rect x="100" y="20" width="200" height="300" class="ele"/>
</svg>
```

Etiqueta de trazo

`<path d="..." />`: Esta etiqueta permite definir de manera bastante compacta un trazo, es decir, un conjunto de líneas y curvas complejo que no podría definirse con formas simples.

`<path d="M10 10..." />`: La M indica inicio de dibujado. Un trazo puede tener varios inicios (cada vez que el trazo se interrumpe y empieza en otro punto). Las coordenadas de inicio están marcadas con los valores X e Y.

`<path d="... Z" />`: La Z indica fin de dibujo y cierre de la figura (conexión entre el último nodo y el primero). Un trazo va a tener tantos cierres como inicios.

`<path d="... H 90 ... " />`: La H indica una línea horizontal (V si es vertical) desde el punto en el que estaba el dibujo hasta el siguiente valor que se indique en el eje correspondiente, X o Y.

`<path d="... L 200 100... " />`: La L indica una línea vertical desde el punto en el que estaba el dibujo hasta los siguientes valores en el eje X e Y.

`<path d="... Q250,10 500,100... " />`: La Q indica una curva cuadrática Bézier desde el punto en el que estaba el dibujo, pasando por las coordenadas marcadas por aquellas que empiezan por Q y finalizando en las coordenadas que se den a continuación. Todo ello en forma de curva.

Código 5.5.
Trazos

CSS

```css
svg{     border:1px solid;}
svg path{     stroke:#500;}
```

HTML

```html
<svg width="400" height="400">
    <path d="M10 10 H 90 V 90 H 10 Z"/> <!--Cuadrado-->
    <path d="M90 99 L 150 150 Z M50 99 L 110 150 Z"/> <!--Lineas
    <path d="M90,90 Q250,10 350,100" fill="none"/> <!--Curva-->
</svg>
```

Atributo `viewbox`

Se ha visto anteriormente que el tamaño de un SVG se marca con los atributos `width` y `heiht`. Estos parámetros indican el tamaño del `viewport`. El atributo `viewbox` marca la zona visible del SVG.

A través de este atributo se puede hacer *zoom* del dibujo. También se puede configurar cómo se realizará el ajuste del escalado con el parámetro `preserve AspectRatio`. El valor `none` deforma la imagen si fuese necesario para ajustarla al tamaño del `viewbox`.

CSS

```css
svg{    border:1px solid;}
```

Código 5.6.
Viewbox

HTML

```html
<svg width="200" height="200">
    <circle cx="200" cy="200" r="150" fill="blue">
</svg>
<svg width="200" height="200" viewBox="0 0 400 400">
    <circle cx="200" cy="200" r="150" fill="red">
</svg>
<svg width="200" height="200" viewBox="0 0 300 300">
    <circle cx="200" cy="200" r="150" fill ="green">
</svg>
<svg width="200" height="200" viewBox="0 0 200 400"
preserveAspectRatio="none">
    <circle cx="100" cy="100" r="50" fill="purple">
</svg>
```

Texto

```html
<text x="X" y="Y" fill="color" font-family="…" font-size="…
">Texto</text>
```

Etiqueta para incorporar textos a SVG. Los atributos **x** e **y** indican el comienzo del texto respecto a su línea base.

`text-anchor="middle"`: Atributo que indica que el texto empiece a escribirse desde el centro horizontal. Puede combinarse con el atributo x= "50%".

`dominant-baseline="middle"`: Atributo que indica que el texto empiece a escribirse desde el centro vertical. Puede combinarse con el atributo y= "50%".

`dx="…" dy="…"`: Atributos para desplazar en los ejes X e Y un elemento de forma relativa a la posición que le tocaría (por ejemplo, una palabra en una línea de texto).

`<tspan>…</tspan>`: Etiqueta para acotar y aplicar estilos a una parte de un texto de manera similar al `<span>` de HTML.

`<textPath xlink:href="#ejemplo">` … `</textPath>`: Etiqueta que se sitúa dentro de una etiqueta `<text>` para que el texto se renderice a lo largo de un `<path>` definido previamente (e identificado con un id).

Código 5.7.
Text

```css
svg{    border:1px solid;}
```

```html
<svg width="400" height="400" viewBox="0 0 400 400">
    <text x="30" y="90" fill="#500" font-family="'Comic Sans MS',
sans-serif" font-size="100">
        Hola
    </text>
    <text x="50%" y="50%" fill="blue" text-anchor="middle" dominant-
baseline="middle" font-family="'Comic Sans MS', sans-serif" font-
size="100">
        Hola
    </text>
    <text x="50%" y="50%"  dy=".3em" fill="green" text-
anchor="middle"  font-family="'Comic Sans MS', sans-serif" font-
size="100">
        Hola
    </text>
    <text x="50%" y="50%" dx="-100" dy="100" fill="purple" text-
anchor="middle"  font-family="'Comic Sans MS', sans-serif" font-
size="100">
        Hola
    </text>
    <text x="0" y="390" fill="lightblue" font-family="'Comic Sans
MS'" font-size="100">
        Hol
        <tspan font-size="50" dx="-30" dy="-20">
            a
        </tspan>
    </text>
</svg>
```

Código 5.8.
Texto siguiendo un
trazo

```css
svg{    border:1px solid;}
```

```html
<svg width="800" height="200" viewBox="0 0 800 200">
    <defs>
        <path id="testPath" d="M10,180 Q425,20 800,160"/>
    </defs>
    <text fill="#500" font-size="110" font-family="Arial">
        <textPath xlink:href="#testPath">Bienvenido todo</textPath>
    </text>
</svg>
```

Editores de SVG

Hay varios editores de SVG en el mercado. El más conocido es **Adobe Ilustra-tor**; para Mac está Sketch y como *software* libre está Inkscape. También se puede trabajar con **SVG-edit** (https://svgedit.netlify.app/editor/index.html) como editor online. **Figma** es también una buena opción para crear SVG.

Organización de SVG

`<g>…</g>`: Permite agrupar partes de nuestro código SVG de manera similar a un `<div>` en HTML.

`<defs>…</defs>`: Contiene elementos que se definen para luego ser visualizados en algún punto del SVG. Es el lugar habitual para indicar degradados, patrones, máscaras, pero también **path**, que se utilizarán más tarde de manera combinada, como en una dirección del trazado de un texto.

`<symbol id="…" viewBox="…"> </symbol>`: Los símbolos son grupos de código reutilizable identificados con un id y que, de la misma forma que con `<defs>`, no se visualizan en el mismo SVG si no son llamados por otro elemento. Un `<symbol>` puede tener su propio **viewBox**, lo cual lo hace perfecto para definir iconos u otros elementos de manera independiente del `<svg>` donde se declaran.

`<use xlink:href="#idElemento"/>`: Permite reutilizar un elemento definido anteriormente (siempre y cuando esté identificado con un id), sea este un `<symbol>` o no. Se usa habitualmente en los sistemas de iconos.

CSS

```
svg {    border: 1px solid;}
path{fill:#500}
```

Código 5.9.
Use

HTML

```
<svg width="500" height="500" viewBox="0 0 500 500">
    <path id="estrella" d="m25,1 6,17h18l-14,11 5,17-15-10-15,10 5-
17-15-11h18z"/>
    <use xlink:href="#estrella" transform="scale(3)"/>
    <use xlink:href="#estrella" transform="translate(100)"/>
</svg>
```

SVG en la web

Para incorporar un SVG a una web como archivo externo, será necesario utilizar dos parámetros que se deben incorporar a la etiqueta `<svg>`:

```
<svg xmlns=http://www.w3.org/2000/svg
     xmlns:svg="http://www.w3.org/2000/svg">
</svg>
```

Esos atributos permiten renderizar el SVG de manera correcta. A continuación, se describen diferentes métodos de carga y uso de un SVG en la web:

`<svg>…</svg>`: SVG dentro del archivo HTML o **inline**. Permite la manipulación con CSS y JavaScript, pero no permite el cacheo.

`<img src="archivo.svg" alt="…" />`: SVG como imagen externa de contenido. No permite su manipulación por CSS o JS; no tiene cambios de estado o eventos (como **hover**). Se usa en imágenes estáticas, como logos.

`background-image: url(archivo.svg)`: SVG como imagen externa de fondo. Tiene las mismas limitaciones que con la etiqueta `<img>`.

`<object type="image/svg+xml" data="logo.svg"></object>`: SVG como imagen externa a través de la etiqueta `<object>`. Permite crear estilos con CSS, eventos e interacción con JavaScript, siempre y cuando tanto la CSS como el JS se incorporen desde el propio archivo SVG.

SVG responsive

Si se omiten los atributos **width** y **height** de un SVG, este tenderá a ocupar todo el espacio disponible. Si se quiere controlar el comportamiento del SVG, se pueden incorporar **media queries** en la CSS.

Con el escalado de los SVG puede ocurrir que el borde de las imágenes, al cambiar de tamaño, aumente o disminuya de manera que deforme la propia imagen. Hay una propiedad que puede evitarlo.

vector-effect="non-scaling-stroke": Esta propiedad fuerza a un elemento SVG a mantener el **stroke** al mismo grosor, independientemente de que el SVG aumente o disminuya de tamaño. Si la escribimos como propiedad CSS, sería: **vector-effect: non-scaling-stroke;**

Código 5.10.
Uso en la web

CSS

```css
svg {
    border: 1px solid;
}
svg path{
    stroke: purple;
    stroke-width: 3px;
    vector-effect: non-scaling-stroke;
}
.add1{fill:green}
.add2{fill:#500}

@media screen and (width<600px){
    .add1{display: none;}
}
@media screen and (width<300px){
    .add2{display: none;}
}
```

HTML

```html
<svg>
  <path id="est" d="m25,1 6,17h18l-14,11 5,17-15-10-15,10 5-17-15-11h18z"/>
    <use xlink:href="#est" class="add1" transform="scale(3)"/>
    <use xlink:href="#est" class="add2" transform="translate(100)"/>
</svg>
```

Accesibilidad de los SVG

Un SVG será más fácilmente interpretado por lectores de pantalla si es **inline**, es decir, si está dentro del propio HTML.

Además, un SVG **inline** puede asegurarse de que sea correctamente leído por todo tipo de lectores de pantalla añadiendo a la etiqueta **<svg>** el atributo **role="img"**.

<title>...</title>. Permite dar un título al SVG para que sea identificado rápidamente por lectores de pantalla.

`<desc>…</desc>`. Permite dar una descripción más extensa de los contenidos del SVG.

Se puede reforzar el papel de la etiqueta `<desc>` y `<title>` en el atributo `aria-labelledby="idDelTitulo idDeLaDesc"`.

CSS

```
svg {border: 1px solid;}
```

Código 5.11.
Accesibilidad

HTML

```
<svg width="167" height="61" role="img" aria-labelledby="tit des">
    <title id="tit">Botón inchado</title>
    <desc id="des">Ilustración que se muestra botón inflado</desc>
    <path d="M167 30.5C167 47.3447 167 61 83.5 61C0 61 0 47.3447 0
30.5C0 13.6553 0 0 83.5 0C167 0 167 13.6553 167 30.5Z" fill="#500"/>
</svg>
```

Transformaciones

`transform="…"`.   Atributo para realizar una transformación en un elemento SVG. Si se realizan varias transformaciones, se separan por espacios.

`transform-origin: 50% 50%.` En SVG, las transformaciones ocurren desde la esquina superior izquierda. Para cambiar esto y que ocurran desde el centro o desde otro punto, podemos usar la propiedad **transform-origin** (en CSS) o también se puede especificar el origen como atributo de la transformación, separado por comas. Ejemplo: `transform="rotate(20, 50%, 50%)`.

`transform-box: fill-box.` Atributo de CSS que permite forzar a Firefox a que el origen de la transformación sea a partir del propio elemento transformado en vez de todo el espacio SVG.

`scale(1.5).` Transformación que permite ampliar o reducir un elemento en base 1 (1.5 significaría 150%).

`translate(x y).` Transformación que permite desplazar un elemento en el eje X y en el eje Y. Si se escribe en CSS, estos valores se separan con coma y llevan unidad (**px**).

`rotate(x).` Transformación que permite girar x grados un elemento. Si se escribe en CSS, debe llevar la unidad **deg** (grados).

`skewX(x).` Transformación que permite deformar x grados un elemento en el eje X. Si se escribe en CSS, debe llevar la unidad **deg** (grados).

`skewY(x).` Transformación que permite deformar x grados un elemento en el eje Y. Si se escribe en CSS, debe llevar la unidad **deg** (grados).

Código 5.12.
Transform

CSS

```css
.circle:hover {
    transform-origin: 50% 50%;
    transform: scale(1.5);
}
```

HTML

```html
<svg width="200" height="200">
    <circle cx="100" cy="100" r="40" fill="#500" class="circle" />
</svg>
```

Patrones

```html
<pattern id="…" x="0" y="0" width="10" height="10"
patternUnits="userSpaceOnUse"> …</pattern>
```

Se pueden agrupar una serie de elementos dentro de la etiqueta `<pattern>` para crear un patrón, que será llamado como relleno y similar por otra figura a partir de `fill="url(idDelPattern)"`.

El atributo `patternUnits="userSpaceOnUse"` asegura que el patrón se ajuste a las dimensiones del elemento que la llama.

Código 5.13.
Patrón

CSS

```css
svg {border: 1px solid;}
```

HTML

```html
<svg width="400" height="400">
<defs>
  <pattern id="patron" x="0" y="0"
   width="5" height="5"
   patternUnits="userSpaceOnUse">
    <rect width="5" height="5" fill="#762647" />
    <circle cx="3" cy="3" r="1" fill="#e3be70" />
  </pattern>
</defs>
    <path fill="url(#patron)" stroke="#ef615f"  d="m25,1 6,17h18l-
14,11 5,17-15-10-15,10 5-17-14-11h18z" transform="scale(8)"/>
```

Animación en SVG

La animación propia de SVG, denominada SMIL, se está dejando de usar por los navegadores a favor de la animación con CSS y JavaScript. Recordamos la animación en CSS:

`@keyframes miAnimacion{}`. Declara los pasos que tendrá una animación, que aplicaremos luego a un elemento. Cada paso se indica entre llaves {}, y se pueden emplear las palabras clave **from{ }** (desde) y **to{ }** (hasta) o usar porcentajes para indicar más pasos, como **0%{ } 20%{ }**…

animation-name: nombreAnimacion. Asignación a un elemento de una animación definida anteriormente mediante **@keyframes**.

animation-duration: 0s. Duración de la animación, en segundos (s) o milisegundos (ms).

animation-timing-function: ease; Aceleración de la animación. Por defecto es **ease**. Se puede consultar las curvas de velocidad por defecto y crear una propia en http://cubic-bezier.com

animation-timing-function: steps(5). La posibilidad de fraccionar la animación en varios pasos y que no exista transición entre ellos. Es útil para realizar una animación de tipo **sprites**, entre otras cosas.

animation-delay: 0s. Retraso en ejecutar la animación. Es útil para sincronizar animaciones.

animation-iteration-count: 1. Número de repeticiones de la animación. Una animación continua se consigue con el valor **infinite**.

animation-direction: normal. Dirección en la que será reproducida la animación. Algunos valores posibles son **reverse** (se reproduce al revés) o **alternate** (cuando ha terminado, se reproduce en dirección contraria). Este último valor es interesante para crear una animación que se repita y que resulte más fluida.

animation-fill-mode: none. Por defecto, un elemento animado vuelve a su estado inicial cuando la animación ha terminado. Con esta propiedad, podemos asignarle el valor **forwards** para que mantenga los estilos del último paso de la animación.

animation-play-state: running. Una animación está activa (**running**) por defecto, pero mediante esta propiedad podría pararse (**paused**) en momentos concretos.

animation: nombreAnimacion duración…. Propiedad abreviada para asignar a un elemento una animación, en la que podemos encadenar varios valores de animación: **nombre duración aceleración retraso repetición dirección fill-mode play-state;**

CSS

```css
svg {border: 1px solid;}
.bola{
  r:20px;
  fill:#500;
  animation: mover 4s infinite alternate;
}

.bola:hover{
  animation-play-state: paused;
}

@keyframes mover {
  to{
    transform: translateX(300px);
  }
}
```

Código 5.14.
Animación con SVG

```html
HTML
<svg width="500" height="100">
  <circle cx="30" cy="50" class="bola"/>
</svg>
```

Animación de dibujado

Existen dos propiedades que permiten realizar la animación de dibujado:

stroke-dasharray="100". Atributo que genera un borde discontinuo y controla la longitud de los tramos de dicho borde. Un **stroke-dasharray** lo bastante largo rodeará un dibujo con un solo tramo, dando la impresión de no existir discontinuidad.

En CSS sería **stroke-dasharray: 100px;**

stroke-dashoffset="100". Atributo que controla el punto en el que empieza el **stroke-dasharray**, dejando un espacio sin borde equivalente al valor que demos. Un valor lo bastante amplio cubrirá todo el dibujo, dando la impresión de no existir ningún borde. Este es el valor que animaremos y, a medida que el valor se acerque a 0, tendremos la impresión de que el elemento se dibuja.

En CSS sería **stroke-dashoffset: 100px;**

Código 5.15.
Autopintado

```css
CSS
svg {      border: 1px solid;      }

.estre {
  fill: none;
  stroke: #500;
  stroke-width: 2px;
  stroke-dasharray: 500px;
  stroke-dashoffset: 500px;
  animation: dibuja 3s forwards;
}

.cua {
  fill: none;
  stroke: #500;
  stroke-width: 2px;
  stroke-dasharray: 5px;
  stroke-dashoffset: 0px;
}

#e2 {
  width: 100px;
  height: 70px;
  &:hover .cua {
    animation: mueve 1s forwards;
  }
}


@keyframes dibuja {
  to {
    stroke-dashoffset: 0;
  }
}
```

HTML

```
<svg width="107" height="101" viewBox="0 0 107 101" fill="none"
xmlns="http://www.w3.org/2000/svg">
  <path
    d="M53.5 0L65.9605 38.3496H106.284L73.6616 62.0509L86.1221
100.4L53.5 76.6991L20.8779 100.4L33.3384 62.0509L0.716362
38.3496H41.0395L53.5 0Z"
    class="estre" />
</svg>
<svg id="e2">
  <rect x="10" y ="10" width="80" height="50" class="cua"/>
</svg>
```

Animación con JavaScript

A continuación, se crea una animación simple de dibujado, configurando la interacción de un **checkbox**.

CSS

Código 5.16.
Animación *check*

```
.contenedor {  position: relative; }

.check {
  appearance: none;
  width: 14px;
  height: 14px;
  border: 1px solid #500;
  vertical-align: bottom;
}

.linea {
  width: 14px;
  height: 14px;
  fill: none;
  stroke: #500;
  position: absolute;
  left: 5px;
  top: 3px;
  z-index: -1;
}

label {
  font-family: Arial, Helvetica, sans-serif;
  color: #500;
}

.animado {
  transition: stroke-dashoffset .5s;
}
```

HTML

```
<div class="contenedor">
  <input type="checkbox" id="check" class="check" >
  <label for="check">Aceptar condiciones</label>
```

```
<svg class="linea" xmlns="http://www.w3.org/2000/svg">
  <path class="trazo" d="M2 6.5C2 6.5 5 14.5 6.5 12.5C8 10.5 9.5 2
9.5 2" stroke-width="3" stroke-linecap="round">
  </path>
</svg>
</div>

<script>
  var check = document.querySelector("#check");
  var trazo = document.querySelector(".trazo");
  var length = trazo.getTotalLength();

  trazo.style.strokeDasharray = length;
  trazo.style.strokeDashoffset = length;

  check.addEventListener("change", function () {
    if (this.checked == true) {
      trazo.classList.add("animado");
      trazo.style.strokeDashoffset = 0;
    } else {
      trazo.classList.remove("animado");
      trazo.style.strokeDashoffset = length;
    }
  });
</script>
```

En el siguiente enlace (https://javigomez.org/index.php/2024/03/28/boton-ani-mado-svg-animacion-y-javascript/) se podrá ver el código que realiza la animación de un botón, haciendo el efecto de hinchado.

Figura 5.1.
Botón animado

5.14. Animación con canvas

El elemento de HTML <canvas> proporciona al desarrollador un lienzo en donde, a través de JavaScript, pueden situar y animar elementos gráficos.

Para poder dibujar sobre el navegador es necesario realizar lo siguiente:

- Incluir el elemento <canvas> en el HTML para definir el área del dibujo, especificando el ancho y el alto en los atributos **width** y **height**.

```
<canvas id="lienzo" width="400" height="200"></canvas>
```

- Recuperar con JavaScript la referencia del **canvas** a través de su id.

```
canvas = document.getElementById("lienzo");
```

- Obtener el contexto 2D del **canvas**. Para ello se utiliza.

```
canvasContext = canvas.getContext('2d');
```

- El contexto proporciona los métodos para dibujar las líneas, las formas, las imágenes y el texto.

Código 5.17.
Animación canvas

```
<!DOCTYPE html>
<html lang="en">
<head>
  <meta charset="UTF-8">
  <meta name="viewport" content="width=device-width, initial-
scale=1.0">
  <title>Animación canvas</title>
</head>
<body>
<canvas id="lienzo" width="400" height="200"></canvas>
<script>
  canvas = document.getElementById("lienzo");
  canvasContext = canvas.getContext('2d');
  var posX = 50;  var posY = 50;
  var velX = 3;   var velY = 3

  setInterval(anima,20)

  function anima(){
    pintado()
    movimiento()
  }

  function movimiento(){
    posX+=velX;
    posY+=velY;
    if ((posX<0)||(posX>canvas.width)){velX=-velX}
    if ((posY<0)||(posY>canvas.height)){velY=-velY}
  }

  function pintado(){
    canvasContext.fillStyle= "#500";
    canvasContext.fillRect(0, 0, 400,200)
    pelota(posX,posY,10,"#00ff00")
  }

  function pelota(centroX, centroY, radio, Color){
          canvasContext.fillStyle=Color;
          canvasContext.beginPath();

canvasContext.arc(centroX,centroY,radio,0,Math.PI*2,true);
          canvasContext.fill()
        }
</script>

</body>
</html>
```

5.15. Ejercicios de la unidad

Ejercicio 5.1. Crear una tabla con los formatos de las imágenes. Las columnas serían: formato, tipo (rasterizada o vectorial), compresión con pérdida (sí o no), soporta animación (sí o no), transparencia (sí o no).

Ejercicio 5.2. Crear un documento con los seis diferentes tipos de licencia de Creative Commons, con sus características.

Ejercicio 5.3. Crear una tabla en donde se comparan los formatos de audio. Deben aparecer las columnas de formato, fabricante, comprimido (sí o no), pérdida de calidad (sí o no) y códec.

Ejercicio 5.4. Crear una tabla en donde se comparan los formatos de vídeo. Deben aparecer las columnas de formato, fabricante, comprimido (sí o no), pérdida de calidad (sí o no) y códec.

Ejercicio 5.5. Utilizando SVG, dibujar un cuadrado en pantalla y transformarlo en círculo cuando se hace clic sobre él.

Ejercicio 5.6. Utilizando SVG, dibujar una línea y, manteniendo su origen y destino, curvarla cuando se pasa el ratón por encima. Tiene que volver a su origen cuando se aparta el ratón.

Ejercicio 5.7. Utilizando animación HTML, pintar una capa que, cuando se pase el ratón por encima, comience a girar.

Ejercicio 5.8. Utilizando canvas, mover una pelota siguiendo el puntero del ratón.

Ejercicio 5.9. Crear un programa con canvas que muestre un círculo en la pantalla que se mueva horizontalmente rebotando en los bordes de la pantalla. Con las flechas izquierda y derecha del teclado el círculo cambia de dirección.

Ejercicio 5.10. Desarrollar un programa utilizando canvas que dibuje un rectángulo en el centro de la pantalla y permita moverlo en todas las direcciones utilizando las teclas de flecha del teclado. El rectángulo no debe salirse de los límites del canvas.

Accesibilidad

6

Objetivos de aprendizaje:
- Conocer qué se entiende por accesibilidad en la web.
- Tener las herramientas de desarrollo necesarias para implementar la accesibilidad.
- Entender los requisitos de conformidad de nivel A, AA y AAA.
- Ser capaz de realizar una evaluación de accesibilidad.

Palabras clave: WCAG 2.0, principios de accesibilidad, ratio de contraste de color.

6.1. Introducción a la accesibilidad

Cuando se crea una web, esta debe ser concebida para que pueda ser usada por todo el mundo, independientemente del *hardware*, el *software*, el idioma, la ubicación o la capacidad de los usuarios. En el momento que en una web cumple estos objetivos, podrá ser accesible para personas con diversos grados de audición, visión, movimiento o habilidades cognitivas.

La gran ventaja de una web es que puede eliminar todas las barreras de comunicación que muchas personas encuentran en el mundo físico.

La accesibilidad no solo afecta a personas con diferentes tipos de discapacidad (auditivas, cognitivas, neurológicas, físicas, de habla, visuales), sino que beneficia a otras personas que acceden con otros tipos de dispositivos menos capaces que un ordenador (relojes, móviles, televisores), personas mayores o personas con discapacidades temporales, como un brazo roto o la pérdida de las gafas. También ayuda a personas que tienen limitaciones por su ubicación, como en lugares donde no se puede escuchar audio, que están bajo la luz del sol directamente, o con una conexión lenta o costosa a Internet.

Para regular todas estas capacidades, existe una legislación que desde 2007 que define los criterios y las condiciones básicas de la accesibilidad, (Real Decreto 1494/2007, de 12 de noviembre) https://www.boe.es/boe/dias/2007/11/21/pdfs/A47567-47572.pdf

6.2. Discapacidades

La discapacidad en las personas es muy diversa, y para un buen diseño, es importante tener un amplio conocimiento de cómo se usa la web fuera de lo que habitualmente se está acostumbrado.

Según la Organización Mundial de la Salud, aproximadamente el 15% de la población mundial (más de mil millones) tiene alguna forma de discapacidad y cerca de 200 millones de adultos tienen dificultades funcionales importantes.

Discapacidad visual

Las personas con discapacidad visual son aquellas personas que presentan ceguera, poca visión o daltonismo, entre otras afecciones de la vista. La OMS estima que hay 39 millones de personas ciegas dentro de las de 285 millones con discapacidad visual. Estos usuarios pueden utilizar lupas físicas o funciones de *zoom* por *software*. Todos los navegadores y sistemas operativos tienen esta funcionalidad de *zoom* disponible. También existen los conocidos como lectores de pantalla, *software* que lee en voz alta los textos y las descripciones asociadas a las imágenes.

Hay productos comerciales que proporcionan esta capacidad de lectura, como `JAWS` (`https://www.freedomscientific.com/Products/software/JAWS/`) o `Dolphin Screen Reader` (`https://yourdolphin.com/Screen-Reader`), pero también hay otros gratuitos como `NVDA` (`https://www.nv-access.org/`) o para Chromebook existe el lector de pantalla integrado denominado `ChromeVox` (`https://support.google.com/chromebook/answer/7031755`). Dentro del ecosistema de Apple está integrado el producto `VoiceOver` o `Narrator` en para el sistema operativo Windows.

Discapacidad auditiva

La discapacidad auditiva se refiere al grupo de personas con un nivel de audición bajo o nulo. Se está hablando de un conjunto de 466 millones de persona en todo el mundo. Estas personas pueden usar dispositivos amplificadores, pero no hay ningún dispositivo específico para el uso en la web.

Por el contrario, hay técnicas para ofrecer alternativas de texto a contenidos de sonido, como pueden ser los subtítulos.

Discapacidad motriz

La discapacidad motriz es aquella relativa a la movilidad, que puede ser por problemas físicos, como la perdida o parálisis de una extremidad, u otro tipo de trastorno neurológico que supone la debilidad o pérdida del control de las extremidades. Esto puede causar dificultades a la hora de mover el ratón, pudiendo llegar hasta el extremo de necesitar utilizar un puntero de cabeza para interactuar con el ordenador.

Discapacidad cognitiva

Dentro de la discapacidad cognitiva están presentes aquellas personas que presentan capacidades intelectuales más limitadas, personas con problemas a la hora de recordar y también están incluidas enfermedades como la dislexia, el déficit de atención, el autismo, etc. Aunque hay gran variedad de afecciones, hay que centrarse en los problemas comunes que tienen todas, como la dificultad a la hora de entender contenidos, recordar cómo finalizar tareas y confusión ante las páginas web.

Unas buenas pautas para ayudar a estas personas con algún tipo de discapacidad, y a todas en general, pueden ser:

- Proporcionar el contenido en más de un formato, como texto, voz y vídeo.
- Asegurarse de que los contenidos son fáciles de entender.

- Minimizar las distracciones dentro de la página.
- Tener un diseño coherente, usando elementos ya conocidos y de uso común en todas las páginas web.
- Crear formularios fáciles de completar.

6.3. Tecnología asistencial

Dispositivos de entrada

A continuación, se enuncian algunos dispositivos de entrada que permiten hacer las mismas funciones que un teclado o ratón estándar ayudando a personas con algún tipo de discapacidad.

Teclado virtual. Teclado que se muestra en la pantalla y al que se accede a través del ratón.

Teclado alternativo. Teclados de mayor tamaño, con teclas o espacios más grandes y las letras escritas sobre las teclas de gran tamaño.

Teclado Braille. Teclado adaptado para personas ciegas. Dependiendo del modelo poseen seis u ocho teclas principales.

Reconocimiento de voz. *Software* que permite dar instrucciones con la voz.

Apuntador o licornio. Dispositivo fijado en la cabeza con un apuntador que permite realizar pulsaciones en el teclado.

***Trackball* gigante.** Bola de gran tamaño fija que hace las funciones del ratón.

Webcam con seguimiento de ojos o cara. Transforma el movimiento de los ojos o la cara en movimientos del ratón.

Dispositivos de salida

Si el monitor no es un dispositivo válido para el usuario, hay otros métodos para compartir la información que se visualiza.

Lectores de pantalla. *Software* que permite hacer una lectura de lo que muestra la pantalla.

Ampliadores. Programas que permiten ampliar las imágenes o el texto.

Lectores Braille. Muestra en Braille la información que aparece en la pantalla.

6.4. Implementando la accesibilidad

En algunas ocasiones se comenta que implementar la accesibilidad supone un coste extra en los proyectos, y esto es solo cierto si se hace en una web ya finalizada o en la parte final del proyecto. Cuando se tiene en cuenta la accesibilidad desde el principio, no supone ningún coste extra, ya que son técnicas que se aplican al mismo tiempo que se desarrolla la web.

Solo será necesario planificar unas pruebas de accesibilidad en la fase de pruebas, junto con el resto de las pruebas que ya se hacen, como las de navegadores, dispositivos, etc. Realizar estas pruebas en etapas tempranas y con frecuencia (son pruebas que se pueden automatizar) hace que la implementación no suponga ningún coste extra.

También hay que tener algo en cuenta: el 100% de accesibilidad es un ideal que no es posible alcanzar y siempre se puede encontrar algún caso que pueda ser imposible de adaptar, como, por ejemplo, una galería de imágenes 3D.

Hay una serie de criterios que es importante tener en cuenta sobre la accesibilidad en HTML, CSS y JavaScript que forma parte del proyecto:

Buena semántica. Es importante construir un HTML semántico ya no solo por garantizar la usabilidad, sino por mejorar el SEO, la usabilidad y sus adaptaciones a otros dispositivos. La utilización de web semántica ayuda mucho a los lectores de pantalla, que podrán ofrecer una información coherente al usuario.

Lenguaje claro. Se debería usar un lenguaje que no sea muy complejo y que no tenga jerga innecesaria. Esto no solo ayuda a las personas con discapacidad, sino a personas que no conocen bien el idioma, a niños, y a todo el público en general. Para ayudar a los lectores de pantalla es mejor evitar guiones para separar cifras (poner «de 4 a 7» mejor que «4-7») y expandir las abreviaciones y los acrónimos.

Interacción. Un aspecto clave de la accesibilidad es que, de forma predeterminada, el usuario pueda manipular la web con el teclado, en donde no solo se puede mover el foco de los elementos de la pantalla a través de los controles, sino que estos elementos, cuando reciben el foco deben presentar un estilo resaltado. El atributo `tabindex` marca el orden de tabulación entre los elementos. Es importante no olvidar incluir el elemento `<label>` en los formularios para completar la interacción. En el caso de que un control no se active con la tecla **Intro** y solo lo haga con el evento clic, será necesario añadir un pequeño JavaScript para realizarlo.

Código 6.1.
Activar el intro

```
                     JavaScript
document.onkeydown = function (e) {
  if (e.keyCode === 13) {
    // Tecla Intro
    document.activeElement.click();
  }
};
```

Etiquetas de texto. El texto que aparece en los botones y enlaces debe ser comprensible y diferente entre sí. Poner simplemente *"Haz clic aquí"* no tiene ningún significado para un lector de web.

Tablas. Cuando se definen tablas en HTML, es importante utilizar la etiqueta de encabezado `<th>`, el elemento `<caption>` y el atributo `sumary` de la etiqueta `<table>` para dar un texto alternativo a la tabla y que el lector de pantalla tenga un resumen rápido del contenido.

Imagen y vídeo. No solo es importante que el nombre del archivo del recurso de la imagen o el vídeo sea significativo, ya que este nombre lo va a leer un lector de web, sino que también es esencial tener un texto alternativo en el atributo `alt`, que debe proporcionar una descripción detallada de la imagen.

```
<img
  src="https://javigomez.org/ESIC/790.jpg"
  alt="Rubia de ojos azules vestida con capa roja, traje azul
con la S en el pecho, mirando hacia el infinito"
  title="SuperGirl" />
```

Código 6.2.
Imágenes

Algunas veces puede ser interesante utilizar el atributo **alt** vacío. Si estamos hablando de una imagen decorativa que queremos que un lector web no interprete, con el **alt** vacío se consigue que el lector no lea la **url** de la imagen ni tampoco intente describirla.

Enlaces. El color no debe usarse como único método para distinguir los enlaces del contenido; debe añadirse algún otro elemento que lo diferencie del resto del texto, como puede ser el subrayado o una iconografía.

Proximidad. Si hay varios elementos interactivos en la página, deben estar lo suficientemente separados y ser lo bastante grandes para que personas con problemas de movilidad fina puedan llegar a pulsarlos.

No cambiar su aspecto. Aunque a través de la CSS se puede cambiar el aspecto de un componente para simular otro, el lector de pantalla no va a reconocer este cambio y lo interpretará como lo que es. Un ejemplo de este caso sería transformar un **<div>** en un botón.

Buena visualización. En la CSS se deben seleccionar tamaños de fuente razonables, con buen espaciado de letra, asegurando que los títulos destaquen del cuerpo del texto y que el color del texto contraste con el color de fondo.

Texto enfatizado. Con HTML podemos destacar el texto a través de **<em>** y **<strong>** y automáticamente se aplicarán unos estilos muy reconocibles, aunque podremos cambiarlos si queremos destacarlos más.

HTML	CSS
`<p>El te está <em>muy`	`    strong,`
`caliente</em>.</p>`	`em {`
	`   color: #a60000;`
`<p>`	`}`
`  La <strong>condensación</strong>`	
`son las gotas de la superficie`	
`</p>`	

Código 6.3.
Enfatizar texto

Abreviaturas. En el caso que se utilicen abreviaturas, se debe utilizar la etiqueta **<abbr>** para dar información expandida de estas.

HTML	CSS
`<p>`	`   abbr{`
`  La web se construye con`	`     color:#500`
`  <abbr title="Hypertext Markup`	`   }`
`Language">HTML</abbr>.`	
`</p>`	

Código 6.4.
Abreviaturas

Enlaces. Con un sencillo código, manteniendo el aspecto estándar del enlace subrayado y color azul, se puede variar el estilo cuando el enlace ha sido visitado y cuando está activo. También se debe establecer un cambio del puntero cuando se pasa por encima y que se resalte en el momento en que se pone el foco (por tabulación).

Código 6.5.
Enlaces

HTML	CSS

```html
<p>
  Visita la <a
href="https://javigomez.org">página
de Javi</a>.
</p>
```

```css
a {
  color: #ff0000;
}

a:hover,
a:visited,
a:focus {
  color: #500;
  text-decoration: none;
}

a:active {
  color: #000000;
  background-color:
#a60000;
}
```

Eventos del ratón. Los eventos asociados a `mouseover, mouseout, dblclick` no son accesibles mediante el teclado. Para solucionar esto, se deberían duplicar sobre los eventos **focus** y **blur** que sí son accesibles por teclado.

Código 6.6.
Eventos del ratón

```
imgThumb.onmouseover = showImg;
imgThumb.onmouseout = hideImg;
imgThumb.onfocus = showImg;
imgThumb.onblur = hideImg;
```

Controles de audio y vídeo personalizados. Los controles que proporcionan los navegadores no son accesibles a través del teclado, lo que obliga a crear esos mismos botones para que sean más accesibles.

Código 6.7.
Controles
personalizados

```html
<!DOCTYPE html>
<html lang="en">
<head>
    <meta charset="UTF-8">
    <meta name="viewport" content="width=device-width, initial-
scale=1.0">
    <title>Controles manuales de video</title>
    <style>
        video{
            width: 300px;
        }
    </style>
</head>
```

```
<body>
    <section class="player">
        <video controls>
            <source src="https://javigomez.org/ESIC/multi/
ballenas.mp4" type="video/mp4" />
            <p>
                No soportado
                <a href="https://javigomez.org/ESIC/multi/
ballenas.mp4">link</a>
            </p>
        </video>
        <div class="controls">
            <button id="playpause">Play</button>
            <button id="stopB">Stop</button>
            <button id="rwd">Rwd</button>
            <button id="fwd">Fwd</button>
            <span class="time">00:00</span>
        </div>
    </section>
    <script>
        const timeLabel = document.querySelector(".time");
        const player = document.querySelector("video");
        player.removeAttribute("controls");
        window.playpause.onclick=()=>{
            if (player.paused) {
                player.play();
                window.playpause.textContent = "Pause";
            } else {
                player.pause();
                window.playpause.textContent = "Play";
            }
        };
        window.stopB.onclick = () => {
            player.pause();
            player.currentTime = 0;
            window.playpause.textContent = "Play";
        };
        window.rwd.onclick = () => {
            player.currentTime -= 3;
        };
        window.fwd.onclick = () => {
            player.currentTime += 3;
        };
        player.ontimeupdate = () => {
            const minutes = Math.floor(player.currentTime / 60);
            const seconds = Math.floor(player.currentTime -
minutes * 60);
            const minuteValue = minutes < 10 ? `0${minutes}` :
minutes;
            const secondValue = seconds < 10 ? `0${seconds}` :
seconds;
```

```
                    const mediaTime = `${minuteValue}:${secondValue}`;
                    timeLabel.textContent = mediaTime;
                };
            </script>
        </body>
    </html>
```

Transcripciones de vídeo. Para las personas sordas, será necesario crear subtítulos en los videos o transcripciones en la misma página. A través de archivos **WebVTT** se puede añadir estos subtítulos y vincularlo al video a través del HTML.

Código 6.8.
Subtítulos

```
<video id="peli" controls src="https://javigomez.org/ESIC/multi/
ballenas.mp4">
    <track  src="subtitulo_es.vtt" srclang="es" label="Español"
default />
</video>

WEBVTT
00:00:22.230 --> 00:00:24.606
Primer subtítulo.
00:00:30.739 --> 00:00:34.074
Segundo subtítulo.
```

6.5. Normativa y directrices de accesibilidad

En España, el Real Decreto 1112/2018, de 7 de septiembre, sobre accesibilidad de los sitios web y aplicaciones para dispositivos móviles del sector público (https://www.boe.es/diario_boe/txt.php?id=BOE-A-2018-12699), declara que toda web pública debe tener declaración de accesibilidad en donde se especifique los criterios seguidos para garantizar la conformidad con la accesibilidad.

Por otro lado, y con más claridad, el **W3C** ha publicado un documento independiente de accesibilidad al contenido de una web, **WCAG (Web Content Accessibility Guidelines).** La WCAG 1.0 fue en su momento un hito importante para lograr que Internet fuera más accesible. Pero WCAG 2.0, basada en la versión anterior, estableció cuatro principios de nivel superior para organizar las pautas más específicas y dentro de estos principios, están definidas 12 pautas a seguir. Estos cuatro principios son los siguientes:

Perceptibles. El contenido y los componentes del interfaz de usuario deben estar disponibles para que los usuarios puedan percibirlo. De esta manera hay que garantizar que se presentan en diferentes formatos para que puedan llegar por varios sentidos, vista y oído principalmente, tanto a través del navegador o con ayudas técnicas.

- Proporcionar alternativas textuales para todo contenido no textual.
- Proporcionar alternativas sincronizadas para contenidos multimedia.
- Crear contenidos que puedan presentarse de diversas maneras.
- Hacer más fácil para los usuarios ver y oír el contenido.

Operables. El usuario tiene que poder interactuar con los controles usando teclado, ratón u otro dispositivo de ayuda.

- Hacer que toda funcionalidad esté disponible a través del teclado.
- Proporcionar a los usuarios tiempo suficiente para leer y usar un contenido.
- No diseñar un contenido que pueda ocasionar algún tipo de crisis al usuario, como puede ser elementos con parpadeo que pueden afectar a personas que padecen ataques epilépticos.
- Proporcionar medios que ayuden a navegar, a localizar contenido y a determinar en qué punto de la navegación se encuentra el usuario.

Comprensible. El contenido debe estar claro y sin ninguna ambigüedad.

- Hacer el contenido textual legible y fácil de entender.
- Crear páginas web cuya apariencia y operabilidad sean consistentes y predecibles.
- Ayudar a los usuarios a evitar errores y en el caso que se produzcan, ayudar a corregirlos.

Robusto. Se puede acceder al contenido a través de las nuevas y viejas tecnologías.

- Maximizar la compatibilidad con dispositivos pasados, actuales y futuros.

Requisitos de conformidad

Para cada pauta expuesta en el punto anterior, WCAG 2.0 ha creado una serie de criterios verificables que determinan, según su cumplimiento, tres niveles de conformidad.

Nivel A. Es el mas bajo, y la web debe satisfacer todos los criterios del nivel A.

Nivel AA. La web debe satisfacer los criterios del nivel A y AA.

Nivel AAA. La web debe satisfacer todos los criterios.

A través de la web de la W3C se pueden determinar todos los cumplimientos que hay que seguir, filtrando por el nivel y la tecnología. http://www.w3.org/WAI/WCAG21/quickref/ o https://www.w3.org/TR/WCAG21/

A continuación, se enuncian algunos ejemplos:

1.1.1 Contenido no textual (Nivel A). Todo contenido no textual que se presenta al usuario tiene una alternativa textual que cumple el mismo propósito.

1.4.4 Cambio de tamaño del texto (Nivel AA). A excepción de los subtítulos y las imágenes de texto, todo el texto puede ser ajustado sin ayudas técnicas hasta un 200 por ciento sin que se pierdan el contenido o la funcionalidad.

2.2.5 Re-autentificación (Nivel AAA). Cuando expira una sesión autentificada, el usuario puede continuar la actividad sin pérdida de datos tras volver a identificarse.

6.6. Evaluación de accesibilidad

Las pruebas de evaluación de accesibilidad se realizan en dos fases diferenciadas: una primera en donde se ejecuta un **análisis automático** para detectar los defectos de accesibilidad y, a continuación, una **evaluación manual** para descubrir aquellos defectos en donde el análisis automático no ha llegado a detectarlos.

Herramientas automatizadas

Aquí se presentan algunas herramientas que evalúan el código y el contenido de la web de forma automática, señalando los problemas de accesibilidad y proporcionando las soluciones adecuadas:

`Wave` (https://wave.webaim.org/extension/). Se puede introducir la URL o se puede montar como extensión de Chrome, Firefox y Edge.

`Siteimprove Accessibility Checker.` Disponible en el Chrome Web Store (https://chromewebstore.google.com/). Es una extensión que permite analizar la accesibilidad de la página directamente en Chrome.

`Accessibility Insights for Web` (https://accessibilityinsights.io/) Herramienta de Microsoft que se puede descargar como aplicación o instalar como extensión. Proporciona código para solucionar los problemas encontrados.

`ANDI` (https://www.ssa.gov/accessibility/andi/help/install.html). Trabaja en el navegador, pero no como extensión, sino como acceso directo en la barra superior de aquel. Muestra lo que un lector de pantalla dirá para cada uno de los elementos interactivos de la web y sugerirá buenas prácticas.

`HeadingsMap` (Extensión de Chrome y Firefox). Genera una estructura de las cabeceras existentes en la web, fundamental para la accesibilidad y SEO.

`Markup Validation Service` (https://validator.w3.org/). Es el validador de HTML de W3C. Esta validación no garantiza la accesibilidad, pero si no está validado, puede tener problemas.

`CSS Validation Service` (https://jigsaw.w3.org/css-validator/). Es el validador de CSS de W3C.

`Contrast Checker` (https://webaim.org/resources/contrastchecker/). Esta web permite conocer el índice de contraste de dos colores introducidos.

`Color Contrast Analyzer` (https://www.tpgi.com/color-contrast-checker/). Aplicación que permite optimizar los contenidos visuales para personas daltónicas o con problemas de visión.

Métodos de comprobación manual

Las herramientas automatizadas son de gran ayuda en las pruebas de accesibilidad, pero no son capaces de detectar todos los errores, ya que no pueden comprender el contexto ni evaluar la calidad del contenido.

Después de haber dado el primer paso con las herramientas automatizadas, se deberá hacer un seguimiento con pruebas manuales para asegurarse de que la web sea accesible.

Estas pruebas manuales se agrupan en tres conceptos:

1. Revisión de contenido

Cuerpo de texto

Hay que confirmar que los títulos de las páginas sean únicos y descriptivos, y estén marcados como <h1>. Solo debe haber un <h1> por página.

Se ha de asegurar de que los títulos que aparecen en la página sean útiles y descriptivos, y que estén marcados con un elemento <h> y en orden jerárquico (<h1>, <h2>, etc.).

Buscar niveles de encabezado omitidos (<h2> a <h4>).

Buscar texto de enlace genérico como «leer más» o «haga clic aquí» para sustituirlo por contenido mas semántico.

Verificar que se utiliza un lenguaje sencillo en lugar de jerga o palabras técnicas que el usuario común no entienda. Todas las siglas deben tener detallado su significado.

Color

Comprobar que el texto y el color de fondo tengan una relación de contraste de al menos 4,5:1.

Hay que confirmar que el color no se utiliza como la única forma de transmitir significado o información.

Formularios

Comprobar que todos los controles del formulario tengan etiquetas descriptivas.

Se ha de confirmar que el texto alternativo «`alt`» transmita la función y el contenido de todas las imágenes no decorativas. Debe ser descriptivo, conciso, preciso y útil.

Tablas

Hay que confirmar que las tablas solo se utilicen para datos tabulares, no para crear la estructura del diseño.

Si hay tablas de datos, habrá que asegurarse de que estén presentes el título de la tabla y los encabezados de fila y/o columna.

Acercar al 200%

`Control+` para PC, `Command+` para Mac

Una vez realizado el *zoom*, es necesario confirmar que todo el contenido sigue presente en la página y en el orden establecido.

También hay que asegurarse de que los enlaces, botones, formularios y menús funcionan correctamente.

Prueba de teclado

`Tabulador.` Se puede navegar con el tabulador a enlaces y controles de formulario.

`Mayús + Tabulador.` Realiza una navegación hacia atrás.

`Barra espaciadora.` Debe activar las casillas de verificación y botones.

`Enter.` Debe realizar la función de los botones y las llamadas de los enlaces.

`Flechas.` Se debe poder navegar entre los botones de opción, menús de selección/desplegables, controles deslizantes, paneles de pestañas, autocompletar, menús de árbol, etc.

`Escape.` Pulsando esta tecla cerrará el cuadro de diálogo o menú del navegador.

Se debe comprobar que no haya ningún elemento en la pantalla que solo sea accesible a través del ratón.

Será necesario confirmar que el orden de navegación es lógico e intuitivo.

Por último, hay que probar los cuadros de dialogo (**pop-up**), verificando que se puede navegar dentro de ellos a través del teclado y se pueden cerrar con `Escape`.

Revisión del lector de pantalla

Una revisión final de accesibilidad será probar la web con un lector de pantalla. De esta manera se podrán descubrir problemas con el orden de lectura, la ortografía, el contenido dinámico y los elementos interactivos. Si bien puede resultar un poco desalentador al principio, es un paso esencial e informativo para evaluar la accesibilidad de su contenido. Muchos usuarios dependen de este tipo de herramienta para poder conectarse con el mundo. Dos herramientas bastante extendidas de lectores de pantalla son:

Usuarios de Mac. VoiceOver (`https://support.apple.com/es-es/guide/voiceover/welcome/mac`)

Usuarios de PC. NVDA (`https://www.nvaccess.org/about-nvda/`)

6.7. Ejercicios de la unidad

Ejercicio 6.1. Analizar el siguiente código y crear un informe de accesibilidad:

```
<!DOCTYPE html>
<html lang="es">
<head>
    <meta charset="UTF-8">
    <title>Formulario básico</title>
    <link rel="stylesheet" href="estilos.css">
    <style>
        button {background-color: blue;
            color: black;}
    </style>
</head>
<body>
    Formulario
    <form id="formulario" action="#">
        Nombre:<br>
        <input type="text" id="nombre" name="nombre">
        <br>        <br>        Edad: <br>
        <input type="text" id="edad" name="edad">
        <br>        <br>
        <button type="submit">Enviar</button>
    </form>
</body>
</html>
```

Ejercicio 6.2. Crear un formulario que solicite un nombre y una edad y no tenga ningún error de accesibilidad.

Ejercicio 6.3. Analizar el siguiente código y crear un informe de accesibilidad

```
<!DOCTYPE html>
<html>
<head>
    <title>Supergirl</title>
</head>
<body>
    <img style="width: 80%" src="https://javigomez.org/ESIC/790.
jpg">
    <p style="color:#AAA">Supergirl</p>
</body>
</html>
```

Ejercicio 6.4. Adaptar el código del ejercicio anterior para que no tenga errores de accesibilidad.

Ejercicio 6.5. Analizar el siguiente código y crear un informe de accesibilidad.

```
<!DOCTYPE html>
<html>
<head>
  <title>Tabla de datos</title>
</head>
<body>
  <table>
      <tr>      <td>Nombre</td>      <td>Edad</td>      </tr>
      <tr>      <td>Javi</td>      <td>56</td>      </tr>
      <tr>      <td>Carlos</td>      <td>24</td>      </tr>
      <tr>      <td>Lara</td>      <td>18</td>      </tr>
      <tr>      <td>María</td>      <td>14</td>      </tr>
      <tr>      <td>Gracia</td>      <td>57</td>      </tr>
  </table>
</body>
</html>
```

Ejercicio 6.6. Adaptar el código del ejercicio anterior para que no tenga errores de accesibilidad.

Ejercicio 6.7. Mostrar el vídeo https://javigomez.org/ESIC/multi/hablando.mp4 con subtítulos en español (por defecto), inglés y francés.

Implementación de la usabilidad en la WEB

Objetivos de aprendizaje:

- Aprender métodos de optimización de la usabilidad web.
- Conocer como hacer un estudio de campo.
- Emplear los elementos que mejoran la usabilidad de una web.

Palabras clave: Heurística, diseño iterativo, mapa de recorrido, breadcrumb.

7.1. Introducción a la usabilidad

La usabilidad de una web es un atributo de calidad que evalúa la facilidad de uso de las interfaces de usuario. Este índice de calidad se ve incrementado cuando todos los criterios seguidos para el diseño del servicio tienen en el centro las necesidades del usuario.

La **claridad** y la **utilidad** son los dos objetivos de la usabilidad de un sitio web. Los diseñadores tienen la tarea de crear servicios que no solo parezcan atractivos, sino que funcionen exactamente como los usuarios esperan que funcionen.

La usabilidad es uno de los componentes del diseño de la experiencia de usuario, UX. La usabilidad se centra en lo fácil que es usar y aprender a manejar un sitio web con el que los usuarios pueden realizar una cierta tarea, mientras que el diseño UX abarca la experiencia general del usuario, incluyendo la estructura, el diseño visual, la estrategia de contenido, la arquitectura de información y la accesibilidad. El objetivo de la usabilidad es hacer que el sitio web sea útil y sencillo, mientras que el objetivo del diseño UX es proporcionar una experiencia clara, intuitiva y agradable con el sitio web.

La usabilidad, como práctica y característica del diseño web, comparte algunos elementos con el concepto de accesibilidad. Pero hay una diferencia clave: la usabilidad se refiere a todos los usuarios en general, mientras que la accesibilidad generalmente se refiere a aquellos usuarios que tienen algún tipo de discapacidad.

7.2. Principios de usabilidad web

La usabilidad se puede dividir en cinco principios clave:

Disponibilidad. Lo fácil que es acceder al sitio web. Asegurarse que está siempre disponible y accesible para varios tamaños de pantalla, dispositivos y plataformas. Esto implica la creación de una versión móvil y también que funcione correctamente para lectores de pantalla, enfocado a usuarios con cierta discapacidad.

Claridad. Este principio se refiere a lo sencillo que es de entender y leer la web, incluso para los primeros visitantes. Esto implica el uso de contenido directo, conciso, organizado y categorizado según la relevancia de este mismo y su jerarquía dentro de la página.

Reconocimiento. El reconocimiento es la forma de aprendizaje que tiene el usuario cuando visita un nuevo sitio. Aunque parezca que la web que se está diseñando; no necesita de conocimiento previo para poder ser utilizada. En realidad, todas las webs requieren al menos unos segundos de evaluación antes de que un usuario pueda interactuar con ellas. La gran mayoría de los usuarios, por ejemplo, necesitarán volver a la página de inicio en algún momento y buscará un logotipo en la esquina superior izquierda de su pantalla para hacerlo. Si el sitio web funciona de manera diferente, el usuario tendrá que dedicar unos segundos a aprender cómo volver a la página de inicio. Cuando se diseña para la usabilidad, hay que esforzarse por mantener la curva de aprendizaje del usuario lo más baja posible.

Credibilidad. La credibilidad es el factor crucial que influye en la confianza del usuario en el contenido, los productos o los servicios de un sitio web. Un diseño web atractivo con animaciones y funcionalidades complejas no garantiza la confianza del usuario. El uso de información de alta calidad, precisa, relevante y actualizada es un factor importante para la credibilidad. También será necesario integrar señales de confianza, como reseñas de usuarios reales, insignias de seguridad y menciones en redes sociales, y de esta manera se ayuda al sitio web a aumentar la confianza y la credibilidad en el espacio digital.

Relevancia. Cuando los usuarios visitan un sitio web por primera vez, deberían encontrar un contenido valioso y significativo para lograr los objetivos específicos que están buscando. Si, por el contrario, el usuario encuentra contenido irrelevante, abandonará la web.

7.3. Diseño y usabilidad

La usabilidad debe estar presente en todo el proceso de diseño de la web y en los principios que deben guiar todas las decisiones de interfaz e interacción que se vayan tomando. Los siguientes pasos determinan la forma de implementar la usabilidad en el diseño:

Analizar lo actual. Si se está mejorando una web, antes de comenzar el nuevo diseño, se debe probar la anterior para identificar las partes buenas que se pueden conservar y aquellas secciones que causan problemas a los usuarios.

Estudiar la competencia. A menos que se esté trabajando en una intranet, hay que probar los diseños de los competidores para obtener todo tipo de información. Se deben visitar y estudiar diversas interfaces alternativas que tengan características similares a las que se están implementando. Si, por ejemplo, se está realizando un registro de usuarios, será muy importante visitar todas las webs que tengan un registro que sea útil y sencillo y que nos pueda servir de inspiración.

Investigación de usuarios. Antes de comenzar a diseñar el sitio se debe averiguar qué necesitan y qué buscan los usuarios. Es posible que, por ejemplo, en la digitalización de una tienda física se piense que los usuarios lo que quieren es comprar productos *online* y en realidad buscan la dirección de la tienda física.

Hay varias formas de realizar esta investigación, pero crear un mapa de recorrido del usuario puede ser una forma muy eficaz para que los diseñadores visualicen cómo navegan por el sitio los usuarios. Resulta muy útil en un primer momento dibujar la ruta de navegación, de manera que tengamos una idea de cómo viajan los usuarios a través de la web, y a continuación, empezar a bocetar el diseño basado en esta ruta.

Crear la estructura. El siguiente paso en el diseño de la usabilidad de un sitio web es tomar los resultados de la investigación de usuarios y utilizarlos para crear la estructura fundamental de la web.

Mientras se está creando esta estructura hay que tener en la cabeza las respuestas de las siguientes preguntas:

- ¿Qué buscan los visitantes en el sitio web?
- ¿Qué contenido es el más importante para los visitantes?
- ¿Qué información necesita cada visitante y qué información solo es relevante para algunos visitantes?

Hay que centrarse en las tareas que los usuarios quieren lograr y proporcionar una sección específica para ellas. Es en este punto donde se puede esbozar una estructura de navegación.

Prototipos en papel. Será necesario hacer prototipos en papel con varias alternativas y probarlas. Cuanto menos tiempo se invierta en estas ideas de diseño, mejor, porque habrá que cambiarlas todas según los resultados de las pruebas.

Cuando se está diseñando para la usabilidad de un sitio web, hay que tener en cuenta que no es necesario hacer experimentos. Si bien la innovación y los enfoques creativos del diseño pueden verse geniales, a veces es mejor seguir con diseños que los usuarios sepan cómo usar y a los que ya están acostumbrados.

Iterar. Será necesario redefinir las ideas de diseño a través de múltiples iteraciones, pasando gradualmente de prototipos de baja fidelidad a representación de alta fidelidad incorporando las correcciones de cada iteración. Y todo ello sin dejar de hacer pruebas.

Probar hasta el final. Una vez que está implementado el diseño final, también será necesario probarlo, ya que en la realización del diseño detallado puede aparecer algún problema de usabilidad.

No hay que posponer las pruebas de usuario hasta que se tenga un diseño completamente implementado. Si se hace esto, será imposible solucionar la gran mayoría de los problemas críticos de usabilidad que se descubran en la prueba. Es probable que muchos de estos problemas sean estructurales y solucionarlos puede requerir una reestructuración importante.

La única forma de lograr una experiencia de usuario de alta calidad es comenzar a realizar pruebas de usuario en las primeras etapas del proceso de diseño y seguir probando en cada paso del camino.

7.4. Métodos de optimización de la usabilidad

Se puede lograr una interfaz de usuario de alta calidad combinando tres modelos del proceso de diseño, pruebas competitivas, diseño en paralelo y diseño iterativo.

Los tres métodos comparten una idea básica: no existe un diseño de interfaz de usuario perfecto y no se puede conseguir una buena usabilidad simplemente presentando la mejor idea. Es necesario probar múltiples ideas de diseño. Las pruebas competitivas, paralelas e iterativas son, simplemente, tres formas diferentes de considerar alternativas de diseño. Al combinarlas, se obtiene una amplia diversidad a un coste menor que si simplemente se realiza un único enfoque de diseño y se evoluciona con él.

Diseño iterativo

El desarrollo iterativo de interfaces de usuario implica un refinamiento constante del diseño basado en pruebas de usuario o análisis de un experto (pruebas heurísticas). Normalmente, cuando se completa un diseño, se observan los problemas que tienen varios usuarios al utilizarlo. Estos problemas se solucionarán en una nueva iteración que debería probarse nuevamente para garantizar que las soluciones realmente resolvieron los problemas y para encontrar nuevos problemas de usabilidad introducidos por el diseño modificado.

Será recomendable hacer al menos dos iteraciones, lo que produce tres versiones. La usabilidad mejora por cada interacción. Las primeras iteraciones se realizarán en prototipos en papel, y en siguientes versiones se pasa gradualmente a mayor fidelidad en el interfaz de usuario. Tampoco será necesario contar con más de dos o tres usuarios para realizar las pruebas.

1. Bocetos en papel   **2. Prototipos con interacción**   **3. Diseños visuales**

Código 7.1.
Diseño iterativo

Diseño paralelo

Una limitación del diseño iterativo es que, si se comienza con un concepto equivocado, por muchas iteraciones que se realicen, no se conseguirá llegar al objetivo deseado.

Para evitar este problema, antes de empezar a iterar, es una buena práctica realizar un diseño paralelo.

En un proceso de diseño en paralelo se crean múltiples diseños alternativos, que pueden ser de un mismo diseñador o de diferentes personas. En cualquier caso, todas las versiones deben crearse de forma rápida y económica, ya que solo una alternativa es la que se va a llevar a cabo.

Se deberían crear tres alternativas diferentes de diseño como mínimo, y en ningún caso pasar de cinco. Una vez que ya están realizadas, hay que probarlas con usuarios o expertos. Cuando se prueba con usuarios, estos no deberían probar mas de dos versiones, ya que cuando hacen la prueba en una tercera interfaz que resuelve el mismo problema, las personas inevitablemente transfieren su experiencia de uso de las versiones anteriores.

Después de las pruebas de usuario, se crea un diseño único combinado tomando las mejores ideas de cada una de las versiones paralelas.

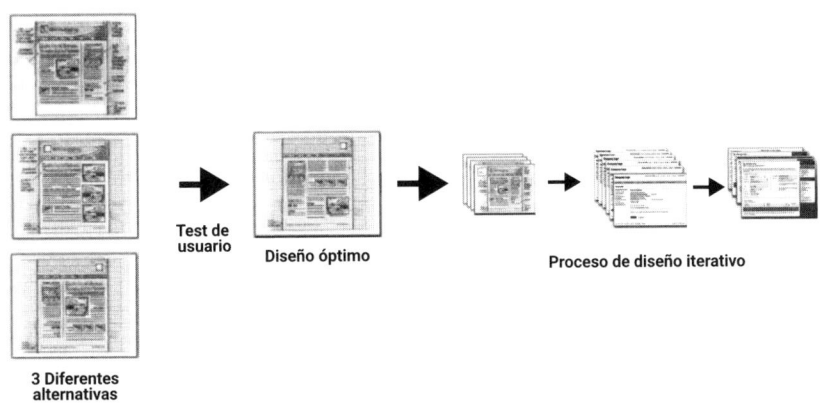

Código 7.2.
Diseño paralelo

Pruebas competitivas

En un estudio de usabilidad competitivo, se prueba el diseño realizado y los diseños de otras tres o cuatro empresas. El modelo de proceso tiene el mismo procedimiento que para el diseño paralelo, excepto que las alternativas de diseño originales son sitios o aplicaciones preexistentes en lugar de estructuras o bocetos básicos que se crean específicamente para el estudio.

El beneficio de las pruebas competitivas resulta el mismo que el del diseño paralelo: se obtiene información sobre los comportamientos de los usuarios con una amplia gama de opciones de diseño antes de comprometerse con una estructura definitiva, que luego se perfeccionará mediante un diseño iterativo.

Las pruebas competitivas también son ventajosas porque no se gastan recursos creando alternativas de diseño: simplemente se elige entre las disponibles en la web.

7.5. Estudio de campo

Un estudio de campo es un tipo de investigación que se lleva a cabo en el entorno natural del usuario en lugar de un laboratorio o un entorno preparado y que, entre otras cosas, nos permite recoger información para el diseño de la web o probarla en profundidad.

El contexto en el que las personas realizan sus tareas puede revelar información sobre las que el diseñador no sabría preguntar, como los problemas que surgen cuando se introducen nuevas herramientas o procesos en las prácticas laborales existentes. También permite conocer cómo de bien funcionan los sistemas en su contexto normal de uso: cuando las personas están, por ejemplo, distraídas en lugares ruidosos o interactuando con otras personas.

Observación directa

La observación directa es un estudio puramente observacional, en el que el investigador no interviene en las actividades de los participantes ni hace preguntas. Este método es útil para realizar investigaciones sobre los procesos de los usuarios y crear los flujos de tarea. También es un buen método para aprender el vocabulario y los modelos mentales de los usuarios, comprender las interacciones de las empresas con los clientes y descubrir soluciones alternativas.

Investigación contextual

Esta técnica implica una combinación de la observación directa y entrevistas con una pequeña muestra de usuarios para obtener una compresión completa de los comportamientos y prácticas laborales. De esta manera es como se realizan las pruebas de usabilidad cualitativas.

Etnografía

Esta técnica requiere una inmersión completa en el entorno natural durante un cierto período de tiempo, trabajando como un miembro mas del grupo. Permite obtener información sobre los modelos mentales y situaciones sociales que pueden ayudar a que los productos y servicios se adapten a las necesidades.

Por ejemplo, si se está trabajando en una aplicación de contratación en una tienda, se debería estar durante un tiempo ejerciendo las mismas funciones que realizan los dependientes de la tienda para encontrar la mayor cantidad de casos y entender en profundidad las necesidades del negocio.

Estos estudios de campo se pueden llevar a cabo en cualquier momento, pero lo mejor es realizarlos antes de que comience el diseño, de manera que toda la información obtenida en esa investigación pueda ser utilizada para para definir la estructura del diseño.

7.6. Mejores prácticas de usabilidad

Simplicidad

La mayoría de los usuarios al visitar una web quiere obtener información relevante o realizar acciones específicas según sus necesidades. El uso de un lenguaje sencillo y directo en el contenido ayudará a los usuarios a lograr sus objetivos de forma rápida y sencilla.

Contenido organizado

El contenido se puede organizar de muchas maneras: categóricamente, alfabéticamente, por tema, etc. No existe una forma genérica definitiva de administrar el contenido, ya que depende del tipo de web. Lo que es esencial es organizar el contenido de manera que sea apropiado para un conjunto particular de usuarios con unos objetivos determinados. Cuando se organiza el contenido no se debe pensar en todos los usuarios, solamente en los usuarios para los que se está creando la web.

Uso del lenguaje adecuado

Los contenidos deben ser adecuados al público objetivo y al tono de voz de la marca que representan:

- Usar un lenguaje directo y sencillo.

- Emplear palabras cortas.

- Dirigirse al usuario de forma personal y directa («Si tienes alguna pregunta…» en vez de «En el caso que algún usuario tenga una pregunta…»).

- Evitar el subjuntivo.

- No utilizar lenguaje metafórico.

- Sistematizar las palabras utilizadas, de manera que se utiliza el mismo término en toda la web.

- Evitar jergas.

- Dividir el texto en secciones breves.

Etiquetas adecuadas

Las etiquetas, los títulos y los enlaces claros y concisos en el sitio web pueden mejorar la usabilidad, ya que brindan información precisa. Los usuarios reconocen estos términos de forma rápida antes de fijarse en el resto de los detalles. Esto garantizará que los usuarios puedan navegar fácilmente por el contenido de su sitio web y obtener la información deseada lo antes posible.

Navegación intuitiva

Crear un sistema de navegación intuitivo es esencial. Los usuarios deberían de encontrar las páginas donde quieren ir rápidamente, sin perder demasiado tiempo averiguando en qué enlace pulsar.

Proporcionar experiencia y control del usuario en la web se consigue ofreciendo una navegación estructurada en la cabecera o en una barra lateral. También puede ser importante reforzar esta navegación con accesos directos en el pie de página.

Algo que aumenta la seguridad del usuario en la navegación es ofrecer al usuario una **breadcrumb**. Esta cumple dos funciones; indica al usuario en que sección está y le permite navegar a las secciones previas.

Por último, agregar un campo de búsqueda al sitio web puede ayudar a los usuarios a buscar palabras clave específicas y obtener resultados rápidamente sin navegar entre el contenido.

Dispositivos móviles

En estos momentos, más de la mitad de las audiencias globales se realizan a través del teléfono, con lo cual es importante optimizar el sitio web para la visualización móvil. De esta manera, tener una estrategia clara de movilización de las interfaces de usuario hace que la web pueda llegar a más personas y no solo a las que utilizan el ordenador.

Carga rápida

Optimizar la velocidad del sitio web puede agilizar el proceso de navegación de los usuarios. Una velocidad lenta de la página puede provocar frustración en los usuarios y probablemente generará una alta tasa de rebote, lo que afectará la credibilidad general de la web.

Accesibilidad

Garantizar que la web sea accesible para cualquier persona, incluidas las personas con discapacidades, y utilizar elementos de diseño adecuados y cumplir con las pautas de accesibilidad puede reducir las limitaciones que influyen en la experiencia de navegación de los usuarios, independientemente de las circunstancias.

7.7. Pruebas de usabilidad

Las pruebas de usabilidad son una técnica para evaluar un producto o servicio en un entorno lo más real posible y con usuarios finales (aquellos que utilizarán la web) con el fin de identificar los problemas clave y recopilar comentarios de los usuarios.

Posiblemente, la pieza más importante de las pruebas son los usuarios que van a realizarlas. Por lo tanto, al hacer una prueba de usabilidad, la elección y el reclutamiento de los sujetos es una tarea crítica. Los diseñadores de UI/UX pueden realizar una descripción genérica de personas que usarán la web para identificar usuarios representativos y garantizar que los participantes en la prueba correspondan en cierta manera a esas descripciones. De esta manera se podrán incluir usuarios de diferentes grupos de audiencia y datos demográficos.

Las pruebas de usabilidad pueden ser cualitativas o cuantitativas.

Las **pruebas de usabilidad cualitativas** se centran en recopilar conocimientos, hallazgos y anécdotas sobre cómo las personas utilizan el producto o servicio. Las pruebas de usabilidad cualitativas son mejores para descubrir problemas en la experiencia del usuario.

Las **pruebas de usabilidad cuantitativa** se centran en recopilar métricas que describen la experiencia del usuario. Dos de las métricas que se obtienen con mayor frecuencia en las pruebas de usabilidad cuantitativa son el éxito de la tarea y el tiempo dedicado a la tarea.

Se pueden utilizar varios tipos de métodos de pruebas de usabilidad web para evaluar la efectividad, eficiencia y satisfacción de un sitio web en función del público objetivo y las métricas.

Tipos de pruebas de usabilidad

Pruebas de usabilidad internas

Este método de prueba de usabilidad se realiza en persona y trata de recoger la opinión de los usuarios a través de encuestas y cuestionarios que permiten recoger información sobre su satisfacción con el sitio web, su percepción sobre su usabilidad y sugerencias de mejora.

Pruebas de guerrilla

Este método implica pruebas de usuarios a través de una configuración informal, en donde se recopilan comentarios sobre la web o el producto de forma improvisada. Los evaluadores se acercan a las personas en la calle o en espacios públicos y les piden que opinen sobre un producto o servicio.

Seguimiento ocular

Este método de prueba de usabilidad implica monitorear los movimientos oculares de los usuarios mientras interactúan con el sitio web. De esta manera se puede identificar qué áreas del sitio web atraen más a los usuarios y qué áreas pasan por alto. Con esta tecnología se puede crear un **mapa de calor** que permite saber de forma visual dónde el usuario ha centrado su atención.

Card sorting

Este método implica presentar tarjetas virtuales que describen el contenido del sitio web, y que los usuarios deben organizan y categorizan de una manera que tenga sentido para ellos. Después de eso, se espera que el usuario proporcione información sobre cómo percibe y navega por el sitio web. Este método puede ayudar a los diseñadores y desarrolladores a tomar decisiones en la jerarquía visual, el flujo de contenido o la estructura del menú.

Test de jerarquía

Este método permite evaluar la jerarquía y la capacidad de búsqueda de temas o títulos dentro de la web. Los usuarios navegarán por una versión de solo texto de la estructura de navegación del sitio web para descubrir posibles problemas de organización en los elementos del menú. Para realizar esta prueba se plantea una necesidad al usuario y este debe encontrar la forma de resolverla en la estructura propuesta.

Análisis e interpretación de resultados

Una vez realizadas las sesiones de prueba de usabilidad y recopilados los datos de las observaciones y las entrevistas, la siguiente fase es analizar e interpretar estos resultados. Cuando se está haciendo este análisis, hay que tener presentes los objetivos generales de la web de manera que se contrasten los resultados del análisis y estos objetivos.

7.8. Análisis heurístico

Las heurísticas de usabilidad son un conjunto de pautas o reglas generales que los diseñadores y expertos en usabilidad siguen para evaluar y mejorar la facilidad de uso y la usabilidad general de un producto, como un sitio web o una aplicación. A continuación, se analizan las diez pautas creadas por Jakob Nielsen, al que se puede considerar el creador de la usabilidad como hoy la conocemos:

1. Visibilidad del estado del sistema

El diseño siempre debe mantener informados a los usuarios sobre lo que está sucediendo a través de una retroalimentación adecuada en un tiempo razonable.

Los usuarios deben conocer el estado actual del sistema, el resultado de sus interacciones anteriores y tener seguridad sobre los siguientes pasos. Las interacciones predecibles crean confianza no solo en la web, sino también en la marca que representa.

2. Coincidencia entre el sistema y el mundo real

El sistema debe hablar el idioma de los usuarios con palabras, frases y conceptos familiares para el usuario en lugar de términos orientados al sistema.

3. Control y libertad del usuario

Los usuarios suelen realizar acciones por error. Necesitan una salida para abandonar la acción no deseada sin pasar por un proceso prolongado.

Cuando a las personas les resulta fácil retirarse de un proceso o deshacer una acción, se fomenta una sensación de libertad y confianza. Las salidas permiten a los usuarios controlar el sistema y evitar quedarse atascados y frustrados.

4. Coherencia y estándares

Los usuarios no deberían preguntarse si diferentes palabras, situaciones o acciones significan lo mismo. Se deben seguir las convenciones de la industria y de la plataforma.

Las personas pasan la mayor parte de su tiempo utilizando productos digitales distintos al que se está creando. Las experiencias de los usuarios con esos otros productos establecen sus expectativas. No mantener la coherencia puede obligar a aprender algo nuevo.

5. Prevención de errores

Un buen mensaje de error es esencial, pero los mejores diseños evitan que ocurran problemas. Es necesario eliminar las condiciones que pueden provocar errores presentando a los usuarios una opción de confirmación antes de ejecutar la acción o que los propios elementos de pantalla eviten que el usuario cometa errores.

6. Reconocimiento en lugar de recuerdo

Es importante reducir la carga memorística del usuario haciendo visibles las acciones y elementos que necesita utilizar. El usuario no debe tener que recordar información de la interfaz, sino que esta debe ser visible y fácilmente reconocible.

7. Flexibilidad y eficiencia de uso

El servicio debe ser diseñado tanto para usuarios novatos como expertos. Es necesario ofrecer atajos y funciones avanzadas para usuarios experimentados y mantener las funciones básicas simples para los principiantes.

8. Diseño estético y minimalista

Las interfaces no deben contener información que sea irrelevante o que rara vez se necesite. Cada unidad adicional de información en una interfaz compite con las unidades de información relevantes y disminuye su visibilidad relativa.

Esto no significa que se tenga que usar un diseño insustancial; se trata de asegurarse de mantener el contenido y el diseño visual enfocados en lo esencial.

9. Reconocer, diagnosticar y recuperarse de errores

Los mensajes de error deben expresarse en un lenguaje sencillo, indicar con precisión el problema y dar una solución.

Estos mensajes de error deben presentarse de manera que los usuarios puedan interpretarlos sin problemas y con elementos visuales fácilmente reconocibles.

10. Ayuda y documentación

Es mejor si el sistema no necesita ninguna explicación adicional. Sin embargo, puede ser necesario proporcionar documentación para ayudar a los usuarios a comprender cómo completar sus tareas.

La ayuda debe ser fácil de encontrar y estar centrada en la tarea del usuario. Es importante ser conciso y enumerar los pasos concretos que se deben seguir. Es mejor elaborar un manual que describa cómo se realizan tareas concretas en vez de uno genérico que explique toda la funcionalidad del servicio.

Evaluación heurística

Una evaluación heurística consiste en una revisión de una interfaz de usuario por varios evaluadores (pueden ser diseñadores) que registran cómo se enfrentan a las heurísticas mencionadas.

Esta evaluación no reemplaza las pruebas de usabilidad, pero es un método eficiente y rápido para analizar una interfaz. Este método se basa en el conocimiento y la experiencia de los expertos para identificar los problemas y proporciona una visión temprana de los posibles problemas de diseño, ayudando a que la interfaz cumpla con los requerimientos de usabilidad establecidos.

7.9. Ejercicios de la unidad

Ejercicio 7.1. Realizar un estudio de usabilidad de cómo pedir el título de familia numerosa en diferentes comunidades autónomas. ¿Dónde ha resultado mas fácil encontrar como solicitarlo? ¿Crees que podría hacerse más sencillo?

Ejercicio 7.2. Hacer un análisis comparativo de usabilidad entre `Amazon` y `Shein` a la hora de localizar un producto y realizar todo el proceso desde el registro hasta la compra.